Datenverarbeitung im Recht

Band 1 Heft 2/3, September 1972

Bernt Bühnemann
Herbert Fiedler
Hermann Heussner
Adalbert Podlech
Spiros Simitis
Wilhelm Steinmüller
Sigmar Uhlig

J. Schweitzer Verlag Berlin

Datenverarbeitung im Recht

Archiv für die gesamte Wissenschaft der Rechtsinformatik, der Rechtskybernetik und der Datenverarbeitung in Recht und Verwaltung.

Zitierweise: DVR

Geschäftsführender Herausgeber:

Dr. Sigmar Uhlig, D-53 Bonn-Tannenbusch, An der Düne 13, Telefon 0221/661378

Band 1 Heft 2/3, September 1972

Inhalt

Abhandlungen

Berichte

Literatur

Die Autoren der Beiträge dieses Heftes

Wilhelm Steinmüller, Dr. jur., Professor an der Universität Regensburg, D-84 Regensburg 2, Postfach 397

Adalbert Podlech, Dr. jur., Dr. phil., Privatdozent an der Universität Heidelberg. D-6902 Sandhausen, Am Forst 28

Jürgen Rödig, Dr. jur., Privatdozent an der Universität Köln. D-52 Siegburg-Seligenthal, Talsperrenstraße 13

Ulrich Dammann, Wissenschaftlicher Mitarbeiter der Forschungsstelle für Juristische Dokumentation, Frankfurt/M. D-6 Frankfurt, Senckenberganlage 31

Andrea Hasselkuß, Forschungsstelle für Juristische Informatik und Automation der Universität Bonn. D-53 Bonn-Beuel, Ringstraße 43

Claus-Jürgen Kaminski, Referendar, Gesellschaft für Mathematik und Datenverarbeitung mbH, Birlinghoven bei Bonn. D-53 Bonn-Beuel, Ringstraße 43

Hans Brinckmann, Dr. jur., Dipl.-Ing., Technische Hochschule Darmstadt. D-6079 Buchschlag, Hengstbachanlage 6

Hannes Rieser, Dr. phil., Universität Konstanz, Fachbereich Sprachwissenschaften. D-775 Konstanz, Jakob-Burckhardt-Straße

János S. Petöfi, Dr., Privatdozent, Universität Konstanz, Fachbereich Sprachwissenschaften. D-775 Konstanz, Jakob-Burckhardt-Straße

Beiträge in den nächsten Heften

Gerhard Wittkämper, Aspekte und Strukturen der Datenschutzgesetzgebung in der Welt; Gerhard Stadler, Die Anwendung der EDV und kybernetischer Methoden im Gesetzgebungsprozeß; Helga Stadler, Die Anwendung der EDV im Rechtsstudium und bei juristischen Prüfungen; Vladimir Vrecion, Anwendbarkeit der Informationstheorie im Recht; Dieter Goose, Operations Research und Verwaltungslehre; Diethard Zielinski, Ein Juristisches Informationssystem für die Bundesrepublik? Aviezri S. Fraenkel, The responsa full text retrieval project – phase II; Bernhard Vischer, Schutz der Privatsphäre und EDV; Bernhard von Linstow, Datenverarbeitung und Strafzumessung; Hélène Bauer-Bernet, Kommunikation zwischen Dokumentationssystemen: Theorie und praktische Erfahrungen; Leo Reisinger, Strukturtheorie des Rechts und EDV; Werner A. Schmidt, Grundsätzliche und methodische Probleme automativer Rechtsgestaltung bei einer Umstellung des Grundbuches auf elektronische Datenverarbeitung.

Wilhelm Steinmüller

Gegenstand, Grundbegriffe und Systematik der Rechtsinformatik. Ansätze künftiger Theoriebildung *

Übersicht

Deskriptorenliste

Rechtsinformatik; Systematik; Grundbegriffe; Gegenstand; Theorie; juristische Informatik; Terminologie; Datenverarbeitung, juristische; EDV-Recht; Informationsrecht; Entstehung; Rechtspolitik; Information; Modell; System; Prozess; Struktur; Informationssystem; Informationsverarbeitung; Informationsprozess; Kybernetik; Semiotik; Informationswissenschaft; Syntaktik; Semantik; Pragmatik; Sigmatik; Mensch-Maschine-System; Informationsveränderung; integrierte Informationssysteme; Informationsorganisation; Informatik; Rechtswissenschaft; Verwaltungswissenschaft; juristische Datenbank; Sozialdaten; Rechtsautomation; Verwaltungsautomation; Verwaltungsinformatik; Begriffszerlegung; Begriffserweiterung; Begriffssubstitution; Integration; Menschenfreundlichkeit.

Im Folgenden soll versucht werden, mit Hilfe einiger Grundbegriffe (2.) einen Ansatz zu einer ersten Strukturierung und Systematisierung (3.) des Gegenstandsbereichs „EDV und Recht“ (1.) zur Diskussion zu stellen und damit zugleich Möglichkeiten der Kooperation mit angrenzenden Disziplinen (4.) zu bestimmen. Anschließend soll dieser Ansatz exemplarisch an drei Teilgebieten erörtert werden (5.); dies mündet in die Rechtsfragen der Automation (6.).

---

* Kurzfassung dieses Beitrags: *Mertens* 111–128. Für wesentliche Anregungen danke ich Herrn Universitätsdozent *Dr. Dr. Adalbert Podlech.*

1. Gegenstand der Rechtsinformatik

Mit dem Eindringen der elektronischen Datenverarbeitung (EDV) in Recht und öffentliche Verwaltung[1] bildete sich innerhalb der Rechtswissenschaft eine Disziplin heraus, für die sich seit 1969 die Bezeichnung „Rechtsinformatik" oder „juristische Informatik" eingebürgert hat[2]. Über die Konstitution dieser Disziplin wurden wissenschaftliche Erörterungen geführt, die bis heute keinen Abschluß gefunden haben[3].

1.1 Terminologie

Gegenstand der Rechtsinformatik ist nach gegenwärtiger Auffassung die wechselseitige Relation zwischen EDV und Recht[4]. Ihr Ziel ist, eine zugehörige Theorie zu bilden, die möglichen Anwendungen zu erforschen und ihre Rechtsprobleme zu lösen. Rechtsinformatik behandelt also zunächst die Relation EDV → Recht, aber auch die umgekehrte Relation Recht → EDV. Erstere heißt kurz „Juristische Datenverarbeitung" (d. h. Anwendungsprobleme der EDV im Rechtsbereich, z. B. Rechts-, Verwaltungsautomation), letztere meist „EDV-Recht"[5] (d. h. Rechtsfragen aus Anlaß der elektronischen Datenverarbeitung, wie z. B. Datenschutzrecht[6]), gelegentlich auch „Informationsrecht". Beides wird zusammengehalten von der zugehörigen Theoriebildung, die begründet, inwiefern Rechtsinformatik ein einheitliches, wohl gegliedertes Problem- bzw. Wissensfeld ist, mit anderen Disziplinen zusammenhängt, welches ihre Voraussetzungen und Möglichkeiten sind und worin ihre gesellschaftliche Relevanz besteht. Dabei meint elektronische Datenverarbeitung jede Art automatisierter Daten-[7] bzw. Informationsverarbeitung, „Recht" alle Gegenstände der Rechtswissenschaft i.w.S., auf die sich EDV beziehen kann, einschließlich Rechtstheorie, Rechtspolitik und Verwaltungswissenschaft.

Man kann zusammenfassen:
Rechtsinformatik ist die Theorie über Voraussetzungen, Möglichkeiten und Folgen der elektronischen Datenverarbeitung im Recht.

1.2 Entstehung

Rechtsinformatik ist entstanden aus einem doppelten praktischen Bedürfnis.

---

[1] Über die ersten Entwicklungen in den USA vgl. *von Dreising*, in der Bundesrepublik *Fiedler* (1) und (2), *Klug* und *Simitis* (1); speziell für die Steuerverwaltung vgl. *Maass.*

[2] Diese terminologischen Vorschläge wurden unter Hinweis auf die damals neugeschaffene Studienrichtung „Rechtsinformatik" an der Universität Regensburg von *Fiedler* (4) 472 veröffentlicht. Zu diesem Begriff vgl. ferner *Eberle* (1) 215.

[3] Dazu neuestens *Haft* (1); *Fiedler* (7); *Steinmüller* (4).

[4] *Haft* (1) 205; *Steinmüller* (1) 5, 30 f.; (4) 2 ff.

[5] Vgl. die Loseblattsammlung *Burhenne/Perband.*

[6] Dazu unten Anm. 113

[7] Darum der Vorschlag des Deutschen Normenausschusses, EDV durch ADV (automatische bzw. automatisierte Datenverarbeitung) zu ersetzen, *Gerhard* 225. Auf den Unterschied zwischen „Information" und „Datum" braucht hier nicht näher eingegangen werden.

Die Anwendung von Rechnern warf Rechtsprobleme auf, die in der Bundesrepublik Deutschland erstmals 1959 erörtert wurden [8], freilich mit isoliert rechtsdogmatischen, d. h. unzulänglichen Mitteln. Etwa gleichzeitig wurde in der UdSSR (unter der Bezeichnung „Rechtskybernetik" [9]) und in der Deutschen Demokratischen Republik die Bedeutung der EDV für die Leistung von Staat und Gesellschaft (auch mit den Mitteln des Rechts) erkannt („Leitungswissenschaft" [10]). Außerdem erreichte die fortschreitende Rechts- und Verwaltungsautomation bald einen Stand, der gebieterisch sowohl die Bereitstellung der nötigen Ausbildungskapazität als auch eine theoretisch-systematische Durchdringung verlangte, um kostspielige Fehlentscheidungen beim weiteren Ausbau zu vermeiden. [11] Nachdem zunächst die juristische Skepsis vor der Technik das Feld beherrschte [12], legten einzelne Forscher auf Spezialgebieten bahnbrechende Arbeiten zur Rechtsdokumentation und -automation vor [13], wobei zunächst die Kybernetik die Theoriegrundlage abzugeben schien [14], dann aber die Bezeichnung „Juristische" oder „Rechtsinformatik" sich international durchsetzte [15], wohl in Analogie zur Betriebs-, Bildungs-, Wirtschafts-Informatik u. a. Gleichwohl ist Rechtsinformatik eine nicht ganz unbedenkliche Namensgebung, da die Relation EDV ⟷ Recht nicht allein mit informatischen und juristischen Methoden behandelt werden kann[16] und der modische Anschluß an die attraktive Computerwissenschaft durch deren förderungsbedingte Selbstbeschränkung in der Bundesrepublik auf Hardware- und ausgewählte Software-Probleme nicht unproblematisch ist [17].

1.3 Problembereiche

Rechtsinformatik kann also als problemorientierte Disziplin angesehen werden, die alle Methoden anwendet, die erforderlich sind, um die Beziehung zwischen EDV und Recht wissenschaftstheoretisch befriedigend darzulegen. [18] Sie ist — vielleicht — eine Wissenschaft im Entstehen.

---

[8] Vgl. die beiden Anhandlungen von *Zeidler.*

[9] Zum ersten Mal wohl in dem Artikel von *Andrejew/Kerimow*, der 1960 in „*Woprossy filosofii*" in Moskau, 1961 in „Sowjetwissenschaft" in Berlin (Ost) abgedruckt wurde. *Klaus* (1) 478 ff. geht ebenfalls auf die Bedeutung der Kybernetik für Recht und Gesellschaft ein; dies wird fortgeführt in der Besprechung seines Buches durch *Klenner/Zimmermann,* und wird fortan zu einem ständigen Topos.

[10] Überblick: *Steinmüller* (9).

[11] Zur Förderungspolitik s. u. Anm. 17.

[12] z. B. *Huber; Zeidler* (1); (2).

[13] *Fiedler* (2) und (3); *Klug; Simitis* (1) und (2).

[14] *Andrejew/Kerimow; Kannegießer; Podlech* (1)–(3); *Losano* (1): Giuscibernetica; *Perez Luño* (1) und (2): Juscibernética.

[15] z. B. in Frankreich „Informatique juridique" (zuletzt im Titel der neuen Zeitschrift: Revue Juridique Thémis. Jurimétrie, Informatique juridique, Droit de l'informatique); in Italien „informatica giuridica" (*Losano* (2)).

[16] Vgl. *Steinmüller* (1) 6–28, bes. 14 ff. (Kybernetik), 15 ff. (Systemtheorie), 22 ff. (Informationstheorie). Die *Shannon*'sche Informationstheorie hat sich als zu wenig tragfähig erwiesen, s. u. 2.1.

[17] Zum 2. DV-Programm vgl. *H. Schmidt; Steinmüller* (10); o. Verf. 125 ff.

[18] Die Begründung habe ich andernorts — (8) — vorgelegt.

Die Problembereiche lassen sich in drei Gruppen ordnen:

- Probleme der Theoriebildung (unten 2., 3., 4.) – z. B. Begriffsbildung, Verhältnis der Rechtsinformatik zu Nachbarwissenschaften, aber auch die Erörterung ihrer gesellschaftlichen Implikationen
- Probleme der Anwendung der EDV im Rechtsbereich (unten 5.) – z. B. rechnerunterstützte Normsetzung
- Probleme der Rechtswissenschaft (einschl. Rechtspolitik) im Hinblick auf elektronische Datenverarbeitung (unten 6.) – z. B. Datenschutzrecht, Urheberrechtsschutz für Software.

2. Grundbegriffe

Im folgenden wird versucht, einige wenige Begriffe (die Aufzählung ist keineswegs abschließend) für eine künftige Theoriebildung fruchtbar zu machen. Diese Begriffe sind:

Information – Modell – System – Prozeß – Struktur; sowie die zusammengesetzten Begriffe: Informationssystem, Informationsverarbeitung und Informationsprozeß.

Sie sind im wesentlichen übernommen aus der Kybernetik-Diskussion [19] unter Beiziehung semiotischer und informationswissenschaftlicher Kategorien [20] und haben sich im Rahmen der Rechtsinformatik bisher als brauchbar erwiesen, um Besonderheiten der automatisierten Informationsverarbeitung im Rechtsbereich zu beschreiben.

Das ist kein Zufall, denn sowohl „elektronische Datenverarbeitung" wie „Recht" können als spezielle Formen der Informationsverarbeitung aufgefaßt werden [21]. Elektronische Datenverarbeitung ist Informationsverarbeitung mit Hilfe von Rechnern, also „automatisierte" Informationsverarbeitung, und Recht und öffentliche Verwaltung, hier eingeengt auf juristische Entscheidung und Entscheidungsvorbereitung, können ebenfalls unter dem Aspekt der Informationsverarbeitung betrachtet werden: Wenn ein Richter oder Verwaltungsbeamter mit Hilfe der Information „Sachverhalt" und der Information „Rechtsnorm" eine neue Information „Urteil" oder „Baugenehmigung" gewinnt, so ist dies ebenso Informationsverarbeitung, wie wenn der Gesetzgeber aufgrund bestimmter Sach- und Zielinformationen („Sozialdaten" und „Politische Entscheidungen") generelle normative Informationen an andere („Gesetze") formuliert.

Die nunmehr zu erläuternden Grundbegriffe stehen in folgendem Zusammenhang: Jede derartige „Information" (2.1) bildet rudimentär eine soziale Realität ab (ist „Modell", 2.2); sie stellt zusammen mit den zur elektronischen Datenverarbeitung benötigten anderen Informationen (Daten und Befehlen), dem die

---

[19] Vgl. die Belege oben Anm. 16 sowie *Podlech* (1)–(3).

[20] Zuerst anscheinend *Klaus* (2) 1. Aufl. 1963 58 ff.; *Benjamin* (1) 1293; russische Autoren: *Berg/Tschernjak* 64 ff. und *Afanasjew* 46 ff.; ergänzend vgl. *Klaus* (3) 271 f., 565; unabhängig davon ebenso *Steinmüller* (1) 8, 22 f., 25 f.; nunmehr *Diemer* 53 f.

[21] Für die Verwaltung ist dies schon häufiger vermerkt worden; vgl. *Luhmann* z. B. (3) 40 ff.; (4); u. ö.; *Jakowlew* 2110; „Verwaltung ‚ist' Datenverarbeitung" (*Steinmüller* (6) 26).

Information benützenden Menschen (hier: vor allem dem Juristen) und dem Rechner ein „System" dar (2.3), nämlich ein „Informationssystem", das während dieser „Informationsverarbeitung" mehrere Zustände einnimmt, also einen „Prozeß" bestimmter „Struktur" darstellt, nämlich den „Informationsprozeß" (2.4) der Gewinnung juristischer Entscheidungen, der Gewinnung von „Recht". Zum Verständnis ist es notwendig, diese Zusammenhänge näher zu erörtern.
Die Festlegung einer allgemein akzeptierten juristischen EDV-Terminologie ist im übrigen auch ein dringendes rechtspolitisches Desiderat; die Legalterminologie der wenigen EDV-Gesetze weicht jetzt schon beträchtlich voneinander ab. [22]

2.1 Information

Information bleibe undefinierter Grundbegriff. Er umfaßt jede Wiedergabe von Sachverhalten und Sachverhaltskomponenten (z. B. auch Namen, Zahlen, Befehle, Wertungen [23]). Auch jede Verknüpfung von Informationen ist „Information". Formal kann sie bestimmt werden als das, was durch Zeichen (Informationsträger) übertragen wird. Dies ist aber je nach dem „Aspekt" [24] der Information verschieden. Entsprechend einer erweiterten Einteilung aus der Zeichentheorie (Semiotik) ist zu unterscheiden: [25]

– Unter dem syntaktischen Aspekt der Beziehung der Information zu anderen Informationen ist Information (mit der – ursprünglich nachrichtentechnischen – Informationstheorie) lediglich das, was an ihr zähl- und meßbar und damit in die Rechnersprache übersetzbar ist. [26]

---

[22] Beispiel: Die Geheimhaltungspflicht greift laut BayEDVG ein, wenn „*Daten* ... Dritten zugänglich gemacht werden" (Art. 15 III); laut HessDSchG sind jedoch Gegenstand des Datenschutzes „Unterlagen, Daten und Ergebnisse" (§§ 2 ff.); nach dem RdErl. des Niedersächsischen MdI aber nur die „schutzbedürftigen Daten" (§ 1). – Oder: Es gibt „Organisation" des EDV-Einsatzes (FVG § 1), „organisatorischer Aufbau" der EDV (BadWürtt. DatZG § 12), „organisatorische Fragen" und „Auswirkungen", aber auch „organisatorische Verfahren" der EDV (BayEDVG Art. 5 I, 8, 12 I Ziff. 1), und das ganze Gesetz heißt offiziell „Gesetz über die Organisation der EDV im Freistaat Bayern" (BayGVBl. 1970 S. 457) – in etwas anderem Sinne als die „Vereinbarung über die Organisation der EDV" in Rheinland-Pfalz. Die Beispiele ließen sich fast beliebig vermehren. Vgl. *Steinmüller* (6) 25.

[23] Dies bedarf weiterer Präzisierung, namentlich der Begriff des „Sachverhalts", was aber einer gesonderten Arbeit vorbehalten bleiben muß. Hier nur soviel: Auch isolierte Sachverhaltskomponenten (z. B. „Maier") können eine Information (gleich welchen Aspekts) darstellen, wenn sie Antwort auf eine zuvor gestellte Frage sind (z. B. „Wer ist Eigentümer dieses Grundstücks?" – „Maier").
Im übrigen ist eine (explizite) Definition von „Information" mangels Oberbegriff nicht möglich.

[24] Der Sprachgebrauch differiert; es finden sich u. a. „Aspekt" (*Klaus* z. B. (3)), „Ebene" (*Berg/Tschernjak*), „Faktor" (*Lampe*), „Dimension" (*Bense*; *Flechtner*), „Gebiet" bzw. „field" (*Carnap*).

[25] Die Semiotik (früher häufig auch: Semantik) ist die Lehre von den (str.: sprachlichen; *Klaus* z. B. (3) 565 gegen z. B. *Resnikow* 13) Zeichen. Zur Semiotik vgl. wieder vor allem *Klaus* (2); übersichtlich zu den vier „Aspekten": *Klaus* (3) 632 ff., 561 ff., 480 ff., 565; eine Zusammenfassung findet sich bei *Maser;* zur Verbindung mit der Informationswissenschaft s. o. Anm. 20.

[26] Selbst hier genügt die (*Shannon*'sche) Informationstheorie nicht; vgl. die Bemerkungen *Steinbuchs* und *Zemaneks* in *v. Ditfurth* 74 ff., 131, 146 f.

– Unter dem semantischen Aspekt der Beziehung der Information zu ihrer Bedeutung kommt die „Bedeutung" der Information hinzu; Information ist hier etwa gleich „Nachricht" [27]: z. B. die Zeichenfolge „100101" bedeute „Frau X ist geisteskrank".

– Unter dem pragmatischen Aspekt kommt der „Zweck" der Information hinzu; d. h. die Beziehung der Information zum Menschen, genauer: ihrem „Sender" (Absender, Erzeuger, Hersteller) und/oder ihrem „Empfänger" (Benutzer, Adressat [28]). Um schlagwortartig die wichtigste Konsequenz anzudeuten: Es gibt keine benutzerunabhängige Information, mag dies auch im Einzelfall zu vernachlässigen sein, und darum auch kein benutzerunabhängiges Informationssystem [29]. Ebenso gibt es kein(e) raum- und zeitunabhängige(s) Information(ssystem). Z. B. hat die obige Information „100101" in einem Krankenhaus-Informationssystem durchaus einen anderen „Stellenwert" als in einem Informationssystem eines euthanasiewütigen Diktators. – Im wesentlichen ist dieser Aspekt angesprochen, wenn in der Umgangssprache gesagt wird: „Y hat mir eine Information gegeben"; sie ist dann u. U. für mich (den Benutzer) eine Information i. S. von Reduktion von Unwissenheit („Ist mir neu!"), nicht notwendigerweise aber für einen anderen, und zwar je nach dem

---

[27] Der Sprachgebrauch von „Nachricht" ist höchst unterschiedlich; *Klaus* (3) 275 f., 437 engt auf „zwischenmenschliche Kommunikation" ein; häufig auch ist Nachricht Ausdruck des pragmatischen Informationsaspekts; hier ist Nachricht jede endliche Menge von (i. S. *Carnaps*) interpretierten Zeichen, oder anders „Spielraumveränderung von Weltinterpretation" (vgl. *Flechtner* 66, *Habermas/Luhmann* 39 ff.). Vgl. auch zum informatischen Gebrauch („diese Nachricht enthält keine Information") *Bauer/Goos* I 1 ff.; ähnlich der nachrichtentechnische Begriff.

[28] Der Adressat muß nicht unmittelbar Benutzer sein; etwa wenn der Benutzer eines Informationssystems die Information abfragt zur Manipulation (des Geldgebers) oder Propaganda (gegenüber der Öffentlichkeit); *P. Abercrombie,* Town and Country Planning, London 1948 (zit. bei *Fehl* (1) 117 Anm. 192).

[29] Daraus ergibt sich ein schwerwiegendes Folgeproblem: Der Benutzer benötigt nur pragmatische „Information", die „ihn angeht", d. h. für ihn neu *und* entscheidungsrelevant ist, also: die er für seine Zwecke braucht. Da aber der Rechner die Informationslawine nicht bewältigt, sondern – zunächst einmal – potenziert, indem er das Vielfache an („syntaktischer" bzw. „semantischer") Information bereitstellt – bisher fand der Forscher nach glaubwürdigen Untersuchungen nur ca. 10% des unmittelbar für ihn relevanten Materials; was geschieht, wenn der Rechner nunmehr 60–80%, also das 6–8fache, erschließt? –, ist der Engpaß nicht die Dokumentation und der Retrieval, sondern die problemorientierte „Informationsfilterung". Quantitativ „mehr" Information ist ab einem sehr früh einsetzenden Schwellenwert qualitativ „schlechtere" Information, da sie Initiativen und Innovationen erstickt und Unsicherheit produziert (wegen der sehr beschränkten Komplexität menschlicher Informationsverarbeitung).

Auf relativ vordergründiger Ebene scheint das Problem zunächst vor allem durch Person- oder Fall-Profilsuche (zu letzterer vgl. *Haft* (3)) und Dialogverfahren zu lösen zu sein; es kehrt aber potenziert wieder, falls – was technisch „vernünftig" und damit wahrscheinlich ist – „neue" (im bisherigen System nicht beantwortete) Suchfragen durch Neukombination vorhandener Informationen bzw. ihrer Elemente vom Informationssystem beantwortet werden können. Verblüffende (und höchst unerwünschte) Konsequenz: Anm. 77.

räumlichen, zeitlichen und informationellen Kontext, in den diese Information tritt.[30]

– Hinzu kommt der sigmatische Aspekt: die Beziehung der Information zu dem, „worüber" sie informiert, der „Realität"[31] – mag auch philosophisch noch so undeutlich sein, was darunter zu verstehen sei.

Es ist bekannt, daß die Übertragung dieser semiotischen Kategorien auf den Informationsbegriff nicht unproblematisch, was dem sigmatischen Aspekt betrifft, durchaus anfechtbar ist[32], daß zudem die Abgrenzung der Aspekte unscharf, ihre Präzisierung – etwa in der mathematischen Logik und Linguistik[33] – weiter fortgeschritten ist als hier angedeutet werden kann. Gleichwohl erweist sich dieses Vorgehen im Rahmen der Rechtsinformatik als durchaus berechtigt:

– Der syntaktische Aspekt ist für die Automatisierbarkeit rechtlicher Informationsverarbeitung entscheidend: Nur was endlichen Zeichenreihen eindeutig zugeordnet werden kann, also „formalisierbar" ist[34], kann mit dem Rechner verarbeitet werden – unabhängig davon, wie kompliziert und komplex die juristische Informationsverarbeitung sein mag.

– Den semantischen Aspekt behandelt normalerweise der Jurist, wenn er „auslegt"; d. h. wenn er den genauen „Sinn" bestimmter Rechtsbegriffe festzustellen sucht[35]. Eine Schwierigkeit besteht hier darin, diese Formen der

---

[30] Die Informationen können „veraltern", sie haben – auch beim gleichen Benutzer – durchaus verschiedenen „Informationswert" je nach Zeitpunkt und Ort der Benutzung; es gibt also so etwas wie einen „Standortvorteil" von Informationen – jeweils bezogen auf den Benutzer. – „Neu" ist die Information für ihn dann, wenn der Interpretationsspielraum „seiner" Welt (bzw. seines inneren Modells von ihr) verändert (konfirmiert, reduziert oder amplifiziert) wird, oder wenn sie in seinem (internen oder externen) Informationssystem unter irgend einem Aspekt nicht enthalten ist.

[31] Die Unterscheidung von Semantik und Sigmatik ergibt sich aus der Unterscheidung der „Bedeutung" einer Zeichenfolge (als Gedanke, „Idee", Begriff, „Widerspiegelung") und dem, „was" diese Zeichenfolge bezeichnet, dem „widergespiegelten" Objekt, seiner „Existenz".

[32] Für eine Differenzierung sprechen sich z. B. *A. Adam* und *Klaus* (2) 67 ff. aus. – „Sigmatischer" und „semantischer" Aspekt sind selbst dann zu unterscheiden, wenn man philosophisch der Auffassung ist, den Objekten komme keine eigene Realität zu, es gebe kein „Ding an sich", sondern die Umwelt konstituiere sich erst durch die Denkprozesse (vgl. *Diemer; Lampe* 12 Anm. 3). Die Unterscheidung erübrigt sich auch dann nicht, wenn die Sprache, die man verwendet, in Bezug auf die Objekte, über die sie spricht, völlig eindeutig ist: Es ist in bestimmten Zusammenhängen immer noch wichtig, ob das so (syntaktisch, semantisch, pragmatisch) beschriebene Objekt nun auch existiert; etwa wenn ein bestimmtes Testament einer bestimmten Person einen bestimmten und bekannten Inhalt hat, aber mangels Auffinden noch nicht feststeht, ob das Testament überhaupt existiert; oder innermathematisch: gesucht sei eine „vollkommene Zahl" in dem Bereich der Zahlen 1 000 000 bis 2 000 000; oder auf der Metaebene: „Gibt es eine Sigmatik?", usf.

[33] Dies betrifft vor allem die Unterscheidung von Syntaktik und Semantik; vgl. statt vieler *Katz/Fodor*.

[34] Unten 5.21.

[35] Die Bedeutung einer juristischen Semantik wurde bisher in der Literatur nicht allzu sehr betont; man vgl. etwa *Horn*; *Lampe* 5; *Wagner/Haag* 18 ff. sowie die rechtslogi-

Informationsverarbeitung auf der syntaktischen Ebene abzubilden, um sie automatisierbar zu machen.

- Aber auch der pragmatische Aspekt ist für die Rechtsinformatik von erheblicher Bedeutung. So macht es pragmatisch durchaus einen Unterschied, ob dieselben Personaldaten der Person X von diesem oder von jenem Benutzer eines öffentlichen Informationssystems abgefragt werden: Was die Fürsorgerin erfahren darf, geht den Polizeipräsidenten noch lange nichts an (und es können darum völlig verschiedene Rechtsfolgen eintreten!).
- Schließlich scheint es im Hinblick auf die rechtliche Bewertung der EDV durchaus notwendig zu sein, den sigmatischen Aspekt der Beziehung der Information zu dem, worüber sie informiert, nicht außer acht zu lassen und von dem semantischen säuberlich zu unterscheiden, der nur darüber informiert, was etwas bedeutet, ohne zu sagen, ob dieses Etwas auch existiert. Es ist rechtlich und rechtspolitisch keineswegs gleichgültig, wie hoch der Realitätsgrad einer Information ist, ob die gesellschaftliche Realität im jeweiligen Informationssystem zutreffend abgebildet ist [36], ob die Simulation gesellschaftlicher Subsysteme in öffentlichen und privaten Informationssystemen mit empirischen oder mit hypothetischen Daten geschieht, ob die Informationen experimentell verändert werden sollen, wie die Ergebnisse dieser Operation juristisch zu bewerten sind, was seinerseits wieder Rückwirkungen auf die benötigte Hard- und Software hat, usf. Hier zeigt sich die „Gemengelage" von juristischen, informatischen und informationswissenschaftlichen Überlegungen in der Rechtsinformatik besonders deutlich.

Erst die Berücksichtigung aller vier Aspekte der Information scheint eine befriedigende begriffliche Grundlage zur Erfassung des Problemfeldes „EDV und Recht" zu bieten. [37]

2.2 Modell

In sigmatischer Hinsicht ist Information „Information über etwas", rudimentäres

---

schen und -linguistischen Versuche der „Interdisziplinären Arbeitsgruppe Analyse der juristischen Sprache" (1) und (2). Freilich wird der „Gegensatz" zwischen „Hermeneutikern" und (formalen) Logikern meist übertrieben, wenigstens was ihre juristischen Vertreter betrifft; er scheint durchaus nicht unüberbrückbar zu sein (vgl. *Albert* (1) und (2); von juristischer Seite ebenso *Kaufmann* (2) 65 ff.); über die Problematik orientiert souverän *Engisch* 71 ff.; umfassende Bibliographie ebd. 207–215.

[36] Jeder noch so „objektive" Bericht über eine „Tatsache" enthält eine notwendig „subjektive" Interpretation des zugrundeliegenden Ereignisses, wie gerade der Jurist vom Zeugenbeweis weiß, da aus der Zahl der beobachtbaren Merkmale des Ereignisses diejenigen ausgewählt werden, die die „Be-Deutung" des Ereignisses für den Beobachter ausmachen: Diese Auswahl geschieht also aufgrund einer Bewertung (Präferenzskala), die der bewußten oder unbewußten sozialen oder persönlichen Umwelt entnommen wird. Je nach Bewertung sieht dann die Information, die das Ereignis abbilden soll, verschieden aus, ohne daß der Beobachter deswegen unlauter wäre. Die (Be-)Deutung konstituiert in diesem Sinne die (Elemente der) Information: „‚Tatsachen' sind Deutungen von Ereignissen" (*Fromm* 62 ff.). – Hier wiederholt sich also verschärft das problematische Verhältnis zwischen semantischem und pragmatischem Aspekt der Information.

[37] Anders früher *Steinmüller* (1) 8.

Abbild eines beliebigen Objekts [38]. Dies führt zum „Modell". Die Information kann als „Modell" dieses Objekts aufgefaßt werden, z. B. einer sozialen Realität, einer Wertung. Wenn dies zutrifft, hat dies weitreichende Folgen, namentlich für die juristische Beurteilung von Informationssystemen. Denn kybernetische Modelle existieren nicht isoliert für sich, sondern

– bilden ein bestimmtes Objekt ab („Modell-wovon"), das sog. „Original"
– für einen bestimmten Benutzer („Modell-für-wen"), für das „Modellsubjekt". dessen Verhalten gegenüber dem Original durch das Modellverhalten beeinflußt werden kann, wobei das Modellsubjekt auch aus einer Vielzahl von Individuen bestehen kann
– und für einen bestimmten Zweck („Modell-wozu") [39].

Angewandt auf die juristische Information: Ein Bebauungsplan („Modell") kann zwar ein „Original" („Modell-wovon": z. B. Grundstücke) durchaus abbilden; diese Abbildung ist aber für bestimmte Benutzer („Modell-für-wen": z. B. Stadtrat) in anderer Hinsicht von Interesse als für andere („Modell-wozu": Stadtratsmitglied N_1 plant Stadtentwicklung / Stadtratsmitglied N_2 plant Grundstücksspekulationen – eventuell in Personalunion . . .). Oder: Ein Personmodell (z. B. Ausländerdatensatz) ist ein Modell des Ausländers A sowohl für seine Meldebehörde wie für das statistische Bundesamt, für den persischen Geheimdienst wie für seinen Arbeitgeber, je für die verschiedensten Zwecke.

Die rechtliche Bedeutung des kybernetischen Modellbegriffs besteht vor allem darin, daß derartige Modelle die abgebildete soziale Realität planbar und experimentierbar machen; d. h. man kann mit dem Modell das tun, was mit dem Original nicht getan werden soll bzw. kann; sei es, weil das unmöglich, unerlaubt oder unerwünscht (z. B. zu aufwendig) ist.

Umgekehrt repräsentiert das Modell die abgebildete Realität nur innerhalb der ursprünglichen Modellbeziehung; außerhalb ihrer liefert die Modellmethode

---

[38] Der Satz ist in dieser Kürze erläuterungsbedürftig. Er gilt uneingeschränkt für Informations*systeme;* für deren Teile dann, wenn und solange sie die Identifizierung der bezeichneten Objekte („für–wen"?) erlauben; in diesem Sinne kann man verallgemeinern, daß jede Information (rudimentär und im Verbund mit anderen) Objekte homomorph „abbilde" (*Klaus* (3) 252). Eine derartige Abbildung aber ist ein „Modell". Die genauere Diskussion dieser Frage rührt an die Grundlagen der Wissenschafts- und Erkenntnistheorie. – Zum soziologischen formalisierten Modell vgl. noch *Mayntz* (mit auch für Rechtsprozesse relevanten Beispielen).

[39] Die Dreistelligkeit der Modellrelation (Modell–wovon–wofür) wird vor allem von *Klaus* (3) 411 ff. betont; Übernahme in die Rechtsinformatik: *Fiedler* (7); *Steinmüller* (1) 17 ff., 50; dies ist jedoch weiterzuentwickeln (*id.* (5)): ein Modell (m) modelliert (M) nicht nur etwas (e) für jemand (j) – M (m, e, j): z. B. eine Attrappe im Windkanal (m_1) bildet ein künftiges fahrendes Auto (e_1) für die Fordwerke AG Köln (j_1) ab – M (m_1, e_1, j_1); sondern diese Modellbeziehung dient einem übergreifenden Zweck, z. B. der Absatzsteigerung, der Ästhetik, der Materialersparnis usf. Dieser Zweck ist systemtheoretisch eine Beziehung zur Umwelt (u): genauer zu einem Teilsystem der Umgebung; z. B. zum Käufer, zum Motorjournalisten, zur Lieferfirma. M. a. W.: die Modellrelation ist (regelmäßig) vierstellig – M (m, e, j, u) – oder in Worten: es ist „Modell–wovon – für–wen – wozu"). – Die Konsequenzen zeigen sich bei der Theorie der Informationssysteme (unten 2.4; 5.1 ff.).

u. U. falsche Ergebnisse.[40] Freilich darf nicht vergessen werden, daß viele Informationen (z. B. Zahlen; Personenkennzeichen) mehr oder minder benutzer- und zweckinvariant und darum mehr oder minder geeignet sind, außerhalb ihres ursprünglichen Ermittlungszusammenhangs verwendet zu werden.

2.3 System

Zur Verdeutlichung können Erwägungen der allgemeinen kybernetischen Systemtheorie einbezogen werden[41], da das Modell ein Sonderfall des Systems ist.

Jedes Modell bildet zusammen mit seinem Benutzer und dem Original ein „System". Die allgemeine Systemtheorie definiert System als Menge von (mindestens 2) Elementen und ihren Relationen.

Hier handelt es sich um mindestens drei[42] Elemente (Modell, Original, Benutzer) mit mindestens drei Relationen (das Modell bildet das Original ab, das Modellverhalten beeinflußt den Benutzer, der Benutzer wirkt daraufhin auf das Original ein). Dieses System hat drei Besonderheiten; es ist dynamisch (kennt mehr als einen Zustand) und bezieht den Menschen mit ein; vor allem ist es ein Informationssystem.

2.4 Informationssystem

Das im Rahmen der Rechtsinformatik wichtigste System ist das Informationssystem. Hier soll zunächst darunter verstanden werden jedes System, dessen Relationen „überwiegend" informationeller Art sind (z. B. Gerichte und die Behörden der öffentlichen Verwaltung); hier mit zwei weiteren Besonderheiten:

Zunächst handelt es sich im Rahmen der Rechtsinformatik (als „Theorie über EDV und Recht") praktisch immer um Informationssysteme, die mindestens einen Rechner als Teilsystem enthalten: es sind Mensch-Maschine-Systeme, mit der

---

[40] z. B. eine Information I_1 („A hat seine Frau geschlagen") gerät anläßlich eines Ehescheidungsprozesses (zur Problematik allg. vgl. BVerfG vom 15. 1. 1970 – 1 BvR 13/68) in ein öffentliches Informationssystem. I_1 ist „Modell" eines sozialen Sachverhalts („wovon") für den Richter („für wen") für Zwecke des Scheidungsverfahrens („wozu"). Bei einer kriminalstatistischen Untersuchung (u) durch einen beurlaubten Richter über die Brutalitätsrate der Bevölkerung für eine beabsichtigte Strafrechtsreform wird I_1 verwertet. Die Information I_2 (A hatte seine Frau geschlagen, weil sie ihn dazu durch ihr Verhalten veranlaßt hatte) war, weil für das Urteil irrelevant, auch nicht in das Informationssystem aufgenommen worden. I_2 ist aber erheblich für u. Weder der Untersucher noch das für die Untersuchung geschriebene Programm kann dies erkennen. Das Ergebnis der Untersuchung wird falsch. Denn I_1 war lediglich taugliches Modell im Rahmen der speziellen Umweltrelation zum Scheidungsverfahren. – Grundsätzlich zur rechtspolitischen Bedeutung des Experiments mit Hilfe der Modellmethode: *Hopt* 72 ff.; mögliche verfassungspolitische Folgen: *Steinmüller* (5). Konsequenzen bei Großspeichern: unten Anm. 77.

[41] Dazu *Klaus* (3) 635 ff.; zur (hier nicht übernommenen) soziologischen und politologischen Systemtheorie vgl. *Luhmann* (1) und (2) sowie *Narr*; System- und Regelungstheorie im Rahmen der Rechtsinformatik; *Steinmüller* (1) 15 ff.; 51 ff.; *Fiedler* (6) 94. – Hier soll nur der Informationsaspekt der kybernetischen Systemtheorie beigezogen werden.

[42] Bei Berücksichtigung der Zweckrelation zur Modellumwelt: vier Elemente bzw. Relationen.

Folge, daß das System eine komplexe Kombination der Möglichkeiten beider Teilsysteme und die Eliminierung ihrer Schwächen gestattet. Auf der menschlichen Seite herrscht möglicherweise größere Kreativität, Innovationsfähigkeit und Umweltresorption, auf der Rechnerseite größere Schnelligkeit, Genauigkeit und Komplexitätsbewältigung. Vor allem erlaubt das rechnerunterstützte Informationssystem – von ihm nur noch ist im folgenden die Rede – unter den Prämissen der Simultan-Fernverarbeitung die – innerhalb des Systems – praktisch raum- und zeitunabhängige Präsenz der Information und ihrer Verarbeitung [43].

Als Mensch-Maschine-Systeme schließen derartige Informationssysteme den Menschen notwendig mit ein, und zwar sowohl deshalb, weil er als Sender und Empfänger mit der Information unter pragmatischem Aspekt unlösbar gekoppelt ist, als auch, weil er Modellsubjekt des Modells „Informationssystem" ist. Der (sich oder andere) informierende Mensch ist grundsätzlich Element des Informationssystems [44].

Daraus werden unten einige Folgerungen zu ziehen sein [45]; hier genügt es daran zu erinnern, daß der Modellcharakter von Informationssystemen zur Folge hat, daß das Informationssystem selbst plan- und experimentierbar wird (und damit mittelbar auch die abgebildeten sozialen Objekte, z. B. Bevölkerungsgruppen, gesellschaftliche Institutionen, sogar einzelne Personen). Auch hier gilt die oben angegebene Beschränkung: Die experimentellen Ergebnisse treffen nur solange zu, als die Benutzer- und Zweckbestimmtheit der verwendeten Informationen dies zuläßt.

Soweit dies aber der Fall ist, ermöglichen rechnerunterstützte Informationssysteme als In- und Umweltmodelle zumindest dreierlei:

– Die durch das Modell erreichte Reduktion der Umweltkomplexität (*Luhmann*) gestattet eine leichtere und bessere Entscheidungsfindung, z. B. in Justiz und Verwaltung. (Umgekehrt sind alle diejenigen benachteiligt, denen derartige „Denk- und Lernverstärker" nicht zur Verfügung stehen; sie scheiden tendenziell aus dem gesellschaftlichen Entscheidungsprozeß aus.)

– Zudem können durch Einbeziehung von Sach- und Zielinformationen über hypothetische Originale verschiedene Möglichkeiten gegenübergestellt und

[43] Zu diesem Thema hoffe ich demnächst weiteres vorlegen zu können.

[44] Die Einbeziehung des Benutzers als Element in das System ist h. M. in der betriebswirtschaftlichen MIS-Literatur; dazu z. B. *Grochla* (1); *Dahms/Haberlandt* 455; *Szyperski*. Zur Mensch-Maschine-Problematik vgl. von rechtstheoretischer Seite erstmals *Philipps* (1) 189 ff., (2) 127 f. – Dies schließt nicht aus, daß der Benutzer unter anderem Gesichtspunkt als systemextern betrachtet wird – eine systemtheoretisch durchaus übliche und notwendige Betrachtungsweise. – Im übrigen ist die hier zum Begriff des Informationssystems vertretene Auffassung alles andere als unbestritten; meist werden zweck- (Informationssysteme seien Systeme „zwecks Information") oder gar absatzorientierte „Definitionen" (IS seien Systeme zwecks Information von Managern bzw. Planern; also Einengung von IS auf MIS bzw. PIIS) vertreten, teils auch aus abweichenden Auffassungen zum Begriff der Information.

[45] Konsequenzen für die Gewaltenteilung: *Steinmüller* (4) 8 f.; (5); für ein parlamentarisches Informationssystem in Bayern: (6) 29 f.; für den Individualdatenschutz: (7) 15 ff.

durch Folgendiskussion die beste ausgewählt werden (Einbeziehung der Ziel- und Mittelplanungsebene).

– Schließlich – eine meist unberücksichtigte, wenngleich dem Benutzer höchst angenehme Nebenwirkung – schließt das Informationsmodell unerwünschte Störungen Dritter aus dem Planungs- und Entscheidungsprozeß aus.

2.5 Informationsverarbeitung und Informationsprozeß

Das Informationssystem als Modell sozialer Objekte ist dynamisch, weil es Informationen verarbeitet. Darum kann es kurz als informationsverarbeitendes System bezeichnet werden.

Nun aber ist, wie oben gezeigt wurde, sowohl die Datenverarbeitung wie die juristische und Verwaltungsentscheidung „Informationsverarbeitung". [46] Dieser Informationsverarbeitungsprozeß, im folgenden verkürzt Informationsprozeß genannt, weist eine typische „Struktur" auf. [47] Diese Struktur ist die Menge der möglichen Zustände eines Systems bei der Informationsverarbeitung. Sie ist aus der Datenverarbeitung abgeleitet, hat aber allgemeine Gültigkeit.

Die wichtigsten dieser Zustände (auch „Phasen" oder „Schritte") seien kurz aufgezählt:

– Informationseingabe (Ermittlung und Erfassung) und -ausgabe (einschließlich Weitergabe an andere Systeme, systemüberschreitender Austausch und Verbund)
– Informationsspeicherung und -entspeicherung (Löschung)
– Informationsveränderung (Vergleich, Verknüpfung, Inhalts-, Benutzer- und Zweck(ver)änderung, Filterung (Auswahl), Verdichtung („Superzeichenbildung"), Reduktion).

Hierbei handelt es sich insofern um eine abgewandelte und verallgemeinerte EDV-Terminologie, als sie sich nicht auf „Daten" beschränkt, sondern die umfassendere „Information" mit ihrem semantischen, pragmatischen und sigmatischen Aspekt mit einbezieht.

Es wird eine wichtige Aufgabe weiterer Forschung sein, diese Begriffe in ihrem Verhältnis untereinander und zu verwandten anderen zu klären, um nicht nur eine brauchbare Theoriegrundlage zur Klärung der Informationsprozesse im Problemfeld „EDV und Recht" zu gewinnen, sondern auch eine Brücke zu den Informationswissenschaften zu schlagen [48]. Für die Anwendung der EDV in

---

[46] Vgl. oben zu Anm. 21.

[47] Zur Strukturtheorie allgemein z. B. *Klaus* (3) 625 ff.; für die Rechts- und Verwaltungsinformatik *Fiedler* bes. (5) – (7) passim; *Steinmüller* (1) 15. – Da System- und Strukturtheorie innigst zusammenhängen (Struktur hier als die (geordnete) Menge der Systemrelationen verstanden, *Fiedler* (7)), sehe ich hierin eine erfreuliche methodische Übereinstimmung zwischen meinem system- und *Fiedlers* strukturtheoretischem Ansatz.

[48] Vgl. die Rolle der Informationslehre bei *Fiedler* z. B. (6) 95, 97; (7) und der Informationswissenschaften bei *Haft* (1). In der Tat befaßt sich die Rechtsinformatik mit Informationssystemen, von denen der Rechner nur ein Teilsystem ist, so daß die Kerninformatik, soweit sie sich lediglich auf dieses Teilsystem beschränken würde (vgl. aber die gegen früher erweiterte Informatikdefinition im Zweiten DV-Programm S. 29 „ein-

Recht und öffentlicher Verwaltung verspricht die informationswissenschaftliche Verallgemeinerung durch Einbeziehung der Eigentümlichkeiten menschlicher Informationsverarbeitung „menschenfreundlichere" Informationssysteme. – Die i.e.S. juristische Bedeutung dieser gemeinsamen Strukturierung von juristischer und automatisierter Informationsverarbeitung besteht in der Gewinnung eines gemeinsamen Realitätsbezugs für die rechtliche Regelung der EDV, namentlich für das Kollektiv- und Individualdatenschutzrecht, schließlich für das Informationsrecht überhaupt [49].

3. Systematisierung

Diese Terminologie führt zu einer vorläufigen Systematisierung der oben 1.3 bezeichneten drei Gruppen von Problembereichen, da sie sie auf Probleme der Automatisierung von Informationsprozessen innerhalb von Informationssystemen reduziert. Im einzelnen werden in der Literatur derzeit folgende Fragen diskutiert:

FRAGESTELLUNG	EINORDNUNG
1. Formalisierung juristischer Texte und Prozesse (Algorithmisierung) [50]	Algorithmisierung. bes. Reduktion der Information auf den syntaktischen Aspekt
2. Juristische Dokumentation [51]	Rechnerunterstützte Informationsverarbeitung mit Schwerpunkten Eingabe, Speicherung und Ausgabe
3. Rechtsautomation; insbesondere automatisierte bzw. automationsgerechte Normsetzung und Normanwendung [52]	Rechnerunterstützte Informationsverarbeitung mit Schwerpunkt Informationsveränderung
4. Verwaltungsautomation [53]	verbindet 2. und 3.
5. Öffentliche „Datenbanken" und Informationssysteme [54]	Komplexe Informationssysteme mit Einschluß von Informationsveränderungsprozessen
6. Rechtstheoretische Fragen der Rechtsinformatik [55]	a) wie 1. b) Staat, Gesellschaft, Recht als hochkomplexe Informationssysteme
7. Rechtsdogmatische und rechtspolitische Fragen der EDV allgemein [56]	Rechtliche Qualifizierung von Informationsprozessen und Informationssystemen

schließlich der Mensch-Maschine-Wechselwirkung"), eine zu schmale Theoriegrundlage böte. Ein weiteres Desideratum in dieser Richtung ist die Untersuchung der Wechselwirkung zwischen dem je spezifischen Informationsverhalten humaner und automatisierter Teilinformationssysteme.

[49] Eine Studie zum Informationsrecht *(H. Tubies)* ist in Vorbereitung.

[50] z. B. *Knapp, Suhr.*

[51] Ich ziehe „juristische" der „Rechts"-Dokumentation vor, da sie alle Arten juristischer Texte (einschl. Sozialdaten) umfassen kann. – Dazu die Berichte der Arbeits- bzw. Projektgruppen beim BMI und BMJ; kritisch *Dammann* (2); *Zielinski;* zur Dokumentationstechnik vgl. *Simitis* (3) und (4).

Die Kombination mit den drei Problembereichen Theoriebildung – Anwendung – Rechtsfragen ermöglicht folgende weitere Systematisierung:

Die Rechtsinformatik kann eingeteilt werden in

1. prinzipielle
2. Anwendungs- und
3. rechtlich-normative Probleme der Automation der juristischen
   a) Informationseingabe, -speicherung und -ausgabe (Dokumentation, Datenbank) – unten 5.1
   b) Informationsveränderung (Informationsverarbeitung i. e. S.: Formalisierung und Automatisierung juristischer Entscheidungsprozesse; Rechts- und Verwaltungsautomation) – unten 5.2
   c) Informationsintegration (Zusammenfassung dieser Informationsprozesse in komplexeren Informationssystemen) – unten 5.3

Mit umfaßt sind jeweils die Fragen der informationswissenschaftlichen Einbettung dieser Informationsprozesse. Dies führt zu folgender Matrix:

SACH-BEREICH / PRO-BLEM-BEREICH		Informationsprozeß bzw. Informationssystem		
		Informations- a) Eingabe, Speicherung, Ausgabe	b) Veränderung	c) Integration
Rechts- und Verwaltungsinformatik	1. THEORIE (einschl. Nachbar-wissen-schaften)	Dokumentation Informations-organisation *Verwaltungslehre* *Organisationstheorie* *Bibliotheks-wissensch.* usw.	Formalisierung Automatisierung *Informatik* *Semiotik* *Logik* *Mathematik* *Linguistik usw.*	Integration *Verwaltungswiss.* *Informationswiss.* *Kybernetik* *Politologie* *Planungstheorie* usw.
	2. AN-WENDUNG	Dokumentations-systeme Datenbanken	Rechts- und Verwaltungs-automation und Automations-vorbereitung	Integrierte Daten-verarbeitung (Integrierte) Informationssysteme
	3. RECHTS-FRAGEN (rechts-theoret., -dogmat., -politische) sowie sonstige Folge-probleme	(EDV-Recht) *z. B. Urheber-, Verlagsrecht*	EDV-Recht *z. B. Verwaltungs-, Straf-, Zivil-, Prozeßrecht*	Informationsrecht *z. B. Verfassungsrecht*

---

52 z. B. *von Berg* (2); Verwaltungsvorschriften: bei *Burhenne/Perband* S. 220 11 ff. (Bayern; Verfasser: *Scheubel*), 255 15 ff. (Niedersachsen).

53 z. B. *Fiedler* (4) – (6) mit weiteren Nachweisen; *Jähnig.*

54 Zu den Planungen auf Bundesebene: Arbeitsgruppe beim BMI; auf Länderebene: insbesondere der Große Hessenplan der Hessischen Zentrale für Datenverarbeitung so-

Vom juristischen Entscheidungsprozeß her kann unterschieden werden (eine entsprechende Matrix ergibt sich für die Verwaltungsentscheidung)[57]:

JURISTISCHER VORGANG	RESULTAT	SCHWERPUNKT DER INFORMATIONS-VERARBEITUNG	RECHTSGEBIET
1. juristische Dokumentation und Informations-organisation	Hilfsinformation zu 2/3	Eingabe — Speicherung — Ausgabe	(bisher: Bibliothekswesen juristische Perpädeutik)
2. automatisierte bzw. rechner-unterstützte Normsetzung	jur. Normen aller Art (Gesetze, Verordnungen)	Veränderung	Rechtspolitik
3. automatisierte bzw. rechner-unterstützte Normanwendung und -Kontrolle	jur. Entscheidungen aller Art (Verwaltungsakte, Urteile)	Veränderung	Rechtsdogmatik

Der Vollständigkeit halber sei noch der rechnerunterstützte Rechtsunterricht erwähnt.

4. Abgrenzung

Obwohl allzu strenge Abgrenzungen sich (nach einem dictum von *H. Albert*) kooperationshemmend und damit wissenschaftsfeindlich auswirken, können gleichwohl arbeitsteilige Abgrenzungen vorgeschlagen werden; sie ergeben sich aus dem Systematisierungsvorschlag. Dabei kann es sich nicht um starre, ein für allemal festgelegte Grenzen handeln; vielmehr sind es Berührungspunkte, zum Teil überlappende Bereiche, für die es sinnvoll ist, sie von mehreren Seiten anzugehen[58].

4.1 Informatik

Im Verhältnis zur Informatik[59] (Computer Science(s)), soweit sie sich als mathe-

wie die (2. Auflage der) Siemensstudie zum Bayerischen Informationssystem; als Weiterentwicklung vgl. *Goller/Scheuring/Trageser.*

[55] *Fiedler* (7); *Lang* (1) und (2); *Steinmüller* (1) 51-55; (8); aber auch zahlreiche Autoren sozialistischer Länder.

[56] Zur verfassungsrechtlichen und -politischen Problematik in der BRD: *Kamlah; Luhmann* (5); *Podlech* (4) und (6); je mit weiteren Nachweisen; oben Anm. 45; zur Datenschutzproblematik *Dammann* (1); *Schneider; Simitis* (5); weithin besteht jedoch Fehlanzeige.

[57] Eine funktionale Dreiteilung findet sich bei *Thomas* (2) 134 f. (operative, Planungs- und Informationsfunktion der Verwaltung). — Im übrigen mag es nicht überflüssig sein darauf hinzuweisen, daß die einzelnen Elemente der Matrizen (Schaubilder) genauerer Diskussion bedürfen.

[58] Dies gilt auch für die Rechtskybernetik (*Podlech* (1) — (3)); sie ist einerseits Formalisierungshilfe innerhalb der Rechtsinformatik, namentlich für nichtlineare (Rückkopplungs-) Prozesse, andererseits geht sie als allgemeine System- und Prozeßtheorie des Rechts weit über den Automationsbereich hinaus.

[59] Statt aller vgl. *Bauer/Goos.*

matisch-technische Disziplin versteht, ist Rechtsinformatik teils angewandte Informatik, teils komplementäre Ergänzung, vor allem wegen der Besonderheit der Einbeziehung spezifisch juristischer Legitimitätsprobleme (weil EDV im Rechtsbereich sich nur als rechtmäßige vollziehen darf). Im übrigen gilt das zur Rechtswissenschaft Ausgeführte entsprechend.

4.2 Informationswissenschaft

Zu den Informationswissenschaft(en)[60] (Information Sciece(s), DDR: Informatik) steht die Rechtsinformatik derzeit in keinem eindeutig angebbaren Verhältnis, da jene noch zu sehr im Fluß sind; einerseits ermöglichen sie eine umfassendere Beschreibung von Informationsprozessen in rechnerunterstützten sozialen Systemen; zudem kann in ihnen ein willkommener Ansatz für eine gesellschaftswissenschaftlich orientierte Rechtsinformatik liegen; andererseits klammern sie zum Teil technische Fragen aus, die wegen der engen Verflechtung von Technik und Recht in der Rechtsinformatik miterörtert werden müssen, und sind ungeachtet ihrer prinzipiellen Bedeutung gelegentlich noch allzu stark in ihrer Herkunft aus den Bibliothekswissenschaften befangen. Im übrigen handelt es sich bei dem Problemfeld EDV – Recht – Information um rasch sich entwickelnde Forschungsgebiete, von deren „richtiger" Benennung weniger abhängen sollte als von der Dringlichkeit ihrer Erforschung.

4.3 Rechts- und Verwaltungswissenschaft

Der Bezug der Rechtsinformatik zur Rechtswissenschaft ist je nach deren Selbstverständnis verschieden. Begreift sich diese als traditionelle dogmatische Jurisprudenz, die sich in systematisierter Gesetzesauslegung erschöpft, dann zählt Rechtsinformatik nur in ihrem informationsrechtlichen Aspekt zu ihr; der Rest wäre im wesentlichen Sache der Rechtssoziologie. Begreift diese sich jedoch als moderne Rechtswissenschaft, die gesellschaftliche Voraussetzungen und Implikationen in ihr Wissenschaftsverständnis einbezieht und alternative Handlungsvorschläge reflektiert (also auch eine verwissenschaftlichte Rechtspolitik für möglich hält), dann ist Rechtsinformatik ihr wesentlicher Bestandteil [61], der selbstverständlich auch die Fragestellungen und Ergebnisse der Verwaltungswissenschaften zur Kenntnis nimmt. Umgekehrt zählt – wissenschaftstheoretisch ebenso selbstverständlich – auch die Behandlung der Rechtsfragen (zumal als Voraussetzungs- und Folgeproblematik der Automation) zum Gegenstandsbereich EDV – Recht [62]. In dieser Hinsicht kann auch die Verwaltungsinformatik als Teil der Rechtsinformatik betrachtet werden, soweit es sich um die öffentliche Verwaltung handelt [63].

---

[60] Statt aller *Kunz/Rittel* 92 ff.; neuestens *E. Lutterbeck*. – Ähnlich wie hier *Fiedler* (5) 229; (7).

[61] Nähere Begründung: *Steinmüller* (8); dazu *Hopt* 66[17], 72[73].

[62] *Fiedler* (5) 229, 231 f.; ebenso *Haft* (1).

[63] *Fiedler* (4) 472, ähnlich *Griese* 68. – Die hier vorgeschlagene Beschränkung auf „öffentliche" Verwaltung ergibt sich aus der Abgrenzung zur Wirtschafts- und Betriebsinformatik (*Angermann*, *Grochla*, *P. Mertens*, *Szyperski*).

5. Durchführung

Der vorstehende Ansatz zur Strukturierung sei an den drei Sachbereichen (a-c) exemplifiziert. Aus dem Fragenkreis um die automatisierte juristische Informationsspeicherung seien die Planungen für eine „juristische Datenbank" herausgegriffen; für die automatisierte Informationsveränderung stehe die Diskussion um die Möglichkeiten und Grenzen der Rechtsautomation; die Informationsintegration in ihren verschiedenen Formen leite schließlich über zu den Rechtsfragen der Automation.

5.1 Dokumentation

5.11 Juristische Datenbank

Auch vor dem Rechtsbereich hat die Informationskrise nicht haltgemacht, wie *Simitis*[64] u. a. eindrucksvoll belegt haben. Der Ruf nach Abhilfe durch rechnerunterstützte juristische Dokumentationssysteme führte in der BRD neben privatwirtschaftlichen Ansätzen (Documenta [65], Juradat [66]) zur Konzeption einer Juristischen Datenbank[67] als Teil des staatlichen Informationsbankensystems[68], die freilich von Teilen der Judikative als zu sehr auf die Bedürfnisse der Verwaltung beschränkt (vorsichtig) kritisiert und mit einem spezielleren Gegenentwurf beantwortet wurde [69].

Konzeption wie Gegenkonzeption sind in einen grundsätzlichen informationswissenschaftlichen Zusammenhang zu stellen. Ein Dokumentationssystem ist ein spezielles Informationssystem, in dem eine einfache Form der Informationsverarbeitung stattfindet — „einfach" nicht deshalb, weil keine schwierigen (vor allem linguistischen) Probleme aufträten; auch die Automatisierung der Eingabe und Verdichtung ist bisher nicht gelöst; sondern weil die in der Theorie anspruchsvollere Informationsveränderung nicht das eigentliche Ziel der Dokumentation ist, vielmehr die Informationsbereitstellung (also Speicherung und Ein/Ausgabe). Für juristische Dokumentation bestehen zunächst nur unwesentliche Besonderheiten (z. B. Normen für Leitsatzbildung und Urteilsabfassung als Sonderform des abstracting und der automationsgerechten Normanwendung, Paragraphen als Suchbegriffe, explizite [70] und implizite Verweisungen, vor allem unpräzise Rechtssprache). Jedoch führt die Betrachtung der Dokumentation unter Aspekten der EDV zu weiteren Problemen, wie anhand der bisherigen Planungen zur Juristischen Datenbank erläutert sei.

Die Juristische Datenbank ist Teil der sog. Bundesdatenbank, eines umfassen-

---

[64] Statt aller vgl. *Simitis* (3) 9-28.

[65] Dazu *Conradi*; *Eckert* und *Kreppel*. Eine kritische Stellungnahme liegt noch nicht vor.

[66] Zur Kritik dieser Ansätze vgl. Arbeitsgruppe „EDV und Recht" (1) und (2).

[67] Für Näheres vgl. wieder die Berichte (1) und (2) der Projektgruppe Juristisches Informationssystem beim BMJ.

[68] Abschn. 5.3.2.3. und 5.3.4.1. des 2. DV-Programms der Bundesregierung sowie der dreibändige Bericht der Interministeriellen Arbeitsgruppe „Datenbanksystem" beim BMI.

[69] vgl. *Brackmann* u. a.; *Heußner* (1) 177; (2) 21 [14].

[70] *Berger* m. w. Nachw.

den Systems von Informationssystemen für Zwecke des Bundes. In ihr sollen im wesentlichen Rechtsnormen und Rechtsprechung in vollem Wortlaut (fulltext), jedoch von der juristischen Literatur z. T. nur die bibliographischen Angaben gespeichert werden, während die sog. Sozialdaten (empirische Daten und sonstige Informationen, die bei der Rechtsfindung benötigt werden) unberücksichtigt bleiben [71].

Neu daran ist, daß der Staat damit erstmals in größerem Umfang auf dem Informationssektor tätig wird, der sonst den Massenmedien und Bibliotheken überlassen ist, und zwar durch Bereitstellung aktiver (vom Benutzer frei wählbarer) Information. Da durch die Automationsunterstützung bisherige Systeme an Schnelligkeit, Ortsunabhängigkeit, Genauigkeit und Komplexität weit übertroffen werden, wird ein faktisches Informationsmonopol geschaffen, sofern nicht spezialisiertere kommerzielle Dokumentationssysteme zuvorkommen, die keiner öffentlichen Kontrolle unterliegen.

5.12 Kritik

Die Kritik kann in dem Satz zusammengefaßt werden: Diese Juristische Datenbank nimmt überwiegend an den bisherigen Bedürfnissen der öffentlichen Verwaltung Maß und läßt eine zukunftsorientierte prinzipielle Durchdringung vermissen [72]:

- Durch Bereitstellung von rechtlich relevanten Informationen wird ein Teil des juristischen Entscheidungsprozesses (nämlich ein Teil der Entscheidungsvorbereitung) im System der Juristischen Datenbank abgebildet; sie ist insofern *Modell* eines Teils der juristischen Informationsverarbeitung. Die Modellbildung geschieht teils durch Auswahl der aufzunehmenden Informationsklassen, teils durch die systeminterne Informationsorganisation, teils durch die Ausgabe- (Auswahl- und Verknüpfungs-) Programme [73]. Dies ist bei der Konzeptionsbildung der Juristischen Datenbank unberücksichtigt geblieben, da soziologische Untersuchungen über derzeitiges und künftiges juristisches Problemlösungsverhalten bisher nicht vorliegen [74].
- Die Juristische Datenbank ist als „halbautomatischer Schönfelder bzw. Palandt" (das sind Gesetzes- bzw. Entscheidungssammlungen) entworfen, also als instrumentales Werkzeug in der Hand beliebiger externer *Benutzer.* Da

---

[71] vgl. Projektgruppe Juristisches Informationssystem (1) 10; (2).

[72] vgl. auch *Dammann* (2) und *Zielinski.* Diese Ausstellungen werden nur z. T. widerlegt durch den – im übrigen imponierenden – Schlußbericht der Projektgruppe (2).

[73] Daran zeigt sich, daß der Dokumentations- und Retrievalvorgang zwar seinen Schwerpunkt (oben 3.) in der Ein/Ausgabe/Speicherung hat, aber daneben auch Prozesse der Informationsveränderung umfaßt. Dies verstärkt sich, je höher das Dokumentationssystem organisiert, je mehr es automatisiert, und je weiter es in umfassende Systeme integriert ist. – Zu Denk- und Lernsimulation vgl. vorläufig *Steinmüller* (1) 45 ff.

[74] Dies liegt u. a. daran, daß die Untersuchung der juristischen Entscheidungstätigkeit bisher meist intuitiv bzw. introspektiv statt empirisch geführt wurde. Ziel war meist nicht, die tatsächlichen Vorgänge zu analysieren, sondern Grundsätze einer juristischen Methodologie zu gewinnen bzw. Ideologiekritik zu üben (vgl. besonders *Esser; Engisch; Larenz;* nunmehr *Hopt* m.w.Nachw.).

aber die Benutzer notwendige Elemente des Informationssystems sind, deren Bedürfnisse gesondert in der Konzeption bis hin zu den Such- und Dialogstrategien berücksichtigt werden müssen (was bisher nur unzureichend geschehen ist), besteht die Gefahr, daß die potentiellen Benutzer der verschiedenen juristischen Berufe überwiegend das Informationssystem ablehnen, d. h. nicht oder wenig benützen und auf andere unzulängliche Informationsquellen ausweichen. Zudem gibt es nicht „den" juristischen Benutzer, sowenig wie es „den" Juristen und „das" juristische Problemlösungsverhalten gibt – und also auch nicht „die" juristische Datenbank, allenfalls ein juristisches Datenbanknetz hochkomplexer Organisation.

- Als Dokumentationssystem ist die Juristische Datenbank *Subsystem* der Bundesdatenbank, des großangelegten Informationssystem-Verbundes der öffentlichen Hand. Die Kopplungsmöglichkeiten sind gleichwohl nicht definiert, so daß die Gefahr der Isolierung und der fehlenden Übergänge zu anderen Teilsystemen gegeben ist und somit der Jurist auf Sozialdaten [75], politische Informationen u. ä. nur auf informationshindernden Umwegen zugreifen kann. Außerdem führt der Gedanke des Subsystems dazu, daß Dokumentation unter den übergeordneten Gesichtspunkt der Integration (des gesamten juristischen Entscheidungsprozesses, aufgefächert in die verschiedenen Unterklassen des Entscheidungsverhaltens) gestellt wird; dies führt zu einer andersartigen Informationsorganisation.
- Die *Rückkopplung* der Automatisierung dieses Teiles der juristischen Informationsverarbeitung auf den Juristen und sein Informationsverhalten ist unbedacht geblieben. Dadurch, daß Literatur, Sozialdaten und (rechts)politische Informationen bei dieser Modellbildung doch im wesentlichen unberücksichtigt bleiben, verstärkt sich die ohnedies bestehende konservativistische Rückwärtstendenz in der juristischen Informationsverarbeitung: ihr Rationalitätsgehalt sinkt, die gesellschaftliche Abkapselung des Juristen verstärkt sich.
- Außerdem geschieht die Suche nach rechtlich relevanten Dokumenten nunmehr in einem *Mensch-Maschine-System*; dies revolutioniert den Suchvorgang [76] bei geeigneter „benutzerfreundlicher" Gestaltung – in Richtung erhöhter Kreativität und damit u. U. gerechterer Entscheidung – falls die Datenbankstruktur dies nicht verhindert.

Mit Bedacht ist der systemtheoretische Aspekt der Dokumentation in den Vordergrund gestellt worden. Daneben bestehen zahlreiche ungelöste Fragen, die eine effektive Vollautomatisierung des juristischen Information Retrieval auf ab-

---

[75] Folgende Teillösung sei vorgeschlagen: Errichtung einer „Rechtssoziologischen Datenbank" als Teilsystem der juristischen Datenbank. Sie umfasse vor allem einschlägige rechtssoziologische und kriminologische (u.U. auch kriminalistische) Literatur und weise wohldefinierte Schnittstellen zu statistischen Datenbanken auf; erschlossen werde sie z. B. über Zuordnungen von juristischen und rechtssoziologischen Deskriptoren, ggfs. über Fallprofile (möglicherweise liegt hier ein Anwendungsgebiet von SEDOC; *Haft* (3)).

[76] *Steinmüller* (1) 49 f.

sehbare Zeit verbieten. Vor allem hindern linguistische und Software-Hürden die automatische Auswahl und Verdichtung der Dokumente, während die nicht unbeträchtlichen juristischen Schwierigkeiten eher lösbar sind. Auch wird die technische Weiterentwicklung noch mancherlei Überraschungen bringen [77].

5.2 Rechts- und Verwaltungsautomation

Bei der rechnerunterstützten Veränderung juristischer Information (gemeinhin: Automatisierung der Rechtserzeugung, -anwendung und -kontrolle sowie der Verwaltungsentscheidung) handelt es sich um zwei zu unterscheidende Fragenkreise: Formalisierung und Automatisierung.

5.21 Formalisierung – Methoden und Grenzen

Automatisiert werden kann nur, was vorher formalisiert wurde. Es wird also im Rahmen des juristischen Informationsprozesses ein neuer Teilprozeß notwen-

---

[77] Zu den Rechtsfragen s. u. 6. – Die Entwicklung von (u.U. assoziativen) Massenspeichern bisher ungeahnten Fassungsvermögens (etwa des ganzen Weltwissens) mit (mehr oder minder) direktem wahlfreien Zugriff und entsprechenden Programmen (vgl. zum ersten funktionierenden Laserspeicher mit 10^{12} bit Speicherfähigkeit: adl-Nachrichten 16 (1971, 71) 20 f.) eröffnet die Möglichkeit, beliebige Dokumente in Einzelinformationen und diese in ihre Informationselemente aufzulösen, sodann diese Elemente dokumentunabhängig je nach Suchfrage zu einem beliebigen Thema zu neuen Informationen zusammenzustellen. (Diese Möglichkeit besteht in bescheidenerem Rahmen auch schon heute.) Zunächst ergibt jede neue Suchfrage eine Antwort, die aus einer Neukombination der einschlägigen semantischen Informationselemente besteht; da aber die einschlägigen Informationselemente entweder in Auswahl oder insgesamt ausgegeben werden können, jeweils aber in verschiedener syntaktischer Reihenfolge, sind auf jede Suchfrage nicht nur eine, sondern viele Antworten möglich, nämlich so viele, wie Auswahl- und Kombinationsmöglichkeiten bestehen, abzüglich der unsinnigen oder inhaltsleeren Kombinationen. Da aber jede nichtformalisierte Information und jedes Informationselement in seinem Sinn kontext-, benutzer- und frageabhängig ist (semantischer und pragmatischer Aspekt, oben Anm. 29 und 40), diese Abhängigkeit aber durch die Herauslösung aus der ursprünglichen Umgebung entfällt und durch den Kontext sowie den neuen Fragenzweck substituiert wird, ergeben sich so viele sinnvariierende Antworten auf dieselbe Frage, wie sinnvolle Auswahl- und Kombinationsmöglichkeiten existieren. Jede der vielen Antworten lautet also anders; d. h. alle Antworten sind mehr oder minder „falsch" – wobei der Falschheitsgrad abstrakt nicht angegeben werden kann (und, was das Schlimmste ist, der Frager ohne detaillierte Intimkenntnisse der Informationsorganisation auch nicht erkennen kann, wie falsch oder richtig die Antwort ist). Eine Abhilfe böte die theoretische Möglichkeit, die Informationen in eine kontextfreie (z. B. Rechts-)Sprache zu übersetzen (dazu *Brinckmann*) – oder aber den jeweiligen Kontext nach Herkunft und Fragestellung mitzuverarbeiten.

Übrigens ergibt sich aufgrund einfacher mathematischer Überlegungen, daß bei hinreichender Systemgröße zu vielen Suchfragen bereits mehr Beantwortungsmöglichkeiten (jeweils mit mehr oder minder variierendem Sinngehalt) existieren als Atome im Weltall; da es Rechner mit derartiger Rechenkapazität nicht gibt, wird man also die Beantwortungsmöglichkeiten aufgrund zusätzlicher Auswahlkriterien einschränken (welche?). – Es eröffnen sich also Manipulationsmöglichkeiten auf der Daten- und auf der Programmebene bisher nicht vorstellbaren Ausmaßes – falls man programmtechnisch derartige Informationsorganisationen und Suchstrategien wählt (und diese Wahl politisch oder rechtlich zuläßt).

dig: der Vorgang der Formalisierung [78]. Da der Rechner nur „versteht", was in die Maschinensprache umgesetzt, d. h. in bestimmter Weise auf die syntaktische Ebene reduziert („formalisiert") ist, können Rechtstextverarbeitung und -entscheidung nur insoweit automatisiert werden, als sie formalisierbar sind. Dies ist (mit *Knapp*) dann der Fall, wenn ihre Struktur sich durch eine endliche Menge endlicher Algorithmen ausdrücken läßt[79].

Methoden der Formalisierung juristischer Texte und Entscheidungsprozesse bieten die Formal- oder Strukturwissenschaften Logik, Mathematik, strukturelle Linguistik und andere Disziplinen. Von der juristischen Seite her leistet die strukturelle Rechtstheorie neuerdings nützliche Vorarbeiten zur Präzisierung der (im Verhältnis zur Umgangssprache zwar präziseren, im Verhältnis zur Maschinensprache aber sehr unscharfen) Rechtssprache [80]. Fast alle Aussagen auf diesem Gebiet sind noch Forschungsprogramme.

Hier werden auch Überlegungen anzustellen sein, ob für die Anforderungen, die von juristischer Seite her zu stellen sind, nicht auch im technischen Bereich Neuentwicklungen nötig sein werden. Zu denken ist dabei vor allem an die Entwicklung spezifisch juristischer Programmsprachen, die eine sachgerechtere Formulierung der juristischen Programme erlaubt, als das in den bisher üblichen Problemsprachen möglich ist.

Die **Grenzen** der Rechtsformalisierung sind logisch-prinzipiell zwar leicht angebbar: Alles was sich nicht syntaktisch abbilden läßt, kann grundsätzlich nicht formalisiert werden; so etwa – innerhalb bestimmter Grenzen – viele juristische Wertungs- und Auslegungsfragen, Ermessensausfüllung, Analogieschluß usw., wie hier nicht weiter begründet werden kann.

Jedoch ist diese Grenze keineswegs unüberschreitbar; als praktische *Auswege* bieten sich verschiedene, zum Teil bereits praktizierte Wege an.

Zum Teil umgehen sie das Problem, indem sie vage (d. h. sprachlich nicht präzisierte) Rechtsbegriffe

- in eine Reihe disjunktiv verknüpfter exakter Begriffe zerlegen („Begriffszerlegung": statt „Kündigung aus wichtigem Grund" nunmehr „Kündigung aus den Gründen 1, 2, . . ., n");
- durch Angabe zusätzlicher Bedingungen eindeutig machen („Begriffserweiterung": statt „Der Beklagte soll gehört werden" nunmehr „Der Beklagte muß gehört werden, außer es bestehen die Gründe 1, 2, . . ., n")[81];

---

[78] *Knapp* 45 ff.; *Steinmüller* (1) 8 ff, 57 ff., 94 f. – Auf der Ebene der Gesetzgebung führt dies etwa zu den Forderungen nach automationsgerechter Normgestaltung, institutionell ermöglicht durch entsprechende Ausschüsse oder Expertenteams bei der Normvorbereitung (mit entsprechenden Rückkopplungen auf den Gesetzgebungsprozeß und die Gewaltenteilungsproblematik, da die Formalisierung materiell Normsetzung durch Fixierung des Norminhalts ist, die wegen der benötigten Fachkenntnisse etwa für Abgeordnete kaum mehr zu durchschauen, d. h. kaum mehr abzuändern ist – lehrreich hierfür das Zustandekommen des Programmablaufplans des BAFöG (dazu *Eberle* (2)).

[79] *Knapp* 45. Ob sich dies durch Verwendung assoziativer Speicher ändern wird (*Haft* (1)), steht noch dahin.

[80] vgl. Interdisziplinäre Arbeitsgruppe „Analyse der juristischen Sprache" (1) und (2).

[81] Dazu *Podlech* (2) und (5).

– durch eindeutige Begriffe ersetzen („Begriffssubstitution": etwa durch Erlaß einer Durchführungsverordnung oder gar eines Programmablaufplans); dies geschieht häufig „unter der Hand" beim Programmieren, was freilich rechtlich bedenklich ist, da es sich materiell um Gesetzgebung durch nicht zuständige Organe handelt [82];

– durch neue formalisierbare Rechtsbegriffe im Wege der Gesetzgebung ersetzen (sog. „automationsgerechte Normsetzung"). Entsprechendes gilt für die sog. „automationsgerechte Normanwendung" zum Zwecke der automatisierten Eingabe von Entscheidungen in Rechtsdokumentations- und Informationssysteme [83].

Eine elegante und zukunftsträchtige Lösung, die die genannten Methoden nicht ausschließt, besteht in der Umformung des juristischen Informationsverarbeitungsprozesses in einen Mensch-Maschinen-Dialog mit verteilten Rollen, wobei der Mensch den nicht oder nur mit höherem Aufwand formalisierbaren Part übernimmt [84].

Auf weitere Sicht ist außerdem ein Forschungsprogramm angebbar, das die Formalisierung juristischer Informationsprozesse auch dort erlaubt, wo dies bisher prinzipiell unmöglich erschien (falls nicht einmal eine zu erhoffende Rechtslinguistik vorher Lösungen anbietet). Hierzu wäre es notwendig, die (bisher unbekannten) juristischen Informationsverarbeitungsprozesse zu klassifizieren, nach ihrer jeweiligen Struktur zu erforschen und die dabei auftretenden Wertungen (etwa durch Präferenzskalen, Ziel-Mittel-Korrelationen, Regelkreismodelle usw.) wenigstens in Teilbereichen zu objektivieren [85]. Gelingt es auf diese Weise, das juristische Problemlösungsverhalten ganz oder teilweise zu formalisieren, wäre ein entscheidender Schritt getan.

So kann etwa jede Auslegungsfrage durch Definition der Definition der Definition (. . .) ad infinitum vertieft werden – wobei jede Definition, weil ergebnisorientiert, eher Dezision als Deduktion ist. Gleichwohl bricht der Jurist bei der Auslegung diesen unendlichen Prozeß irgend einmal ab, und zwar sehr bald, nämlich anscheinend dann, wenn die sprachliche Wiedergabe des Sachverhalts (z. B.: „in die eigene Tasche stecken") der Definitionsstufe so angenähert ist, daß die Subsumtion („in die eigene Tasche stecken" ist die „Begründung einer tatsächlichen Herrschaftsmöglichkeit" nach § 242 StGB) von einem bei der Rechtsauslegung vorgestellten Adressaten wahrscheinlich als „richtig" akzeptiert werden wird [86]. Aber wiederum: nach welchen Regeln verläuft dies?

Wir wissen es (noch) nicht.

---

[82] *Luhmann* (5) 46 und oben Anm. 78.

[83] Oben Anm. 52.

[84] vgl. die beiden bei *Suhr* abgedruckten Vorschläge für ein solches Dialogsystem (DISUM bzw. JUDITH).

[85] *Steinmüller* (8) und wiederum *Hopt*.

[86] *Garstka;* ein Algorithmisierungsbeispiel findet sich bei *Steinmüller* (1) 91 ff.; vor allem *Hopt* 66 ff., der mit Recht auf die finale Komponente gerade des Normanwendungsvorgangs hinweist.

5.22 Automatisierung

Gelingt die Formalisierung des Rechtsprozesses, so steht grundsätzlich einer Automatisierung nichts mehr im Wege. Dabei ist es (hier wie sonst) irreführend, Teil- bzw. Vollautomatisierung zu unterscheiden, wenn nicht das Bezugssystem (das zu automatisierende System bzw. der entsprechende Informationsprozeß) angegeben wird: Wählt man es bzw. ihn hinreichend klein, wird jede Teil- zur Vollautomation. Wählt man den Prozeß der Normsetzung bzw. Normanwendung als ganzen, so sind nur Teile automatisierbar, weshalb man richtiger von rechnerunterstützter Normsetzung bzw. -anwendung sprechen sollte [87].

Der einfachere Fall der juristischen Informationsveränderung ist die *Normanwendung*[88]. Logisch handelt es sich im wesentlichen um Subsumtionsvorgänge, deren Struktur keineswegs geklärt ist [89]. Es hat den Anschein, als ob die Normanwendung strukturell nur ein einfacherer Fall der Normsetzung ist [90]. Gleichwohl gibt es bereits zahlreiche Beispiele. Sie gehen vom automatischen Erstellen von Verwaltungsakten aus allen Gebieten der Verwaltung über Bußgeldbescheide und Ansätze zu automatischer Strafzumessung bis zu alternativen Urteilsvorschlägen für den Richter, etwa aus dem Unterhalts- und Eherecht. Für Rechtsanwälte bzw. Notare existieren in den USA bzw. Frankreich bereits ausgearbeitete Dialogverfahren, die große Teile des Kundenverkehrs über Bildschirm und Konsole abwickeln, einschließlich psychologischer Kontrollfragen, programmierter Rechtsunterweisung für den Rechtsunkundigen und unterschriftsreifen Schriftsätzen für den Bürochef.

Die zentrale Fragestellung richtet sich hierbei auf die Organisation des Computereinsatzes, die im öffentlichen Bereich in engem Zusammenhang zu sehen ist mit der Organisation der Verwaltungstätigkeit überhaupt. Aus diesem Grunde wird für diesen Bereich auch der Begriff „Verwaltungsinformatik" gebraucht [91]. Schwierigere Probleme treten bei der *Normsetzung* auf (wichtigster Fall: Gesetzgebung). Sie ist ein Optimierungsvorgang, bei der „das" beste Mittel einem vorgegebenen oder erst zu ermittelnden Ziel zuzuordnen ist. (Insofern ist das Problem nicht unähnlich dem der — im übrigen einfacheren — Management Information Systeme [MIS]).

Vorausgesetzt wäre zur Formalisierung ein vorgegebenes vollständiges widerspruchsfreies System rechtspolitischer Ziele, was es aus mehr als einem

---

[87] Die „richtige", d. h. an gesellschaftspolitisch erwünschten Zielen orientierte Wahl des jeweiligen Bezugssystems bedarf gründlicher wissenschaftlicher Diskussion: sie präjudiziert weithin das Ergebnis der Automation, auch und gerade im Rechts- und Verwaltungsbereich.

[88] Der Einfachheit halber ist hier die Norm- und Normanwendungskontrolle (richterliche Entscheidungsfindung) nicht gesondert aufgeführt. Sie ist jedoch in ihrer Informationsstruktur keineswegs in allem der Normanwendung gleich, zumal sie rechtstheoretisch auf einer anderen Ebene liegt als Normsetzung und Normanwendung.

[89] *Esser* z. B. 253 f.; *Engisch* 200 f.

[90] *Steinmüller* (8) und unten zur Normsetzung. Dazu *Hopt* 67: „Bei einer solchen realistischen Sicht der dritten Gewalt nähern sich gesetzgeberische und richterliche Tätigkeit an."

[91] So auch *Fiedler* (4) — (6); *Griese;* etwas abweichend *Gerhard* 219, 225.

Grund [92] nicht geben kann. Einmal verbietet es der in unserer demokratischen Verfassung vorausgesetzte Wert(ungs)pluralismus, zum anderen stehen logische Gründe entgegen, schließlich wäre eine starre Zielhierarchie unelastisch und könnte dem sozialen Wandel nicht folgen.

Weiter führen die Anwendung bestimmter Operations-Research-Methoden (namentlich der Simulation, bedingt des Planspiels) [93] und vor allem regelungstheoretische Überlegungen sozialistischer Autoren [94]. Auch kann man sich problemorientierte Zielhierarchien vorstellen, die nicht das gesamte rechtspolitische Zielsystem umfassen und gleichwohl hinreichen. Die angeführten Schwierigkeiten lassen es jedoch als verständlich erscheinen, daß bisher keine praktischen Verwirklichungen bekannt sind.

Die angeführten Erwägungen betreffen jedoch nur den legislatorischen Informations(teil)prozeß und sind in die anschließenden Überlegungen bezüglich des Informationssystems einzubeziehen.

5.3 Der Aufbau integrierter Informationssysteme

Die Betrachtung juristischer Informationsverarbeitung wäre unvollständig ohne den Versuch, Informationsprozesse systemtheoretisch als mögliches Verhalten integrierter Informationssysteme zu deuten und daraus einige Folgerungen abzuleiten. Denn die Integration – in einem noch näher zu umschreibenden Sinn – scheint das Ziel der EDV zu sein. Dies sei exemplarisch an drei Themenkreisen durchgeführt. Regelungs- und informationstheoretische Ergänzungen sind notwendig und späteren Untersuchungen vorbehalten, ebenso die Entfaltung des hier vorausgesetzten Integrationsverständnisses.

5.31 Integration juristischer Dokumentation

Bereits die juristische Dokumentation kann nur als Informations(teil)prozeß innerhalb eines übergreifenden Informationssystems zutreffend erklärt werden, wie ausgeführt. Dies gilt auch für die juristische „Datenbank", die in Wirklichkeit nicht nur eine Datenbank, sondern vor allem ein Dokumentationssystem ist. Juristische Dokumentation sollte also von vornherein auf die Automation des gesamten Prozesses der Rechtsentscheidung hin projektiert und (wenigstens in der Planung) in ein entsprechendes rechnerunterstütztes Informationssystem einbezogen werden, das auch die Planungsebene (d. h. hier vor allem: die Gesetzgebung) berücksichtigt – auch wenn Teilprozesse (noch) nicht automatisierbar sind. Denn die juristische Entscheidung darf nicht isoliert von ihrem gesellschaftlichen Umsystem („Umgebung") gesehen werden: sie bedarf (gerade

---

[92] Hierher gehört das bei *Podlech* (6) 274 ff. explizierte Theorem von *Arrow;* möglicherweise versagt auch die klassische Aussagenlogik bei Zielbestimmungen (vgl. zu den Parallelen zwischen der Präferenz- und der deontischen Logik *Åqvist* (1) und (2)).

[93] Dazu theoretisch weiterführend *Hopt*. Vor einer allzu optimistischen Einschätzung der gegenwärtigen Möglichkeiten der OR-Methoden im Rechtsbereich ist angesichts der engen mathematischen und rechnertechnischen Grenzen zu warnen; vgl. den auch für die Gesetzesplanung relevanten Erfahrungsbericht von *Fehl* (1) 35 ff.; (2) 87.

[94] *Benjamin; Havemann,* u. v. a.

unter den Auspizien der Automation) der Integration in übergreifende Prozesse.

5.32 Integration der öffentlichen Datenbanken

Die gleiche Notwendigkeit zur Einbeziehung trifft aber, was wenig bekannt ist, nicht nur auf alle Dokumentationssysteme zu, sondern auch auf alle sog. „Datenbanken" der öffentlichen Hand [95], sofern sie technisch als ein zur automatisierten Informationsverarbeitung geeignetes System von Dateien (Datensammlungen) verstanden werden. Ihre Planung geht fehl, wenn sie nicht von vornherein als „data basis" des jeweils übergeordneten Informationssystems bis hin zur Planungsebene konzipiert werden [96]. Das folgt aus der Struktur des Informationsprozesses, der – auch im juristischen Bereich – nicht ungestraft in unabhängige speicherungs- bzw. veränderungsorientierte Teile zerrissen werden darf. Aus dem gleichen Grund sollte auch die Automatisierung der Normsetzung und -anwendung als Verhalten spezieller Informationsteilsysteme betrachtet und entsprechend organisiert werden.

Eine wichtige Konsequenz besteht darin, daß, weil die zugeordneten Benutzer Systemelemente mit je spezifischen Eigenschaften sind, es für die Effizienz der Systeme ausschlaggebend ist, nicht pauschal „die" juristische Dokumentation, „die" Normsetzung oder „die" Normanwendung als einen einheitlichen Informationsprozeß zu automatisieren, sondern eine Vielfalt benutzerfreundlicher Systeme – womöglich im Verbund – zu errichten, die die empirisch zu ermittelnden, gegebenenfalls zielorientiert zu verändernden Bedürfnisse abdecken.

Die bisherigen Planungen entsprechen dieser Forderung nur in beschränktem Umfang [97]. Sie sehen neben einem System von Fach„datenbanken" ein gewaltenteiliges staatliches Informationssystem vor, das über ein projektiertes „Informationsbankensystem" mit den Informationssystemen der Wirtschaft und der Wissenschaft verbunden werden soll. Diese Datenbanken sind Informationssysteme sehr unterschiedlichen Aufbaus sowie verschieden starker Koppelung. Während die schon geschilderte Juristische Datenbank als Dokumentationssystem vor allem der Justizverwaltung ohne wesentlichen Innovationsgehalt konzipiert ist, soll das sog. PAIS (Parlamentarisches Informationssystem) Gesetzesmaterialien i.w.S. bereitstellen – ist also ebenfalls nur ein Dokumentationssystem [98]. Der öffentlichen Verwaltung dagegen wird ein dreistufiger Informationsverbund Bund – Länder – Gemeinden zur Verfügung stehen, der – aufsteigend von der operativen bis zur Planungsebene – Informationen aller

---

[95] So auch *Jähnig* 164-168 mit beachtenswerten Einschränkungen.

[96] Zutreffend *Goller/Scheuring/Trageser* 31.

[97] Erste Ansätze in dieser Richtung finden sich sowohl in den Vorstellungen zum Informationsbankensystem des Bundes (vgl. „Interministerielle Arbeitsgruppe" (30-34) zum arbeitsteiligen Charakter des Systems, 28-30 zum allgemeinen Zugang zum System) und bei *Goller/Scheuring/Trageser* 215 ff. zu „Bürgerkontaktstellen" (vgl. auch die Anregung eines „sozialstaatlichen Auskunftssystems", *Steinmüller* (6) 26). Zu beachten ist auch die Rückkopplung der Automatisierung der juristischen Informationsverarbeitung auf eben diesen Prozeß der Rechtsentscheidung selbst (oben zu Anm. 76), sie muß bei der Planung bereits prognostiziert und einbezogen werden.

[98] Deskriptiv: *Mayer-Uhlenried;* kritisch: *Kamlah; Steinmüller* (6) 27 ff.

Art und Stufen für Regierung und Verwaltung zu beschaffen geeignet ist, die ständig über die Daten aus der in das staatliche Informationssystem integrierten Verwaltungsautomation auf dem lezten Stand gehalten und durch (möglichst wenige) Sondererhebungen ergänzt werden sollen [99].

Das bedeutet eine unbestreitbare und bis auf weiteres nicht kompensierbare Störung des „Informationsgleichgewichts" zu Ungunsten der Legislative und der Judikative sowie und vor allem des – experimentierbar gewordenen – Bürgers [100]. Sie wird möglicherweise verstärkt durch eine einseitige Konzeption der „integrierten Datenverarbeitung".

5.33 Integriertes Informationssystem

Auch die „integrierte Datenverarbeitung" herkömmlichen Verständnisses bedarf selbst der Integration in ein Informationssystem. Ihre Grundgedanken sind bekannt und brauchen nicht noch einmal ausgeführt werden. Auszugehen ist von den derzeitigen Planungen zur überregionalen Verwaltungsintegration der öffentlichen Verwaltung[101]. Sie sehen neben den üblichen (idealtypischen) Kennzeichen der integrierten Datenverarbeitung (Einmaleingabe, Einmalspeicherung/Löschung, Vielfachveränderung und -weitergabe aller im System vorhandenen Informationen sowie Einmalprogrammierung der Informationskanäle und -prozesse)[102] die möglichst vollkommene Durchlässigkeit aller Informatio-

---

[99] Hier tauchen grundsätzliche systemtheoretische Schwierigkeiten auf: 1. Auf der Planungsebene geht es im wesentlichen um Anpassung des Systems an die jeweilige Umwelt; die Informationen, die die Anpassungsprobleme lösen sollen, stammen also nur zum Teil aus dem System. 2. Sie sind nur beschränkt vorhersehbar, da das systeminterne Modell nicht das gesamte Umweltverhalten voraussagen kann. 3. Sie sind außerdem zahlenmäßig praktisch ebenso unbegrenzt wie die möglichen Planungsprobleme. Das bedeutet aber, daß auch die benötigten Verfahren (Programme) zur Lösung dieser Probleme nicht vorhersehbar sind, ebenso nicht die Informationen, die durch diese Programme verarbeitet werden müssen. Auch der Ausbau der internen Umweltmodelle bietet keinen Ausweg, da entsprechend komplexe mathematische Strukturen bisher weder existieren, noch, wären sie vorhanden, bei derzeitigen Rechnergrößen verarbeitbar sind.

M.a.W.: Rechnerunterstützte Planungsinformationssysteme sind nur in engem Rahmen möglich: 1. bei exakt formulierbaren („bekannten") Problemen, 2. bei bekannten Beantwortungsverfahren, 3. bei bekannten Daten, sei es, daß sie im System vorhanden sind (dies ist, wie amerikanische und Wirtschaftserfahrungen zeigen, normalerweise nicht der Fall, vgl. *Fehl* (1); (2) und die bekannte MIS-Diskussion) oder durch geeignete Kopplung mit externen Informationssystemen beschafft werden können (und diese Informationssysteme so organisiert sind, daß sie „pragmatisch" gerade für diese Probleme relevante Informationen enthalten, was man ihnen aber nur bei genauester Programmkenntnis ansehen kann) oder ad hoc erhoben werden können (was oft zu teuer und/oder zu zeitaufwendig ist).

[100] Dazu die unten Anm. 113 zur Gewaltenteilung Genannten; *Simitis* (5) 677 ff.

[101] Vgl. besonders *Goller/Scheuring/Trageser* 67-77 in Weiterentwicklung der (2. Auflage der) Siemensstudie zum *B*ayerischen *I*nformations *S*ystem; ferner *Jähnig* 22 ff.; zur Parallelentwicklung in der DDR: *Steinmüller* (9).

[102] Ihr eigentlicher „idealtypischer" Grundgedanke scheint die maximale Systemgröße bei minimaler Redundanz der systeminternen Daten und Minimierung der Datenbewegung zur (technisch) optimalen Rechnernutzung zu sein; es läßt sich informationstheoretisch berechnen, daß durch Integration dieser Art in der Tat die (unter syntaktischem Aspekt)

nen sowohl vertikal (von der kleinsten Gemeinde bis zum Ministerpräsident) als auch horizontal vor (grundsätzlicher Informationsverbund mit Zugriffsrecht aller angeschlossenen Behörden), mit den oben angegebenen Implikationen entsprechend organisierter Groß-Informationssysteme (relative Orts- und Zeitunabhängigkeit der Daten unter Ausschaltung menschlicher Unzuverlässigkeit und Inkomplexität) und ihren positiven Folgen für die Verwaltung (leichte Entscheidungsfindung durch Komplexitätsreduktion, Störfreiheit des Entscheidungsprozesses, Plan- und Experimentierbarmachung der im Informationssystem abgebildeten und simulierten gesellschaftlichen Realität); — schließlich ist der Datenverbund Staat — Wirtschaft bereits heute in Teilbereichen verwirklicht[103].

Daß diese nicht ganz unbedrohlichen Perspektiven öffentlicher und privater integrierter Informationssysteme noch stark futurologischen Akzent tragen, sollte nicht daran hindern, sie ernst zu nehmen, da sie von den derzeitigen Planungen impliziert sind und nur bekannte Größen voraussetzen — auch wenn sich bestätigen sollte, was zur Zeit diskutiert zu werden beginnt, daß nämlich die integrierte Datenverarbeitung oberhalb eines bestimmten (derzeit noch nicht definierbaren) Optimalwerts ineffektiv (in welcher Hinsicht?) werden kann [104].

Es ist weiter davon auszugehen, daß alle Teilprozesse juristischer Informationsverarbeitung, von der Dokumentation bis zur Entscheidung, von der Gesetzesvorbereitung bis zur Anwendungskontrolle [105] als gedanklich einheitlicher Prozeß zu fassen und der Integration in übergreifende transjuristische rechnerunterstützte Informationssysteme zugänglich sind, darum auch — nach dem technokratischen Prinzip — auf ihre Verwirklichung hin tendieren. Dagegen ist solange nichts einzuwenden, als diese Bestrebungen nicht nur nicht gegen die Verfassung verstoßen [106], sondern positiv an öffentlich diskutierten und gebilligten Zielen orientiert sind. Diese Diskussion findet jedoch bislang nicht statt. Peinliche Bemerkungen über die Notwendigkeit der Rentabilität der Anlagen [107] vermögen sie nicht zu ersetzen. Größer jedoch ist „die Gefahr des guten Willens" *(Luhmann)* der EDV-Begeisterten. Es muß die Sorge aller mit der Sache Vertrauter sein, daß diese öffentliche Meinungsbildung stattfindet. Darüber hinaus soll — *und kann* — die in sich durchaus zu bejahende integrierte

---

geringste Informationsmenge im System bewegt wird — oder anders: daß bei gegebener Informationsmenge durch Integration ein maximaler (semantischer und pragmatischer) Informationsgehalt erzeugt werden kann. — Demgegenüber steht der (oben 3.) grundgelegte informationswissenschaftliche Integrationsbegriff, der hier (5.33) nur rudimentär entfaltet werden kann und zudem rechtlicher Präzisierung bedarf (vgl. *Podlech* (8) zu *Meincke*).

[103] Hierzu die rechtshistorisch und prinzipiell wichtige DÜVO (Verordnung über die Datenübermittlung in den gesetzlichen Rentenversicherungen, *Burhenne/Perband* 105 91 ff.) für die (unter informatischem Aspekt fälschlich sog.) „Datendirektübermittlung" zwischen Arbeitgeber und Rentenversicherungsträger; dazu instruktiv *Winkler* 26 ff.

[104] *Schmitt* 103 ff.

[105] Einschließlich statistischer Auswertung: so mit Recht *Luhmann* (5).

[106] Über die relative Ohnmacht der Verfassung gegenüber diesen neuen Entwicklungen vgl. wieder *Luhmann* (5).

[107] Zutreffend *Simitis* (4) 41.

Informationsverarbeitung so organisiert werden, daß sie den rechtlichen und politischen Anforderungen genügt.

Dies verlangt jedoch die Aufgabe einer einseitig rechner-orientierten Betrachtungsweise zugunsten einer den Menschen als Menschen einbeziehenden Sicht. Die oben ausgeführte These der Benutzerabhängigkeit von Informationssystemen gilt potenziert bei den hochkomplexen und darum noch weniger durchschaubaren integrierten Systemen: Sie werden abgelehnt (und müssen darum scheitern), sofern sie nicht „menschenfreundlich" (statt „automationsfreundlich") organisiert sind; die EDV als die bisher variabelste und damit anpassungsfähigste Erfindung des Menschen der Neuzeit bietet die Möglichkeit dazu.

Das bedeutet eine weitgehend

- nicht-zentralistische
- nicht-hierarchische
- bürgernahe
- partizipationsfreundliche und damit
- überschaubare Verbundstruktur des jeweiligen Informationssystems [108].

Das führt jedoch zur Abkehr von utopischen Planungen imponierender universeller Informationssysteme zugunsten eines wohldurchdachten integrierten (vermaschten) Netzwerkes kleinerer, an den jeweiligen Interessen und am jeweiligen Problemlösungsverhalten der verschiedenen Benutzer orientierter Informationssysteme[109].

6. Rechtsfragen der EDV

Diese Perspektiven lenken das Augenmerk darauf, daß sich die automatisierte Informationsverarbeitung – eine notwendige, keineswegs hinreichende Bedingung – nur im Rahmen der Rechtsordnung vollziehen darf. Dies gilt für staatlich-hoheitliche ebenso wie für private Informationsverarbeitung [110]. Es entsteht also eine Fülle neuartiger Rechtsfragen durch das Phänomen „EDV", die von der Rechtsinformatik beantwortet werden müssen, wenn sie nicht, einem modernen Wissenschaftsverständnis widersprechend, die Voraussetzungs- und Folgendiskussion aus ihrer Forschung ausklammern will. Da es sich bei diesen juristischen Problemen weithin um die rechtliche Bewertung von Informationsprozessen innerhalb von Informationssystemen handelt, gerät neben früherem

---

[108] Eine überraschende Bestätigung aufgrund amerikanischer Erfahrungen enthält der Bericht von *Fehl* (1) bes. 15-25, dessen massive Warnungen vor den ideellen und finanziellen Kosten ideologischer Integrationsvorstellungen nicht ernst genug genommen werden können. In dieser Richtung (Netz von Datenbanken) auch *Thomas* (2) 135 f.

[109] Diese Entwicklung ist auch hier kein „Sachzwang", sondern bedarf politischer Entscheidung, die – pointiert zugespitzt – zwischen technik- bzw. macht- und bürgerorientierten Informationssystemen zu wählen hat.

[110] Für die Einbeziehung privater Informationsverarbeitung in die rechtliche Betrachtung auch *Simitis*, zuletzt (5) und (6).

Sprachgebrauch („Computer-" bzw. „EDV-Recht") [111] der Begriff „Informationsrecht" immer mehr in Diskussion [112].

Unerörtert, weil praktisch unergiebig, bleibe die Frage, ob diese Problematik nicht besser von der klassischen Jurisprudenz abgehandelt werden sollte: Sie möge es ebenfalls tun, und bis dahin sollte darum kein wissenschaftlicher Streit ausbrechen.

Hier öffnet sich in der Tat ein weites Feld rechtsinformatischer Forschung, deren Spannweite an dieser Stelle nicht einmal angedeutet werden kann.

Einige Stichworte mögen zum Abschluß genügen:

Es handelt sich um verfassungs-, straf- und zivilrechtliche Probleme der automationsunterstützten Informationsverarbeitung (jeder, nicht nur der juristischen). Sachlich im Vordergrund steht zur Zeit das Recht des Datenschutzes und der Datensicherung [113] (der Schutz der Bürger bzw. der Daten vor unerwünschtem Umgang mit den Daten), einschließlich der Veränderungen der traditionellen Gewaltenteilung [114]. Solche Veränderungen können eintreten als Folge einer Verschiebung des Machtgleichgewichts zugunsten der zweiten Gewalt — der Verwaltung — durch die Einführung hierarchischer, nichtgewaltenteiliger rechnerunterstützter Planungssysteme (im staatlichen und kommunalen Bereich) [115] sowie durch sonstige staatlich-kommunale Informationssysteme.

---

[111] Vgl. die Titel der Vorschriftensammlungen von *Burhenne/Perband* und des Schleswig-Holstein'schen Innenministers.

[112] Zuerst *Fiedler* (5) 231 f.; weitergehend *Wersig* 326; dazu oben Anm. 49. — Beiderlei Sprachgebrauch hat seine Berechtigung, weil Computer- bzw. EDV-Recht nicht erörtert werden kann ohne Einbeziehung übergreifender informationswissenschaftlicher Gedankengänge: Regelungsgegenstand EDV-rechtlicher Normen ist nicht der isolierte Rechner, sondern der Rechner als unselbständiges Element eines Informationssystems. — Informationsrecht als subjektiver Anspruch: *Steinmüller* (1) 84 f., HessDSchG § 6, Entschl. Bundestag (unten Anm. 114) — 26 —.

[113] Vgl. die Bibliographie *U. Seidels;* ferner z. B. *Göttlinger* 21, 29 ff.; *Jähnig* 120 ff.; *Niblett; Schneider* sowie die bei *Schubert/Steinmüller* Nr. 235-240, 267-269 angegebene Literatur.

[114] Man beachte die unter EDV-Aspekten begrüßenswert extensive Gewaltenteilungsterminologie in § 10 Abs. II des HessDSchG, wonach es zum Aufgabenkreis des Datenschutzbeauftragten zählt zu prüfen, ob es zu Verschiebungen „in der Gewaltenteilung zwischen den Verfassungsorganen des Landes, zwischen den Organen der kommunalen Stadtverwaltung und zwischen der staatlichen und der kommunalen Selbstverwaltung" kommt. — Ferner vgl. *von Berg* (2) 4; *Göttlinger* 17 ff.; *Heußner* (1) 176; *Podlech* zuletzt (7); *Steinmüller* (1) 84 f.; (4) 8; (6) 29; Empfehlungen des 48. DJT zur Untersuchung von mit der Datenverarbeitung im Recht verbundenen Fragen Nr. 6; schließlich Entschließung des Dt. Bundestages vom 27. März 1969 *(Burhenne/Perband* 210 11 f.).

[115] Planungsinformationssysteme sind, entsprechend ihrer Herkunft aus dem militärischen und kommerziellen Bereich, grundsätzlich hierarchisch strukturiert (eingliedriger Pyramidenaufbau der MIS, auch bei kollegialer Spitze), ohne daß es hier auf den Unterschied zwischen funktionellem und institutionellem Planungsbegriff ankäme. Dieses Aufbauprinzip kann im Widerspruch zum dreigliedrigen staatlichen Organisationsprinzip der Gewaltenteilung stehen. Es bedarf daher entsprechender Modifizierung der Organisation öffentlicher Planungsinformationssysteme, um diesen Widerspruch verfassungskonform aufzulösen. — Entsprechendes gilt für Dezentralisierung und Demo-

Auch der Urheberrechtsschutz von Software und das Urheber-, Verlags- und Wettbewerbsrecht im Hinblick auf juristische Datenbanken stehen im Brennpunkt des Interesses vor allem der großen Verlage [116]. Weniger sichtbar, doch nicht weniger folgenreich ist die allmähliche Umgestaltung des öffentlichen und Handelsrechts im Hinblick auf die Erfordernisse der Verwaltungs- und Betriebsautomation.

Mit diesem Überblick mag es sein Bewenden haben. Er zeige, daß prinzipielle Erwägungen auch in einem so anwendungsbezogenen Gebiet wie der Rechtsinformatik ihre Berechtigung haben.

Zusammenfassung

Eine vordringliche Arbeit auf dem Gebiet der Rechtsinformatik ist die Konzeptionsbildung. Gegenstand der Rechtsinformatik ist die gegenseitige Relation zwischen EDV und Recht. Ihre Entstehungsgeschichte führt zu einer problemorientierten Methode. Sie bezieht sich auf drei Problembereiche: Theoriebildung, Anwendung, Rechts- und rechtspolitische Fragen. Für die Theoriebildung müssen einige grundlegende Begriffe genauer bestimmt werden: Information, Modell, System, Prozeß, Struktur; Informationssystem, Informationsverarbeitung, Informationsprozeß. Diese Begriffe stammen im wesentlichen aus der Kybernetik-Diskussion unter Beiziehung der Semiotik und der Informatioswissenschaften. Ihre Erörterung im einzelnen führt zu einer ersten Strukturierung und Systematisierung der Rechtsinformatik. Sie erlaubt eine vorläufige Abgrenzung und Verbindung sowohl zur Informatik als auch zur Informationswissenschaft, zur Rechtswissenschaft und zur Verwaltungswissenschaft. Die Theoriebildung führt zu einer tieferen Sicht der Anwendung der EDV im Rechtsbereich; dies wird anhand dreier Themen exemplarisch skizziert: Juristische Datenbank, Rechts- und Verwaltungsautomation, integrierte Informationssysteme. Den Abschluß bildet ein kurzer Hinweis auf Rechtsfragen der EDV.

Summary

A most important task in the field of legal informatics is the formation of concepts. The subject matter of legal informatics is the mutual relationship between electronic data processing and law. Its genesis leads to a problem-oriented approach. It relates to three problem areas: theory development, applications, legal und legislative policy questions. Several fundamental terms must be more precisely defined for the development of theories: information, model, system, process, structure, information system, information processing, information process. These terms stem essentially from cybernetic discussion with consideration of semiotics and information sciences. Its discussion in detail leads to a first structuring and systematizing of legal informatics. It allows a provisional definition and connection to both informatics and also to information science, legal science and administrative science. Theory formation leads to a deeper view of the application of data processing in the field of law; this is outlined by way of example with the aid of three themes: legal data bank, legal and administrative automation, integrated information systems. The conclusion makes a brief reference to legal questions of electronic data processing.

---

kratisierung: Planungsinformationssysteme funktionieren umso besser, je mehr sie zentralisiert sind (zum EDV-üblichen Zentralisierungsbegriff siehe *Steinmüller* (1) 74 f.) und je weniger Benutzer sie haben, sind also tendenziell antiföderal, kooperations- und partizipationsfeindlich. Hier (wie überall in der EDV) tritt die – letzten Endes politisch-finanzielle – Entscheidungsfrage auf, ob man die gesellschaftliche Entwicklung an die Trägheit einer sich selbst überlassenen Technik verraten oder dem progressiven Elan einer zukunftsorientierten Humanität anvertrauen will, einer Humanität, die die neuen Möglichkeiten einer befreiten Technik dankbar be- und ergreift (dazu *E. Fromm*).

[116] Zuletzt *Ulmer* (1) und (2); *Nordemann/Hertin*.

Literaturverzeichnis

Afanasjew, W. G.: Wissenschaftliche Leitung der Gesellschaft, Berlin 1969 (russ. Moskau 1968)

Albert, Hans (1): Hermeneutik und Realwissenschaft, in: ders., Plädoyer für kritischen Rationalismus, München 1971, 106-149

— (2): ..., in: Jahrbuch für Rechtssoziologie und Rechtstheorie 2 (im Ersch.)

Andrejew, N. D./Kerimow, D. A.: Die Möglichkeiten der Kybernetik bei der Lösung juristischer Probleme, in: Sowjetwissenschaft. Ges.Wiss.-Beiträge 1961, 670 ff.; auch in: Ostprobleme 12 (1960) 593-596.

Åqvist, Lennart (1): Deontic logic based on a logic of „better", in: Acta philosophica Fennica 16, Helsinki 1963, 285-290

— (2): Postulate sets and decision procedures for some systems of deontic logic, in: Theoria 29 (1963) 154-175

Arbeitsgruppe „EDV und Recht" im Fachbereich Rechtswissenschaft an der FU Berlin (1): Die Informationsmacher. Zur Fragwürdigkeit einer pivaten Datenbank für Rechtsdokumentation — die Firma JURADAT. Berlin 1970.

— (2): Juradat kämpft gegen die Informationslawine, in: KJ 1970, 463-470

Arbeitsgemeinschaft Rechtsinformatik München/Regensburg (Hg.): Gesetzesplanung. Beiträge der Rechtsinformatik (EDV und Recht 4), Berlin 1972

Bauer, Paul Friedrich Ludwig/Goos, Gerhard (I/II): Informatik, 2 Bde. Berlin 1971

Benjamin, Michael (1): Zur Anwendung informationstheoretischer Begriffe und Methoden bei der Untersuchung der staatlichen Leitung, in: StuR 14 (1965) 1288—1302

— (2): Zur Entwicklung wissenschaftlicher Leitungsmethoden der Volksvertretungen und ihrer Organe in der DDR, in: StuR 20 (1971) 182—196

Bense, Max: Semiotik. Allgemeine Theorie der Zeichen, Baden-Baden 1967

Berg, A. I./ Tschernjak, J. I.: Information und Leitung, Berlin 1968 (russ. Moskau 1966)

Berg, Malte von (1): Automationsgerechte Rechts- und Verwaltungsvorschriften, Köln/Berlin 1968

— (2): *Harbort, Ulrich/Jarras, Hans D./Lutterbeck, Bernd:* Schafft die Datenverarbeitung den modernen Leviathan?, in: ÖVD 2 (1972) 3—7

Berger, Albrecht: Die Erschließung von Verweisungen bei der Gesetzesdokumentation, München-Pullach/Berlin 1971

Blohm, Hans: Ist die Informatik am praktischen Bedarf vorbeikonzipiert?, in: NachrDok 23 (1972) 30 f.

Brackmann, Kurt/Heußner, Hermann/Schroeder-Printzen, Günther/Richter, Rolf/Geinitz, Wolfgang/Hebebrand, Dieter: Grundkonzeption für die Errichtung einer sozialrechtlichen Datenbank beim Bundessozialgericht. Arbeitspapiere Rechtsinformatik Heft 6, Berlin 1972

Brinckmann, Hans: Juristische Fachsprache und Umgangssprache, in: ÖVD 2 (1972) 60—69

Bundesminister für Bildung und Wissenschaft (Hg.): Zweites Datenverarbeitungsprogramm der Bundesregierung, Bonn 1971

Bundesministerium der Justiz (Hg.): Das Juristische Informationssystem — Analyse, Planung, Vorschläge. Bericht der Projektgruppe ... Karlsruhe 1972

Burhenne, Wolfgang E./Perband, Klaus: EDV-Recht, Loseblattausgabe Berlin 1970 ff., 3. Lieferung Februar 1972.

Conradi, Joachim: Documenta — Konzept einer elektronischen Steuerrechtsdatenbank, in: DSWR 1 (1971/72) 85-91

Dahms, Hans J./Haberlandt, Karlheinz: Begriff und Elemente automatisierter Management-Informationssysteme, in: Industrielle Organisation 39 (1970) 455—459

Dammann, Ulrich (1): Zum Datenschutz im Einwohnerwesen, in: ÖVD 2 (1972) 69-74

— (2): Juristische Dokumentationssysteme und Rechtsentwicklung. Zur Planung einer juristischen Bundesdatenbank, in: ZRP 4 (1971), 2-10

Diemer, Alwin: Klassifikation, Thesaurus und was dann? Das Problem der „dritten Generation" in Dokumentation und Information, in: NachrDok 23 (1972) 52-57 *von Ditfurth, Hoimar* (Hg.): Informationen über Information. Probleme der Kybernetik, Fischer Taschenbuch 6129, Frankfurt a. M. 1971

von Dreising, Wolf: Elektronische Datenverarbeitung in der öffentlichen Verwaltung in den USA und hier, DtVwBl 78 (1963) 880-885

Eberle, Carl-Eugen (1)/*Garstka, Hansjürgen/Köth, Ingeborg:* Zur Definition der Begriffe Rechtsinformatik und Rechtsinformation (richtig: Rechtsdokumentation!) in: NachrDok 22 (1971) 215

— (2)/*Garstka, Hansjürgen:* Soll das Verwaltungsverfahren durch einen bundesweiten Programmablaufplan determiniert werden? Einige Bemerkungen zum Vollzug des BAFöG, in: ÖVD 2 (1972) 265 f.

Eckert, Walter Ludwig: Elektronische Dokumentation des Steuerrechts. Wünsche und Möglichkeiten, in: Steuerkongreßreport 1971 287-305

Engisch, Karl: Einführung in das juristische Denken, Stuttgart [5] 1971

Esser, Josef: Vorverständnis und Methodenwahl bei der Rechtsfindung, Frankfurt a. M. 1970

Fehl, Gerhard (1): Informationssysteme, Verwaltungsrationalisierung und die Stadtplaner. Taschenbücher des Deutschen Verbandes für Wohnungswesen, Städtebau und Raumplanung e. V. Bd. 13, Bonn 1971

— (2): Organizations and Computers (Tagungsbericht), in: ÖVD 1 (1971) 86 f.

Fiedler, Herbert (1): Probleme der elektronischen Datenverarbeitung in der öffentlichen Verwaltung, in: Deutsche Rentenversicherung 1964 40-47

— (2): Rechenautomaten in Recht und Verwaltung, in: JZ 21 (1966) 689 ff.

— (3): Perspektiven juristischer Dokumentation, Forschung und Textbearbeitung mit Elektronenrechnern, in: NJW 21 (1968) 273-278

— (4): Theorie und Praxis der Automation in der öffentlichen Verwaltung. Zur Konzeption einer anwendungsorientierten „Informatik" für Recht und Verwaltung, in: DÖV 23 (1970) 469-472

— (5): Automatisierung im Recht und juristische Informatik, in: JuS 10 (1970) 432-436, 552-556, 603-607; 11 (1971) 67-71, 228-233

— (6): Theorie und Praxis der Automation in der öffentlichen Verwaltung. Zur Konzeption einer anwendungsorientierten „Informatik" für Recht und Verwaltung, in: ÖVD 1 (1971) 92-99

— (7): Konstruktive und kritische Beiträge der Juristischen Informatik, in: Jahrbuch für Rechtssoziologie und Rechtstheorie 2 (im Ersch.)

Flechtner, Hans-Joachim: Grundbegriffe der Kybernetik, Stuttgart [5] 1970

Fromm, Erich: Die Revolution der Hoffnung. Für eine humanisierte Technik, Stuttgart 1971 (engl.: The Revolution of Hope, New York etc. 1968)

Garstka, Hansjürgen: Ein kybernetisches Modell der Rechtsanwendung, in: Jahrbuch für Rechtssoziologie und Rechtstheorie 2 (im Ersch.)

Gerhard, Georg Reinhold: Über quantitative Methoden in der Verwaltung, in: Verwaltungsarchiv 62 (1971) 209-250

Goller, Friedrich/Scheuring, Heinrich/Trageser, Alfred: Das KI-System. Automatisierte Kommunikation und Information in Politik und Verwaltung, Stuttgart u. a. 1971

Griese, Joachim: Öffentliche Verwaltung, in: *Mertens* 128—142

Grochla, Erwin (1) (Hg.): Handwörterbuch der Organisation, Stuttgart 1969

— (2): Organisationstheorie, in: *Grochla* (1) 1236-1255

— (3)/*Szyperski, Norbert*: Management-Informationssysteme, Wiesbaden 1971

Habermas, Jürgen/Luhmann, Niklas: Theorie der Gesellschaft oder Sozialtechnologie — Was leistet die Systemforschung?, Frankfurt a. M. 1971

Haft, Fritjof (1): Überblick über das Gebiet der Rechtsinformatik, in: JA 4 (1972) 205-208, 269-275

— (2): Programmierte Geistesblitze. Die Entwicklung assoziativer Speicher, in: DSWR 1 (1971/72) 92 f.; ferner in: NachrDok 23 (1972) 84 f.

— (3): *Müller-Krumbhaar, Heiner:* SEDOC — ein Verfahrensvorschlag zur Erschließung juristischer Literatur mit Computern, in: JA 2 (1970) 566-577

Havemann, Wolfgang: Die Operationsforschung als Führungsinstrument der Staatsorgane, in: StuR 20 (1971) 234-236

Hessische Zentrale für Datenverarbeitung (Hg.): „Hessen 80" – Großer Hessenplan. Entwicklungsprogramm für den Ausbau der Datenverarbeitung in Hessen, Wiesbaden 1970

Heußner, Hermann (1): Computer und juristische Dokumentation, in: Bundesarbeitsblatt 22 (1971) 175-180

– (2)/*Richter, Rolf:* Die Überführung der Rechtskartei des Bundessozialgerichts in die elektronische Datenverarbeitung, in: DSWR 1 (1971/72) 14-21

Hopt, Klaus: Finale Regelungen, Experiment und Datenverarbeitung in Recht und Gesetzgebung, in: JZ 27 (1972) 65-75

Horn, Dieter: Die semantischen Aspekte der Informationswiedergewinnung, in: NJW 24 (1971) 1588-1593

Huber, Hans: Das Recht im technischen Zeitalter, Bern 1960

Innenminister des Landes Schleswig-Holstein (Hg.): EDV-Recht. Sammlung der wesentlichen Vorschriften auf dem Sektor der elektronischen Datenverarbeitung in Schleswig-Holstein, o.O., o.J. (Stand 1. 9. 1971)

Interdisziplinäre Arbeitsgruppe „Analyse der juristischen Sprache" (1): Logische Struktur von Normensystemen am Beispiel der Rechtsordnung (Hg.: *Rave, Brinckmann, Grimmer*), Darmstadt 1971

– (2): Paraphrasen juristischer Texte (Hg.: *Rave, Brinckmann, Grimmer),* Darmstadt 1971

Interministerielle Arbeitsgruppe „Datenbanksystem" beim Bundesminister des Innern: Das Informationsbankensystem, 3 Bde., Bonn 1971/1972

Jähnig, Werner: Automatische Datenverarbeitung in der öffentlichen Verwaltung, Köln und Berlin 1971

Jakowlew, G. S.: Über die Methoden, Inhalt und Struktur der wissenschaftlichen Erkenntnis auf dem Gebiet der Leitung, in: StuR 14 (1965) 2106-2117

Kamlah, Ruprecht: Der Informationsanspruch des Parlaments im Computerzeitalter, in: ÖVD 1 (1971) 35–40; 60–63

Kannegießer, Karlheinz: Leitungswissenschaftliche Probleme unter dem Gesichtspunkt der Kybernetik, StuR 14 (1965) 1609-1622

Katz, Jerrold J./Fodor, Jerry A.: The Structure of a Semantic Theory, in: *Fodor/Katz* (Hg.): The Structure of Language, New York [13] 1964 479-518

Kaufmann, Arthur (1) (Hg.): Rechtstheorie. Ansätze zu einem kritischen Rechtsverständnis, Karlsruhe 1971

– (2)/*Hassemer, Winfried:* Grundprobleme der zeitgenössischen Rechtsphilosophie und Rechtstheorie, Frankfurt a. M. 1971

Klaus, Georg (1): Kybernetik in philosophischer Sicht, Berlin 1961

– (2): Semiotik und Erkenntnistheorie, Berlin [2] 1969

– (3): Wörterbuch der Kybernetik, Berlin (-Ost) 1968 = Fischer-Taschenbuch 1073/1074, Frankfurt a. M./Hamburg 1969

– (4): Philosophisches Wörterbuch, Leipzig [8] 1971

Klenner, Hermann/Zimmermann, Beleslaus: Besprechung von *Georg Klaus*, Kybernetik in philosophischer Sicht, in: StuR 11 (1962) 1392-1395

Klug, Ulrich: Elektronische Datenverarbeitungsmaschinen im Recht, in: FS Hermann Jahrreiss, Köln u. a. 1964, 189-199

Knapp, Viktor: Über die Möglichkeit der Anwendung kybernetischer Methoden in Gesetzgebung und Rechtsanwendung, in: ARSP 49 (1963) 45-65

Kókai, Titus R.: Gesichtspunkte für die Abfassung von Grundsätzen zur automationsgerechten Gestaltung von Rechts- und Verwaltungsvorschriften, in: ÖVD 2 (1972) 91-94, 159-165

Kreppel, Thomas: Rechtsdokumentation mit einer EDV-Anlage. Perspektiven eines steuerrechtlichen Datenbank-Modells, in: Steuerkongreßreport 1971 307-389, mit Dokumentation zweier Recherchen. ebd. 331-353

Kunz, Werner/Rittel, Horst: Die Informationswissenschaften. Ihre Ansätze, Probleme, Methoden und ihr Ausbau in der Bundesrepublik Deutschland, Heidelberg/Berkeley 1969

Lampe, Ernst-Joachim: Juristische Semantik, Bad Homburg u. a. 1970

Lang, Eberhard (1): Staat und Kybernetik, Salzburg/München 1966

– (2): Zu einer kybernetischen Staatslehre. Eine Analyse des Staates auf der Grundlage des Regelkreismodells, Salzburg 1970

Larenz, Karl: Methodenlehre der Rechtswissenschaft, Berlin u. a. ² 1969

Losano, Mario G. (1): Giuscibernetica. Macchine e Modelli Cibernetici nel Diritto, Torino 1969

— (2): Corso di Informatica Giuridica, Milano 1971

Luhmann, Niklas (1): Funktionale Methode und Systemtheorie, in: Soziale Welt 15 (1964) 1-25

— (2): Recht und Automation in der öffentlichen Verwaltung. Eine verwaltungswissenschaftliche Untersuchung, Berlin 1966

— (3): Theorie der Verwaltungswissenschaft, Köln/Berlin 1966

— (4): Reform und Information, in: Die Verwaltung 3 (1970) 15—41

— (5): Verfassungsmäßige Auswirkungen der elektronischen Datenverarbeitung, in: ÖVD 2 (1972) 44-47

Lutterbeck, Ernst: Ist alles Informatik? Versuch einer Abgrenzung zwischen Informationswissenschaften und Informatik, in: *Steinmüller, Wilhelm* (Hg.): Systemanalyse als Hilfsmittel für den Entwurf von Informationssystemen (im Ersch.)

Lutz, Theo: Formale Aspekte des Informationssystems und Schlußfolgerungen für ein MIS, in: *Grochla* (3) 101—114

Maaß, Werner: Die Mechanisierung von Aufgaben der Steuerverwaltung in den Vereinigten Staaten und in Deutschland, in: VwArchiv 52 (1961) 113-159

Mallmann, Christoph: Das Problem der Privatsphäre innerhalb des Datenschutzes, in: *Schneider* 19—26

Maser, Siegfried: Grundlagen der allgemeinen Kommunikationstheorie. Eine Einführung in ihre Grundbegriffe und Methoden, Stuttgart 1971

Mayntz, Renate (Hg.): Formalisierte Modelle in der Soziologie, Neuwied/Berlin 1967

Meincke, Eberhard: Integrierte Datenverarbeitung in der öffentlichen Verwaltung unter besonderer Berücksichtigung der Kommunalverwaltung, Stuttgart u. a. 1970

Mertens, Peter (Hg.): Angewandte Informatik, Goeschen Bd. 5013, Berlin/New York 1972

Meyer-Uhlenried, Karl-Heinrich (1)/*Krischker, Uta:* Die Entwicklung eines Datenerfassungsschemas für komplexe Informationssysteme . . ., München-Pullach/Berlin 1971

— (2): Entwurf eines Dokumentationssystems in der Abteilung Wissenschaftliche Dokumentation des deutschen Bundestages. Zwischenbericht 1971, Bonn/Heidelberg 1971

Narr, Wolf-Dieter: Theoriebegriffe und Systemtheorie, Stuttgart u. a. 1969

Niblett, G. B. F.: Digital information and the privacy problem. OECD Informatics Studies 2, Paris 1971

Nordemann, Wilhelm/Hertin, Paul Wolfgang: Die juristische Datenbank in urheber- und wettbewerbsrechtlicher Sicht, in: NJW 24 (1971) 857-862

ohne Verf.: Das 2. Datenverarbeitungsprogramm der Bundesregierung, in: Informationen für die Beratungs- und Vermittlungsdienste für Arbeit 1972, 125-134

Perez Luño, Antonio Enrique (1): Juscibernética y metodologia juridica, in: Revista juridica de Cataluña 1970 21-55

— (2): La juscibernética en España, in: ebd. 1971 55-79

Philipps, Lothar (1): Der Handlungsspielraum. Untersuchungen über das Verhältnis von Norm und Handlung im Strafrecht, Habil. jur. masch. [Saarbrücken 1971]

— (2): Recht und Information, in: *Kaufmann* (1) 125—133

Podlech, Adalbert (1): Anforderungen der Kybernetik an die Rechtswissenschaft, in: Recht und Politik 3 (1967) 84 ff.

— (2): Logische Anforderungen kybernetischer Systeme an ihre Anwendung auf Rechtssätze, in: BB 23 (1968) 106 ff.

— (3): Rechtskybernetik — eine juristische Disziplin der Zukunft, in: Juristenjahrbuch 10 (1969/70) 157-170

— (4): Verfassungsrechtliche Probleme öffentlicher Datenbanken, in: DÖV 23 (1970) 473-475

— (5): Wertungen und Werte im Recht, in: AöR 95 (1970) 185 ff.

— (6): Gehalt und Funktionen des allge-

meinen verfassungsrechtlichen Gleichheitssatzes, Berlin 1971
— (7): Verfassungsrechtliche Probleme öffentlicher Informationssysteme (im Ersch.)
— (8): rez. Meincke, in: DÖV 25 (1972) (im Ersch.)

Prestel, Bernhard M.: Datenverarbeitung im Dienste juristischer Dokumentation. Ein Funktionsvergleich juristischer Systeme, EDV und Recht 3, Berlin 1971

Projektgruppe Juristisches Informationssystem (1): 1. Zwischenbericht über die Arbeit der Projektgruppe Juristisches Informationssystem, Beilage 5/71 zum Bundesanzeiger Nr. 62 vom 31. 3. 1971
— (2): (siehe Bundesministerium der Justiz)

Resnikow, L. O.: Erkenntnistheoretische Fragen der Semiotik, Berlin (Ost) 1968

Revue Juridique Thémis (RJT). Jurimétrie, Informatique juridique, Droit de l'informatique 1 (1971) ff.

Schmidt, H.: Priorität der Bildung im 2. DV-Programm, in: adl-Nachrichten 16 (1971, 71) 23-33

Schmitt, Hans-Jürgen: Grenzen der internen und externen integrierten Datenverarbeitung, in: Der Städtetag 24 (1971) 103 ff.

Schneider, Jochen: Datenschutz — Datensicherung, Beiträge zur integrierten Datenverarbeitung in der öffentlichen Verwaltung 5, Hg. Siemens AG, München 1971

Schubert, Wolfram/Steinmüller, Wilhelm: JUDAC. Jurisprudence-Data Processing — Cybernetics (Internationale Bibliographie) München 1971

Seidel, Ulrich: Chronologisches Literaturverzeichnis zum persönlichkeitsrechtlichen Datenschutz, in: *Burhenne/Perband* S. 800 01-10

Siemens AG (Hg.): Bayerisches Informationssystem. Beiträge zur integrierten Datenverarbeitung in der öffentlichen Verwaltung Bayerns 1, München 1970

Simitis, Spiros (1): Rechtliche Anwendungsmöglichkeiten kybernetischer Systeme, Tübingen 1966
— (2): Automation in der Rechtsordnung. Möglichkeiten und Grenzen, Karlsruhe 1967
— (3): Informationskrise des Rechts und Datenverarbeitung, Karlsruhe 1970
— (4): Konsequenzen der Datenverarbeitung für die Rechtsordnung, in: Verhandlungen des 48. DJT, hg. Ständige Deputation des DJT, Band II Teil T: Datenverarbeitung im Recht, München 1970, S. T 35-43
— (5): Chancen und Gefahren der elektronischen Datenverarbeitung. Zur Problematik des „Datenschutzes", in: NJW 24 (1971) 673-682
— (6) u. a. (Hg.): Materialien zur Rechtsinformatik. Folge 1 Länderberichte: USA, Schweden. Dokumentationssysteme, Bibliographie, Frankfurt a. M. 1971

Steinmüller, Wilhelm (1) u. a.: EDV und Recht. Einführung in die Rechtsinformatik, JA Sonderheft 6, Berlin 1970
— (2)/*Rothenbücher, Ulrich:* A View of Legal Information Retrieval from the University of Regensburg, in: Law and Computer Technology 3 (1970) 167—175
— (3): Plan for the Establishment of Legal Research Study at the University of Regensburg, in: Jurimetrics Journal 1970 76-79
— (4): Rechtsinformatik. Elektronische Datenverarbeitung und Recht, in: JR 1971 1-9
— (5): Rechtspolitische Bemerkungen zum geplanten staatlichen Informationssystem, in: *Würtenberger, Thomas* (Hg.): Rechtsphilosophie und Rechtspraxis, Frankfurt a. M. 1971 81-87
— (6): Rechtsfragen der Verwaltungsautomation in Bayern, in: data report 6 (1971) 24-30
— (7): Allgemeine Grundsätze zur rechtlichen Regelung des Datenschutzes, in: *Schneider* 13-17
— (8): Rechtstheorie, Rechtsinformatik und Rechtspolitik, in: Jahrbuch für Rechtssoziologie und Rechtstheorie 2 (im Ersch.)
— (9): Leitungswissenschaft und Organisationswissenschaft — eine sozialistische Theorie der Planung und Automation, in: Arbeitsgemeinschaft Rechtsinformatik ... 1—31
— (10): Das Zweite Datenverarbeitungsprogramm der Bundesregierung — eine Wende in der Förderungspolitik des Bundes, in: DVR 1 (1972) 273

– (11): Recht[sinformatik], in: *Mertens* 111–128

Suhr, Dieter (Hg): Computer als juristischer Gesprächspartner, Arbeitspapiere Rechtsinformatik 2, Berlin 1970

Szyperski, Norbert: Organisationsspielraum, in: *Grochla* (1) 1229-1236

Thomas, Uwe (1): Computerized Data Banks in Public Administration. OECD Publications 2, Paris 1971

– (2): Automation und Reformen in der öffentlichen Verwaltung, in: ÖVD 1 (1971) 133-136

Uhlig, Sigmar (1): Zur Problematik eines Juristischen Informationssystems, in JZ 26 (1971) 644–648

– (2): Zur Problematik der Bewertung eines juristischen Informationssystems –Eine Untersuchung zu § 6 Haushaltsgrundsätzegesetz und § 7 Bundeshaushaltsordnung –, in DVR 1 (1972) 56–78

Ulmer, Eugen (1): Rechtslage bei Einspeicherung und Wiedergewinnung urheberrechtlich geschützten Materials, in: GRUR (1971) 297 ff.

– (2): Elektronische Datenbanken und Urheberrecht. Urheberrechtliche Abhandlungen 12, München 1972

Wagner, Heinz/Haag, Karl: Die moderne Logik in der Rechtswissenschaft, Bad Homburg u. a. 1970

Wahl, Manfred P.: Grundlagen eines Management-Informationssystems, Neuwied/Berlin 1969

Weber, Hermann: Das hessische Datenschutzgesetz, in: JuS 11 (1971) 55 ff.

Wersig, G.: Das Informationssystem als Gegenstand der Informationswissenschaften und der Informatik, in: Vorabdruck der Vorträge der Fachtagung Information Retrieval Systeme (IRS) – Management Information Systeme (MIS), hg. Gesellschaft für Informatik, Stuttgart 1970, 321-329

Winkler, Paul: Datenaustausch zwischen Wirtschaft und öffentlicher Verwaltung am Beispiel der Sozialversicherung, in: ÖVD 1 (1971) 26-31

Zeidler, Karl (1): Über die Technisierung der Verwaltung. Eine Einführung in die juristische Beurteilung der modernen Verwaltung, Karlsruhe 1959

– (2): „Verwaltungsfabrikat" und Gefährdungshaftung, DVBl 74 (1959) 681–687

Zielinski, Diethart: Die Juristische Bundesdatenbank als rechtspolitisches Problem, in: JZ 26 (1971) 409-414

Adalbert Podlech

Verfassungsrechtliche Probleme öffentlicher Informationssysteme *

Zu Beginn eine Vorbemerkung. Die Wissenschaft von der elektronischen Datenverarbeitung, die Informatik, befindet sich in einem explosiven Entwicklungsstadium. Die technischen Neuerungen beim Bau und Betrieb von Computern erschließen immer neue Anwendungsbereiche und -möglichkeiten. Die Versuche der Anwendung im Bereich der Rechtserzeugung und -Anwendung stehen erst ganz im Anfang. In dieser Situation lassen sich einigermaßen interessante und in ihrer Gültigkeit nicht auf einen zu kurzen Zeitraum begrenzte Aussagen verfassungsrechtlicher Relevanz über diese Anwendung nur machen, wenn man prognostisch gegenwärtig beschreibbare Entwicklungslinien auszieht. Für Juristen ist die mit solchen Prognosen verbundene Unsicherheit methodisch deswegen unschädlich, weil die Widerlegung der Prognose keine Widerlegung der rechtlichen Würdigung der Prognose ist. Ein Beispiel möge das verdeutlichen. Die Frage nach der technischen Möglichkeit einer teilweisen Ersetzbarkeit von Richtern durch Computer beantwortet sich nicht aufgrund der traditionellen jurisischen Methodenlehre, sondern vorwiegend danach, ob es linguistisch möglich ist, Umgangssprache im erforderlichen Maße semantisch zu normieren — eine Frage, deren Beantwortung zur Zeit noch völlig offen ist [1]. Verfassungsrechtlich lautet die Frage: Unterstellt, programmierte Rechtsanwendung im Bereich der durch Art. 92 GG den Richtern vorbehaltenen Rechtsprechung ist technisch möglich, unter welchen rechtlichen Bedingungen ist dann die Heranziehung von Computern zur Rechtsprechung erlaubt? Die Richtigkeit einer Antwort auf diese Frage wird nach den Regeln der Logik nicht vom Zutreffen oder Nichtzutreffen der Unterstellung berührt. Aus diesem Grund werde ich im folgenden mich auf einen technisch utopischen Standpunkt stellen, d. h. ich werde bei den nichtrechtlichen Voraussetzungen meiner Ausführung nicht fragen ob sie aus technischen, finanziellen oder politischen Gründen in den nächsten

---

* Die Ausführungen sind der nur geringfügig stilistisch veränderte und um die Anmerkungen ergänzte Text eines Vortrages, der am 25. 1. 1972 im Rahmen der Ringvorlesung „Die Anwendung der elektronischen Datenverarbeitung im Recht" der Juristischen Fakultät der Universität München unter dem Titel „Verfassungsrechtliche Probleme öffentlicher Datenbanken" gehalten wurde.

[1] Vgl. dazu *H. Brinkmann, H. Rieser*, Paraphrasen juristischer Texte, in: Rechtstheorie, 3 (1972) S. 83-89. Eine konzentrierte Übersicht über das zur Erörterung dieser Frage benötigte Rüstzeug geben *D. Wunderlich*, Terminologie des Strukturbegriffs, in: *J. Ihwe* (Hrg.), Literaturwissenschaft und Linguistik, 1. Bd., Grundlagen und Voraussetzungen, Frankfurt/M. 1971, S. 91-140; *J. Petöfi*, Probleme der ko-textuellen Analyse von Texten, in: ebd. S. 173-212. Vgl. inzwischen *L. Reisinger*, Automatisierte Normanalyse und Normanwendung, Berlin 1972.

Jahren realisiert werden oder nicht. Meine persönliche Meinung ist allerdings, daß nicht Unerhebliches realisiert werden wird. Für diesen Fall sollten wir verfassungsrechtlich vorgedacht haben.

Nun zum Thema. Es empfiehlt sich, bei seiner Behandlung von öffentlichen Datenbanken auszugehen. Unter einer *öffentlichen* Datenbank sei eine solche verstanden, die, in welcher Rechtsform auch immer, allein oder zusammen mit einem anderen Träger, von einem Träger öffentlicher Verwaltung betrieben wird. Das Kennzeichen von *Datenbanken im engeren Sinn* ist, daß sie Informationssysteme mit Einzeldatenspeicherung sind. Dazu einiges Terminologische. Gegeben seien Mengen von Objekten. In der Logik, der Grammatik und den Informationswissenschaften rechnet man auch die Menschen zu den Objekten. Auch ich verwende diese vereinfachende Terminologie. Über diese Objekte besitzen wir Informationen. *Information* wird im Sinne der Umgangssprache als Kenntnis über Sachverhalte oder Vorgänge benutzt. Durch Zeichen fixierte Informationen nennt man *Daten* [2]. Die zu einem Datenobjekt gehörenden Daten nennt man den zugehörigen *Datensatz* [3]. Für eine Person als Datenobjekt bilden zum Beispiel die schriftlich fixierten Angaben über Geburt, Geschlecht, Beruf, Prüfungen, Einkommensverhältnisse und ähnliches einen Datensatz. Die Sammlung solcher Datensätze über gleichartige Objekte nennt man *Datei*. Aus praktischen Gründen werden Dateien nach *Ordnungsbegriffen* geordnet. Solche Ordnungsbegriffe sind für Personen das Personenkennzeichen [4], für andere Objekte Gruppenkennzeichen [4a], Kraftfahrzeugs-, Grundstücks-, Firmen- oder Gemeindenummern oder -Kennziffern. Eine *Datenbank* ist die technisch durch eine EDV-Anlage realisierte Sammlung einer oder mehrerer Dateien mit den dazu gehörenden Anwendungs- und Auswertungsprogrammen [5]. Fügt man zu diesen Datenbanken im engeren Sinn die Dokumentationssysteme hinzu, so hat man die *Datenbanken im weiteren Sinn. Dokumentationssysteme* sind Informationssysteme, in denen Informationen — vorwiegend solche ursprünglich textlich gefaßte Informationen wie Statistiken, Gerichtsentscheidungen, Literatur und ähn-

---

[2] Genauer: *Daten* heißen durch Zeichen oder kontinuierliche Funktionen aufgrund bekannter oder unterstellter Abmachungen dargestellte Informationen. (DIN 44300, Stand 1972, Nr. 19). Eine axiomatisch gefaßte und empirisch angewandte Theorie der Daten im Sozialbereich liefert *Cl. H. Coombs*, A Theory of Data, (1964), New York, London, Sydney 1967.

[3] Vergl. auch *A. Angermann, W. G. Crusen, W. Schmidt*, Analyse zum Datenvolumen und Datenverkehr, Beiträge zur integrierten Datenverarbeitung in der öffentlichen Verwaltung Bayerns, Heft 2, Hrg. Siemens AG, 2. Aufl. München 1970, S. 43 f., 136 ff.; *J. Hertel*, Das bundeseinheitliche Personenkennzeichen, in: ÖVD, 1 (1971) S. 23 f.; *H. R. Walter, R. A. Fischer* (Hrg.), Informationssysteme in Wirtschaft und Verwaltung, Berlin, New York 1971, S. 22.

[4] Vergl. dazu *W. Steinmüller*, EDV und Recht. Einführung in die Rechtsinformatik, Berlin 1970, S. 77 f.; *J. Hertel*, Das bundeseinheitliche Personenkennzeichen, S. 9-26.

[4a] Das KI-System. Automatisierte Kommunikation und Information in Politik und Verwaltung, von *Fr. Goller, H. Scheuring, A. Trageser*, Stuttgart 1971, S. 52 f.

[5] Zum Beispiel der Einwohnerdatenbank vergl. *E. Föcker*, Die Grundstufe des Einwohnerwesens unter Berücksichtigung des bundeseinheitlichen Personenkennzeichens, in: ÖVD, 1 (1971) S. 63-72.

liches[6] – unter Angabe von Stichworten gespeichert und unter Angabe dieser Stichworte oder ihrer Synonyma wieder aufgefunden werden können *(Information Retrieval)*[7].

Bereits über die Datenbanken im bisher definierten Sinn ließen sich verfassungsrechtliche Erörterungen anstellen. Die entscheidende verfassungsrechtliche Problematik rührt nun jedoch daher, daß Datenbanken im definierten Sinn in Zukunft nicht isoliert betrieben werden, sondern daß sie Elemente umfassender Informationssysteme[8] auf der technischen Grundlage integrierter Datenverarbeitungsanlagen mit Hilfe der Datenfernverarbeitung sein werden[9]. Ich muß das Funktionieren solcher Systeme hier als bekannt voraussetzen[10]. Nur einige Aufbauprinzipien möchte ich kurz skizzieren. Muß in den folgenden Ausführungen auf konkrete Organisationsformen Bezug genommen werden, so fungiert als Beispiel der Entwurf eines *Bayerischen Informationssystems,* wie es von der *Firma Siemens* entwickelt und publiziert worden ist[11]. Ich zähle die grundlegenden Aufbauprinzipien auf:

1. Das *Prinzip der Einmalermittlung und Einmalerfassung* aller benötigten Da-

---

[6] Genauer: *Dokumentationssysteme* enthalten nichtformatierte Informationen. Informationen sind *formatiert,* wenn sie aufgrund ihrer Position im Datensatz interpretiert werden können. Vgl. dazu *H. R. Walter, R. A. Fischer,* a.a.O, S. 26.

[7] Vergl. dazu *H. G. Körner,* Maschinelle Dokumentation, in: *K. Steinbuch* (Hrg.), Taschenbuch der Nachrichtenverarbeitung, 2. Aufl. Berlin, Heidelberg, New York 1967, S. 1229 – 1268; *F. W. Kistermann,* Dokumentation und elektronische Datenverarbeitungssysteme, in: *R. Gunzenhäuser* (Hrg.), Nicht-numerische Informationsverarbeitung, Wien, New York 1968, S. 345-366; *W. Steinmüller,* EDV und Recht, S. 44 ff.; *H. Fiedler,* Automatisierung im Recht und juristische Informatik III, in: JuS, 10 (1970) S. 603 ff.; *O. Nacke,* Was leistet und wie arbeitet die moderne Dokumentation? in: ÖVD, 2 (1972) S. 24-34.
Beispiele für rechtspolitische und gesellschaftliche Probleme, die sich aus der Errichtung von Dokumentationssystemen ergeben können, finden sich bei *D. Zielinski,* Die Juristische Datenbank als rechtspolitisches Problem, in: JZ, 13 (1971) S. 409-414. Dazu *S. Uhlig,* Zur Problematik eines Juristischen Informationssystems, in: ebd. S. 644-648.

[8] Dazu *W. Kunz, H. Rittel,* Die Informationswissenschaften. Ihre Ansätze, Probleme, Methoden und ihr Ausbau in der Bundesrepublik Deutschland, Heidelberg, Berkeley 1969, S. 48 ff.; *H. R. Walter, R. A. Fischer,* a.a.O., S. 90 ff.

[9] Vergl. dazu: Bayerisches Informationssystem, Beiträge zur integrierten Datenverarbeitung in der öffentlichen Verwaltung Bayerns, Heft 1, Hrg. Siemens AG, 2. Aufl. München 1970, S. 43 ff., 59; *A. Langseder,* Gedanken zum Aufbau eines bayerischen Informationssystems, in: Bayerische Verwaltungsblätter, 17 (1971) S. 2 ff.; *A. Schödlbauer,* Der Stand der Datenverarbeitung in der bayerischen öffentlichen Verwaltung, in: ebd. S. 135-138; *A. Angermann* u. a., Analyse zum Datenvolumen und Datenverkehr, S. 21; *W. Thiel, H. Wenger,* On-line-Datenerfassung und Dialog, Beiträge zur integrierten Datenverarbeitung in der öffentlichen Verwaltung Bayerns, Heft 4, Hrg. Siemens AG, München 1971, S. 39 ff.; Großer Hessenplan. Hrg. Hessische Zentrale für Datenverarbeitung, Wiesbaden 1970, S. 23 ff.; *Kl. Bresse,* Das Verbundsystem der hessischen Datenverarbeitung für die Landes- und Kommunalverwaltung, in: ÖVD, 1 (1971) S. 4-8. Eine allgemeine Übersicht über die Problematik geben *W. Steinmüller,* EDV und Recht, S. 71 ff.; *H. Fiedler,* Automatisierung im Recht und juristische Informatik II, in: JuS, 10 (1970) S. 554 ff.

[10] Vergl. auch *E. Meincke,* Integrierte Datenverarbeitung in der öffentlichen Verwaltung unter besonderer Berücksichtigung der Kommunalverwaltung, Stuttgart 1970, S. 31 ff.

[11] Siehe dazu die Angaben in Anm. 9.

ten [12]. Dieses Prinzip besagt, daß die Menge aller von der öffentlichen Verwaltung benötigten Daten, die nicht aus bereits erhobenen Daten gewonnen werden können, in Untermengen zerlegt wird und jeder Untermenge genau eine erhebende staatliche oder kommunale Behörde zugeordnet wird. Die Zahl der Kontaktstellen der Bürger mit der Verwaltung und die quantitative Größe des Informationsflusses von den Bürgern zur Verwaltung werden dadurch drastisch reduziert [13].

2. Das *Prinzip der Einmalspeicherung.* Das Prinzip besagt, daß auch die Datensätze über Datenobjekte, die von mehreren öffentlichen Verwaltungsstellen zur Aufgabenerledigung benötigt werden, die sogenannten *Grunddatensätze* dieser Datenobjekte, nur einmal gespeichert werden, etwa in einem regionalen Speicherzentrum [14]. Nur in Ausnahmefällen bewahren staatliche oder kommunale Behörden ihre „eigenen" Daten auf, nämlich dann, wenn die benötigten Daten ausschließlich von ihnen benötigt werden. Solche Datensätze nennt man *Fachdatensätze.* Grenzen der Zuständigkeit zwischen einem Land und den Gemeinden oder Gemeindeverbänden sind keine Organisationsgrenzen für die Datenspeicherung, wohl möglicherweise für die Datenverarbeitung.

3. Zum Prinzip der Einmalspeicherung gehört das ergänzende *Prinzip des wahlfreien oder direkten Zugriffs* auf die gespeicherten Daten durch die benützenden Stellen [15]. Ob der technischen Ermöglichung eines umfassenden Zugriffs aller Stellen auf alle Daten ein entsprechendes Zugriffsrecht korrespondiert, ist eine der wichtigsten Fragen dieses Gebietes.

4. Einheitlichkeit der Ergebnisse der Datenverarbeitung bedingt Einheitlichkeit der Programme. Diese ist nicht gewahrt, wenn alle staatlichen oder kommunalen Stellen eigene Programme verwenden [16], anstatt landeseinheitlich festgelegter Programme. Technisch wird dies realisiert durch eine zentrale Programmbank, von der benötigte Programme abgerufen werden oder die das „Urmuster" der bei den einzelnen staatlichen oder kommunalen Rechenstellen eingespeicherten Programme verwahrt [17]. Besonders für die Gemeinden ist dieses *Prinzip der Einmal-Programmierung* sehr einschneidend. Es beschränkt das Recht der Selbstverwaltung im Bereich der Rechtsanwendung nahezu auf die Personalhoheit [18].

5. Läßt man von den drei verfassungsrechtlichen Gewalten die Gerichtsorganisation einmal außer Betracht — über ihr Verhältnis zu einem integrierten In-

---

[12] *A. Angermann* u. a., Analyse zum Datenvolumen und Datenverkehr, S. 21; *E. Meincke,* Integrierte Datenverarbeitung in der öffentlichen Verwaltung, S. 62 ff.; Das KI-System, S. 69 f.

[13] Bayerisches Informationssystem, S. 59; Das KI-System, S. 214 ff.

[14] Ebd. S. 57; *A. Angermann* u. a., Analyse zum Datenvolumen und Datenverkehr, S. 21, 33; *E. Meincke,* Integrierte Datenverarbeitung in der öffentlichen Verwaltung, S. 64 ff.

[15] Bayerisches Informationssystem, S. 39, 57 f.

[16] Es gibt keinen Algorithmus zur Prüfung der Äquivalenz von Programmen.

[17] Bayerisches Informationssystem, S. 25.

[18] Art. 12 (Weisungsrecht) des Gesetzes über die Organisation der elektronischen Datenverarbeitung im Freistaat Bayern (EDVG) vom 12. 10. 1970 (GVBl. S. 457) sieht vorläufig nur Weisungen zur Organisation der Verfahren und zur Formalisierung von Daten

formationssystem ist mit Ausnahme des Grundbuchwesens bisher wenig nachgedacht worden [19] – und betrachtet man Legislative und Exekutive, so fällt die eindeutige Präponderanz der Exekutive auf. Das ganze System ist der Exekutive zu- und ihrer Spitze, der Regierung, untergeordnet. Im Idealfall liegt, mathematisch formuliert, Homomorphie zwischen der Exekutivbehördenorganisation und dem durch integrierte Datenverarbeitungsanlagen realisierten Informationssystem vor. Das kann man das *Prinzip der exekutiven Strukturierung des öffentlichen Informationssystems* nennen [20].

6. Schließlich ist es technisch möglich und rechtlich vorgesehen, daß private Träger von Datenverarbeitungsanlagen, wie Banken, Großbetriebe, Genossenschaften von Berufsgruppen und andere an das System im Wege der Datenfernverarbeitung angeschlossen werden. Ein Kommunikationsfluß von Privaten zu Behörden wäre etwa die Übertragung von Lohnsteuerunterlagen vom Betrieb zum Finanzamt [21], ein Fluß von einer Behörde zu Privaten wäre die Übertragung einer Zahlungsanweisung von einer öffentlichen Kasse zu einer Bank als Kontoführerin eines Gehalts- oder Rentenempfängers. Die technische oder rechtliche Möglichkeit der Datenübertragung zwischen dem öffentlichen Infor-

---

vor. Weiter interpretiert den Organisationsbegiff der EDVG *W. Steinmüller*, Rechtsfragen der Verwaltungsautomation in Bayern, in: data report, 6 (1971) S. 25. Weitergehend ist durch § 12 Abs. 2 des Gesetzes über die Datenzentrale Baden-Württemberg vom 17. 11. 1970 (GesBl. S. 492) der Landesregierung eine Verordnungsermächtigung zur Vereinheitlichung der Programme und der Formatierung von Daten erteilt worden. Vergl. auch ebd. §§ 2 Abs. 1 Nr. 1, 12 Abs. 1 Satz 3. Nach § 12 Abs. 2 Satz 1 des Gesetzes über die Errichtung der Hessischen Zentrale für Datenverarbeitung und Kommunaler Gebietsrechenzentren vom 16. 12. 1969 (GVBl. I S. 304) entscheidet der Koordinierungsausschuß, also ein Organ der körperschaftlich organisierten Hessischen Zentrale für Datenverarbeitung über programmtechnische Fragen von gemeinsamer Bedeutung. Diese Regelung ist unter Berücksichtigung der technischen Erfordernisse wohl die selbstverwaltungsfreundlichste Lösung. Zu diesem Problembereich vergl. *W. Steinmüller*, Rechtsfragen der Verwaltungsautomation in Bayern, S. 30. Zum Bereich der staatsunmittelbaren Verwaltung vergl. Nr. 2.21.2 der Anlage zum Erlaß des Ministers der Finanzen und Forsten betreffend die Errichtung der zentralen Datenverarbeitungsstelle für das Saarland vom 4. 12. 1970 (Amtsblatt S. 981).

[19] Vergl. dazu unten S. 162 ff.

[20] Vergl. dazu Bayerisches Informationssystem, S. 61 ff.; *A. Angermann* u. a., Analyse zum Datenvolumen und Datenverkehr, S. 119 f., 122 ff. Zu der hinter diesem Prinzip stehenden Tendenz vergl. *K. H. Böckstiegel*, Neue Aspekte der Gewaltenteilung seit Inkrafttreten des Grundgesetzes, in: NJW, 23 (1970) S. 1712-1718; zum Informationsmonopol der Regierung bes. S. 1714. Kritisch gegenüber diesem Prinzip *W. Steinmüller*, Rechtsfragen der Verwaltungsautomation in Bayern S. 23 f.

[21] Als Vorstufe vergl. das durch die VO über die Datenübermittlung in den gesetzlichen Rentenversicherungen vom 21. 4. 1971 (BGBl. I S. 362) geregelte *Datendirektübermittlungsverfahren* mittels Magnetbändern, die vom Arbeitgeber dem zuständigen Sozialversicherungsträger im off-line-Betrieb übermittelt werden. § 13 „Rückmeldung" sieht zugleich eine off-line-Übermittlung vom Versicherungsträger zum Arbeitgeber vor. Vergl. dazu *H. Naeth*, u. a., Direkte Datenübermittlung zwischen Arbeitgeber und Rentenversicherungsträgern, Stuttgart 1971. „Direktübertragung" steht dabei im Gegensatz zu dem durch § 1399 RVO, § 121 AnVG angeordneten Verfahren.

mationssystem und Privaten kann man das *Prinzip der gesellschaftlichen Offenheit* nennen [22].

Die geschilderten Aufbauprinzipien eines EDV-unterstützten öffentlichen Informationssystems werfen eine Fülle verfassungs- und verwaltungsrechtlicher Fragen auf. Als Beispiel der verwaltungsrechtlichen Fragen, auf die ich hier nicht eingehe, sei die Frage der örtlichen Zuständigkeit genannt, die insofern problematisch wird, als zwar die datenerfassende Stelle örtlich definiert ist, nicht aber die verarbeitende Stelle, da es innerhalb bestimmter Grenzen nicht sinnvoll ist zu fragen, *wo* sich in einer integrierten Datenverarbeitungsanlage ein bestimmter Vorgang abspielt. Die verfassungsrechtlichen Fragen lassen sich einteilen in grundrechtsbezogene und in organisatorische Fragen, wobei die Grenzen insofern fließend sind, als sich organisatorische Regelungen als Vorschriften zum Schutz von Grundrechtspositionen erweisen können. Zu den ersten gehört etwa die Frage des Datenschutzes im engeren Sinn als Schutz der Privat- oder Intimsphäre der Bürger (Art. 2 Abs. 1, 6 Abs. 1 GG) [23], das Recht auf Zugang zu den Informationen des Systems (Art. 5 Abs. 1 Satz 1 GG), zu den letzten gehört das Problem der Gewaltenteilung (Art. 20 Abs. 2 GG) und das Recht auf kommunale Selbstverwaltung (Art. 28 Abs. 2 GG). Das Problem der Gewaltenteilung muß unter dem Gesichtspunkt integrierter Datenverarbeitungsanlagen abstrakter gefaßt werden als Unterfall der internen Systemdifferenzierung des politischen Gesamtsystems genannt „Staat" [24]. Dann gehören zu diesem Problembereich das Bund-Länder Verhältnis, das Verhältnis der Funktionsträger der herkömmlichen Gewaltenteilung zueinander, die Differenzierung der öffentlichen Verwaltung in Ressorts mit Unterbehörden (horizontale Gliederung), in Verwaltungsebenen (vertikale Gliederung) und in unmittelbare und mittelbare Staatsverwaltung (Problem der Selbstverwaltungskörperschaften wie Gemeinden, Sozialversicherungsträger und Hochschulen [25]; denken wir bei letzteren etwa an das Bundeshochschulstatistikgesetz mit der Vorschrift über die Errichtung einer hochschulspezifischen Datenbank beim Statistischen Bundesamt [26]). Versucht man, konkrete Gestaltungen im Bereich der Rechtserzeugung und -An-

---

[22] Vergl. dazu Bayerisches Informationssystem, S. 111; *P. Winkler*, Datenaustausch zwischen Wirtschaft und öffentlicher Verwaltung am Beispiel der Sozialversicherung, in: ÖVD, 1 (1971) S. 26-30.

[23] Der Ausdruck „Privat- oder Intimsphäre" dient nur zur Bezeichnung eines Problemtopos. Seine Verwendung bedeutet nicht die Übernahme der verfehlten Sphärentheorie. Dazu weiter unten.

[24] Vergl. dazu *N. Luhmann*, Grundrechte als Institution, Berlin 1965, S. 14 ff.; *ders.*, Recht und Automation in der öffentlichen Verwaltung, Berlin 1966, S. 21. Grundlegend zur Systemdifferenzierung *ders.*, Funktionen und Folgen formaler Organisation, Berlin 1964, S. 73 ff. Vergl. auch *W. Steinmüller*, EDV und Recht, S. 51 ff. Zum jetzigen Stand der verfassungsrechtlichen Dogmatik vergl. *N. Achterberg*, Probleme der Funktionslehre, München 1970, bes. S. 109 ff.

[25] Ähnlich *M. v. Berg, U. Harboth, A. Jarass, B. Lutterbeck*, Schafft die Datenverarbeitung den modernen Leviathan? in: ÖVD, 2 (1972) S. 3.

[26] Gesetz über eine Bundesstatistik für das Hochschulwesen vom 31. 8. 1971 (BGBl. I S. 1473), § 18 Datenbank: „Im Statistischen Bundesamt wird eine hochschulspezifische Datenbank als unselbständige Einrichtung errichtet. Das Statistische Bundesamt ist ver-

wendung mittels Datenverarbeitungsanlagen anhand der Verfassung zu überprüfen, ob sie zulässig oder unzulässig, und erstenfalls, ob sie vielleicht sogar gefordert sind, so bemerkt man zuerst, daß selbstvertändlich nicht nur der Verfassungstext schweigt, sondern daß auch die klassische verfassungsrechtliche Dogmatik aller Schulen und Methodenrichtungen nichts oder nur sehr wenig zur Beantwortung dieser Fragen hergibt[27]. Dabei steht es im Grundrechtsbereich etwas besser als im organisatorischen Teil, weil die Herausarbeitung von Funktionen der Grundrechte bereits ein Rüstzeug zur Behandlung der Fragen liefert. Aber auch hier sind noch eingehende systemanalytische, sozialpsychologische und andere Forschungen erforderlich, um die Dogmatik der Grundrechte zur Entscheidung der anstehenden Fragen gehaltreich zu machen. Im organisatorischen Bereich hat sich für unsere Fragestellung die Trennung der Wissenschaft von der res publica in das Staats- und Verwaltungsrecht, die Verwaltungslehre, die Betriebs- und Volkswirtschaft und die Politikwissenschaft verheerend ausgewirkt [28]. Die Vereinseitigung, die Folge dieser Trennung ist, läßt sich nicht in kurzer Zeit aufheben. Als verfassungsrechtliche Methode, die bei dieser Sachlage anzuwenden ist, empfiehlt sich unter anderem folgendes. Als erstes müssen die Funktionen der Grundrechte und der verfassungsrechtlichen Grundentscheidungen aufgrund der derzeitigen Auslegung der Verfassung, wie sie insbesondere das Bundesverfassungsgericht vorgenommen hat, formuliert werden. Lassen diese Formulierungen, was wahrscheinlich ist, keine Entscheidung der anstehenden Fragen zu, so müssen die Funktionen unter Einbeziehung soziologischer, insbesondere systemanalytischer Forschungen abstrakter gefaßt werden. Als Beispiel einer solchen Abstraktion habe ich oben die Gewaltenteilung, das Bund-Länder-Verhältnis, die horizontale und vertikale Behördengliederung [29] und die Einführung der Selbstverwaltung als Unterfälle des allgemeinen soziologischen Prinzips der Systemdifferenzierung ange-

---

pflichtet, die bei ihm gespeicherten Daten im Rahmen eines arbeitsteiligen Verbundsystems den Statistischen Landesämtern im vollen Umfang zur Verfügung zu stellen. Den übrigen interessierenden Stellen stehen die gespeicherten Daten unter Beachtung der Geheimhaltungsvorschriften zur Verfügung. Für die Hochschulplanung von Bund, Ländern und Hochschulen sind die Daten vorrangig bereitzustellen." Da nach § 4 für alle Studenten eine Bestands- und *Verlaufs*statistik erstellt werden soll, sind in der Datenbank personenbezogene Angaben über Studienberechtigung, Studienverlauf und Studienabschluß enthalten.

[27] Vergl. dazu die pointierte Formulierung von *N. Luhmann,* Verfassungsmäßige Auswirkung der elektronischen Datenverarbeitung, in: ÖVD, 2 (1972) S. 44f.; *M. v. Berg, U. Harboth, A. Jarass, B. Lutterbeck,* Schafft die Datenverarbeitung den modernen Leviathan? S. 3 f.

[28] Vergl. dazu *H. Fiedler,* Theorie und Praxis der Automation in der öffentlichen Verwaltung, in: ÖVD, 1 (1971) S. 94 f.

[29] Auf das Ressortprinzip (Art. 62, 65 GG) als weitere Unterteilung der Gewaltenteilung hat ebenfalls *N. Luhmann,* a.a.O. S. 47, hingewiesen. Die horizontale Behördengliederung wäre aufgehoben, wenn „universelle Verarbeitung im staatlichen Bereich" vorliegen würde, was bedeuten würde, daß „sämtliche Verflechtungen vieler Verwaltungsbereiche in einem unversellen Programm" abgebildet werden müßten. Vergl. dazu Bayerisches Informationssystem, S. 47. Dieses Modell ist a.a.O. aus technischen, nicht aus rechtlichen Gründen abgelehnt worden.

führt. Unter Gesichtspunkten der integrierten Datenverarbeitung lassen sich die einzelnen Unterfälle des allgemeinen Prinzips der Systemdifferenzierung insofern nicht mehr trennen, als sie wenigstens teilweise gegenseitig funktional äquivalent sind und Beeinträchtigungen eines Teilprinzips durch isoliert betrachtet rechtmäßige Ausnutzung eines anderen Teilprinzips bewirkt werden können. Daher muß die Schutzfunktion eines verfassungsrechtlich geschützten Teilprinzips – etwa der Gewaltenteilung – auf dem Weg über die Ausdehnung des Schutzes auf das allgemeine Prinzip auf ein anderes Teilprinzip – etwa das der Aufrechterhaltung vertikaler und horizontaler Behördengliederung – ausgedehnt werden. Die hierzu erforderlichen verfassungsdogmatischen Operationen und die Darlegung der diese Operation rechtfertigenden methodischen Überlegungen kann ich hier nicht vornehmen [29a]. Ich muß mich im folgenden auf die methodisch unabgesicherte Behandlung einiger konkreter Fragen beschränken.

Ich beginne mit dem Topos des *Geheimnisschutzes der Einzelperson* [30]. In der funktionalen Interpretation der Grundrechte [31] schützt Art. 2 Abs. 1 GG die Selbstdarstellungsmöglichkeiten der Bürger [32]. *Selbstdarstellung* heißt dabei der sozialpsychologisch empirisch beschreibbare soziale Interaktionsvorgang, in dem Menchen selbstbewußte Individualität gewinnen. Informationstheoretisch formuliert ist die wenigstens teilweise eigene Entscheidung darüber, welche Informationen über die eigene Person in die Umwelt, insbesondere darüber, in welche Sektoren der Umwelt gelangen, notwendige Voraussetzung einer ge-

---

[29a] Vergl. dazu etwa *J. Schneider*, in: Das KI-System, S. 264 ff.

[30] Ich gehe im folgenden von der Voraussetzung aus, daß es einen objektiv geschützten Intim- und Persönlichkeitsbereich einer Person nicht gibt, da jedes Geheimnis relativ ist auf den Geheimhaltenden und mögliche Adressaten des Inhalts des Geheimnisses. Vergl. zu dieser Problematik *R. Kamlah*, Right of Privacy, Köln 1969, S. 81 ff.; *H. H. Maas*, Information und Geheimnis im Zivilrecht, Köln 1970, S. 91 f.; *U. Seidel*, Persönlichkeitsrechtliche Probleme der elektronischen Speicherung privater Daten, in: NJW, 23 (1970) S. 1582; *Chr Mallmann*, Das Problem der Privatsphäre ninerhalb des Datenschutzes, in: *J. Schneider*, Datenschutz – Datensicherung, mit Beiträgen von *W. Steinmüller, Chr. Mallmann*, Beiträge zur integrierten Datenverarbeitung in der öffentlichen Verwaltung Bayerns, Heft 5, Hrg. Siemens AG, München 1971, S. 21 ff.

[31] Da die *funktionale Verfassungsinterpretation* noch nicht allseitig anerkannt ist, diese Problematik hier aber nicht aufgerollt werden kann, sei nur die Fragestellung einer solchen Methode skizziert. *Frage:* Warum erstrebt oder gibt sich eine Gesellschaft Grundrechte (oder grundlegende verfassungsrechtliche Organisationsprinzipien)? *Antwort:* Weil sich Konsens darüber herbeiführen läßt, daß die Menge der durch die effektive Geltung von Grundrechten (oder grundlegender verfassungsrechtlicher Organisationsprinzipien) geordneten Zustände der Menge beliebiger anderer Zustände vorzuziehen sei. Die *funktionale Analyse* untersucht die Unterschiede zwischen beiden Zustandsmengen dadurch, daß die die Mengen definierenden Größen funktionalisiert werden. Eine Größe heißt dabei *funktionalisiert*, wenn die Bedingungen ihrer Ersetzbarkeit angegeben sind. Vergl. dazu *N. Luhmann*, Sinn als Grundbegriff der Soziologie, in: *J. Habermas, N. Luhmann*, Theorie der Gesellschaft oder Sozialtechnologie – was leistet die Systemforschung? Frankfurt/M. 1971, S. 89 f.

[32] Grundlegend *N. Luhmann*, Grundrechte als Institution, S. 52 ff., bes. S. 61 ff. Zum weiteren Problemhorizont der Persönlichkeitsidentifikation vergl. *ders.*, Sinn als Grundbegriff der Soziologie, S. 81 ff.

lungenen Selbstdarstellung [33]. Insofern war die noch aus der Zeit vor der funktionalen Interpretation der Grundrechte stammende Auffassung, daß die Anwendung von Lügendedektoren und Wahrheitsseren Art. 2 Abs. 1 GG widersprechen, eine richtige Vorwegnahme des Regelungsgehaltes dieses Grundrechts [34]. In den geschützten Selbstdarstellungsprozeß wird eingegriffen, wenn Persönlichkeitsprofile zusammengestellt und übermittelt werden können. Mit *Persönlichkeitsprofil* sei dabei ein Datensatz über eine Person bezeichnet, der umfassende Auskunft über die Persönlichkeit gibt [34a]. Die mittels der integrierten Datenverarbeitung, speziell mittels des Ordnungsbegriffs Personenkennzeichen, ermöglichte Zusammenfassung aller im Bereich der öffentlichen Verwaltung über eine Person vorhandenen Informationen ist die Ermöglichung einer behördlichen Erstellung von Persönlichkeitsprofilen [35]. Daraus ist eine erste verfassungsrechtliche Folgerung zu gewinnen: Das Personenkennzeichen darf in integrierte Datenverarbeitungssysteme, die mehrere Behördenzweige umfassen, nur eingeführt werden, wenn die Bildung von Persönlichkeitsprofilen rechtlich und organisatorisch-technisch ausgeschlossen ist.

Überlegen wir uns nun einige Folgerungen, die aus diesem Grundsatz zu gewinnen sind. Zum ersten ist rechtlich und technisch sicherzustellen, daß jeder Behörde nur die personenbezogenen Informationen zugänglich gemacht werden, die sie zur Erfüllung ihrer Aufgaben benötigt. *Personenbezogen* heißen Informationen und die sie tragenden Daten dann, wenn ihr Datenobjekt eine Person ist und die Daten entweder mit dem Personenkennzeichen verknüpft sind oder sich das Datenobjekt aus den Daten erschließen läßt [36]. Das bedeutet,

---

[33] Ebd. S. 67; *Chr. Mallmann*, Das Problem der Privatsphäre innerhalb des Datenschutzes, S. 25.

[34] Als ältere Darstellung der Gefährdung vor der Computer-Zeit ist noch immer empfehlenswert *H. J. Scholler*, Die Freiheit des Gewissens, Berlin 1958, S. 131–166. Zur neueren Problematik vergl. *R. Kamlah*, Right of Privacy, bes. S. 25-56.

[34a] Ein Grund für die starke Bedrohung der Individuen durch die Erstellung von Persönlichkeitsprofilen ist die Blockierung der Zukunft. „In der Gegenwart müssen jetzt Unbestimmtheiten bereit gehalten werden, die sich erst durch künftige Dispositionen ausfüllen lassen, oder Bestimmtheiten, die auf spätere Umdeutung hin angelegt sind." *N. Luhmann*, Sinn als Grundbegriff der Soziologie, S. 58.

[35] Neben diese individualrechtliche Argumentation läßt sich ebenfalls durch funktionale Analyse eine zweite stärker sozialbezogene Argumentation stellen, die auf der für gegensätzliche Gruppen notwendigen Existenz autonomer Basisräume (Familien, Kleingruppen) als Keimbereiche abweichender, zur Erhaltung der Lernfähigkeit des Gesamtsystems unentbehrlicher Ideen beruht. Vergl. dazu *M. v. Berg, U. Harboth, A. Jarass, B. Lutterbeck*, Schafft die Datenverarbeitung den modernen Leviathan? S. 6 f. Zur systemtheoretischen Grundlage dieser Argumentation vergl. *N. Luhmann*, Grundrechte als Institution, S. 101 ff. Auf abstrakterer Ebene wird dieses Thema behandelt von *M. Maruyana*, Goal-Generating Dissifaction, Directive Disequilibrium and Progress, in: Sociologia Internationalis, 5 (1967) S. 1969-188; *N. Luhmann*, Sinn als Grundbegriff der Soziologie, S. 99 f.

[36] Zum Umstand, daß sich das Datenobjekt unter Umständen aus zu statistischen Daten aggregierten personenbezogenen Daten wiedergewinnen läßt, vergl. *L. J. Hoffmann, W. F. Miller*, Getting a Personal Dossier from a Statistical Data Bank, in: Datamation, 16 (1970) S. 74-75; *Ph. Hirsch*, The World's Biggest Data Bank, in: ebd. S. 66-73. Vergl. auch die Begründung zu § 8 Abs. 3 des unten Anm. 38 zitierten Entwurfs eines Bundes-Datenschutzgesetzes.

daß bei der Festlegung, welche personenbezogenen Informationen zu speichern sind, nicht nur definiert werden muß, wer die Informationen erhebt und fortschreibt, sondern auch, wer das Recht des Zugriffs hat. Für diese Definition gibt es Verfahren, die sich vorwiegend des mathematischen Hilfsmittels der Matritzen bedienen[37]. Der gelegentlich geäußerte Einwand, aufgrund der bundesverfassungsrechtlich gewährleisteten Rechts- und Amtshilfe (Art. 35 Abs. 1 GG) hätte jede Behörde ein Auskunftsrecht, ist insofern nicht schlüssig, als das formelle Recht auf Amtshilfe erst besteht, wenn die um Auskunft ersuchende Behörde materiell einen Anspruch auf Besitz einer bestimmten Information hat. Gerade um die rechtliche Definition dieses Anspruchs aber geht es. Die hier vertretene Auffassung findet sich auch im interfraktionellen Entwurf eines Bundesdatenschutzgesetzes [38]. Dort heißt es:

§ 8 Auskunftsberechtigung

(1) Eine Weitergabe personenbezogener Daten an Dritte ist nur zulässig, wenn dem Empfänger ein Recht auf Grund einer Rechtsvorschrift zusteht, es sei denn, daß bei der Auskunft keine Rückschlüsse auf Einzelpersonen möglich sind.

(2) Eine generelle Befugnis, personenbezogene Daten innerhalb eines Verwaltungsressorts oder zwischen verschiedenen Verwaltungsressorts oder Behörden oder Einrichtungen der öffentlichen Hand beliebig abzurufen, auszutauschen oder zu verwerten, besteht nicht. Jedes Verwaltungsressort darf unbeschadet eines Rechts nach Absatz 1 nur Daten abrufen, die es selber eingegeben hat.

Die Anerkennung dieses Grundsatzes hat eine selten bedachte Folge. Das Behördensystem ist hierarchisch strukturiert [38a]. Mathematisch ist jede Behördenorganisation als baumartiger doppelgerichteter Graph darstellbar [38b], wobei die Anordnungsrichtung von der Spitze zur Basis, die Informationsrichtung von der Basis zur Spitze führt. Läßt man diese Organisation unmodifiziert zu, ist die Bildung von Persönlichkeitsprofilen an der Spitze der Verwaltung auch dann möglich, wenn der Informationsaustausch zwischen einzelnen Behörden beschränkt ist. Das bedeutet dreierlei. Erstens muß auch für übergeordnete Behörden das Definitionserfordernis gelten. Zweitens muß die Menge der einer übergeordneten Behörde zugänglichen personenbezogenen Informationen eine echte Teilmenge der Vereinigung der Mengen der ihren untergeordneten Behörden zugänglichen personenbezogenen Informationen sein. Drittens dürfen im Aktenvorlageweg Datenbanken entnommene personenbezogene Informationen der übergeordneten Behörde nur weitergeleitet werden, wenn entweder der Betroffene von einem Rechtsbehelf Gebrauch gemacht hat oder die vorgesetzte Behörde von sich aus zur Rechtskontrolle tätig wird. Im letzten Fall ist der Betroffene von der Anordnung der Aktenvorlage durch die untergeordnete

---

[37] Vergl. dazu *J. Schneider,* Datenschutz – Datensicherung, S. 66 ff.

[38] Entwurf eines Gesetzes zum Schutz vor unbefugter Verwendung personenbezogener Daten (Datenschutzgesetz), (Gesetzentwurf der Abgeordneten *Hirsch, Dichgans, Kirst* und Genossen), Bundestagsdrucksache VI/2885. Zur Rechts- und Amtshilfe siehe die Begründung zu § 8 Abs. 2.

[38a] Zur Systemfremdheit zwischen hierarchischem Behörden-Aufbau und EDV-unterstützten Informationssystemen vergl. Das KI-System, S. 176 f.

[38b] Vgl. dazu *Fr. Harary, R. Z. Norman, D. Cartwright,* Structural Models. An Introduction to the Theory of Directed Graphs, New York, London, Sydney 1965, bes. S. 283 ff.

Behörde zu informieren. Schließlich noch eine letzte Folgerung. Das Bayerische Informationssystem läuft in der Spitze zusammen in der *Bayerischen Informationszentrale,* technisch realisiert durch eine Großrechenanlage [39]. Diese Zentrale soll folgende fünf Funktionen erfüllen. Sie soll sein: erstens ein Inhaltsverzeichnis des gesamten Bayerischen Informationssystems [40]; sie soll sein zweitens die Durchschaltestelle im Verkehr der regionalen Speicherzentren miteinander und damit für jeden Verkehr zwischen Behörden, der die Regionalgrenzen, die sich in etwa mit den Grenzen der Regierungsbezirke decken, überschreitet [41]; sie soll sein drittens die Programmbank für das gesamte System [42] und sie soll sein viertens und fünftens ein Warn- [43] und ein Kontrollsystem [44]. Behördenorganisatorisch soll die Bayerische Informationszentrale beim Bayerischen Landesamt für Datenverarbeitung errichtet werden. Nach Art. 3 Abs. 2 bayEDVG ist das Landesamt für Datenverarbeitung der Staatskanzlei unmittelbar nachgeordnet. Es ist offensichtlich, daß die Staatskanzlei bei dieser Organisation technisch nicht gehindert und rechtlich nicht kontrolliert werden kann, wenn sie beabsichtigt, Persönlichkeitsprofile zu erstellen. Diese Organisationsform der Spitze eines mittels integrierter Datenverarbeitung aufgebauten öffentlichen Informationssystems ist verfassungsrechtlich unzulässig. Von den angeführten fünf Funktionen der Bayerischen Informationszentrale müssen die Funktionen einer Programmbank und des Kontrollsystems aus der Unterordnung unter die Staatskanzlei gelöst und einer mit richterlicher Unabhängigkeit ausgestatteten Behörde unterstellt werden, weil es sonst einen Schutz der Bürger gerade an der politisch neuralgischen Stelle vor von außen nicht feststellbaren Rechtsverletzungen nicht gibt. Die wirkungsvollsten Sicherungen gegen unbefugten Zugriff auf Daten lassen sich mit Hilfe von Schutzprogrammen erzielen [45]. Wer Herr der Programme ist, ist Herr der Anlage. Mindestens die Schutzprogramme müssen daher der rechtlichen und organisatorischen Verfügungsgewalt von Stellen entzogen sein, die dem Weisungsrecht politischer Instanzen unterstehen. Zu demselben Ergebnis kommt man, wenn

---

[39] Vergl. dazu Bayerisches Informationssystem, S. 64 ff.; *A. Angermann* u. a., Analyse zum Datenvolumen und Datenverkehr, S. 119 ff., 122.

[40] Bayerisches Informationssystem, S. 64. Vergl. dazu Das KI-System, S. 83 f.

[41] Art. 4 Abs. 1 Nr. 1 und 2, 7 bayEDVG; Bayerisches Informationssystem, S. 64, *A. Angermann* u. a., Analyse zum Datenvolumen und Datenverkehr, S. 33.

[42] So Das KI-System, S. 109. Vorsichtiger: Bayerisches Informationssystem, S. 25. Ob die Einrichtung einer Programmbank durch Art. 4 Abs. 1 Nr. 4 bayEDV gedeckt ist, ist sehr fraglich. Die Frage der Rechtsgrundlagen einer staatlichen Tätigkeit im EDV-Bereich bedarf dringend der Klärung.

[43] Bayerisches Informationssystem, S. 66; *W. Steinmüller,* EDV und Recht, S. 85; *M. v. Berg, Harboth, Jarass, B. Lutterbeck,* Schafft die Datenverarbeitung den modernen Leviathan?, S. 5; Das KI-System, S. 109; *H. R. Walter, R. A. Fischer* (Hrg.), Informationssysteme in Wirtschaft und Verwaltung, S. 239 f.

[44] Bayerisches Informationssystem, S. 66; Das KI-System, S. 109.

[45] Vergl. dazu *J. H. Schulze,* Datenschutz in der Datenverarbeitung, in: IBM-Nachrichten, 21 (1971 S. 640-645; *J. Schneider,* Datenschutz — Datensicherung, S. 61 ff; *U. Dammann,* Zum Datenschutz im Einwohnerwesen, in: ÖVD, 2 (1972) S. 73; Vergl. auch Nr. 3.3 und 3.4 der Vorläufigen Regelung des Datenschutzes in den Rechenzentren des Landes. RdErl. d. Nds. MdI. vom 9. 11. 1970 (Nds. BMl. S. 1326).

man anstatt des Weges über Art. 2 Abs. 1 GG den oben angedeuteten Weg über eine Neuinterpretation des Grundsatzes der Gewaltenteilung oder über das Rechtsstaatsprinzip geht [46].

Nachdem ich eine Auswirkung verfassungsrechtlicher Grundsätze auf die Organisation eines EDV-unterstützten öffentlichen Informationssystems dargestellt habe, möchte ich noch ein Problem aus dem Schnittfeld der drei Gewalten behandeln, nämlich das nach der *Frage des gültigen Gesetzestextes.*

Erfolgt eine Gesetzesanwendung mit Hilfe von EDV-Anlagen, etwa im Steuer- oder Rentenrecht, so haben wir folgenden Gang der Dinge. Der Gesetz- oder Verordnungsgeber erläßt wie bisher einen in der natürlichen Sprache verfaßten normativen Text. Der einzige Unterschied zu früher besteht in der Beachtung der Grundsätze einer automationsfördernden Gesetzgebung. Dieser normative Text wird dann von einer Behörde durch Übersetzung in eine problemorientierte Programmsprache in ein EDV-Programm umgeschrieben. Die im Einzelfall rechtsanwendende Behörde entscheidet den Einzelfall unter mehr oder weniger intensiver Mitbeteiligung von Behördenmitgliedern mittels eines solchen Programms. Wird eine so getroffene Entscheidung angefochten und ist ein Gericht zur endgültigen Entscheidung berufen, so hat das Gericht drei Aufgaben zu erfüllen. Es hat erstens zu prüfen, ob das Programm eine adäquate Übersetzung des normativen Textes ist. Die Erfüllung dieser Aufgabe zerfällt in zwei Unteraufgaben, nämlich die Interpretation des normativen Textes und die Überprüfung der Adäquanz zwischen Interpretation und Programm. Zweitens hat es zu prüfen, ob die der Programmanwendung zugrundeliegenden Tatsachen stimmen. Drittens ist zu prüfen, ob die Einführung der Tatsachen in die EDV-Anlage [47] und die Anwendung des Programms technisch fehlerfrei gewesen sind. Die Einführung einer Tatsache in eine EDV-Anlage zerfällt in die Vorgänge der *Datenentstehung* als Vorgang der erstmaligen Fixierung der Daten, der *Datenaufbereitung* als Vorgang der formalen Identifizierung und Strukturierung der Daten, der *Datenerfassung* als Vorgang der Umsetzung der Daten auf EDV-geeignete Datenträger und der *Dateneingabe* als Vorgang der Übertragung von externen Speichern in Speicher zum Zweck der Verarbeitung der Daten. Unter Datenverarbeitungsgesichtspunkten am systemfremdesten bei der gerichtlichen Prüfung ist die Rechtskontrolle der Programme durch Gerichte [47a]. Durch eine Änderung der Interpretation in einem einzelnen Punkt können im

---

[46] Ebenso *Sp. Simitis,* Informationskrise des Rechts und Datenverarbeitung, Karlsruhe 1970, S. 113; *ders.,* Chancen und Gefahren der elektronischen Datenverarbeitung, in: NJW, 24 (1971) S. 681; *A. Podlech,* Verfassungsrechtliche Probleme öffentlicher Datenbanken, in: DÖV, 23 (1970) S. 473-475; *W. Steinmüller,* Allgemeine Grundsätze zur rechtlichen Regelung des Datenschutzes, in: *J. Schneider,* Datenschutz – Datensicherung, S. 16. Ähnlich *K. Meyer-Hentschel,* Datenverarbeitung und Schutz des Individuums, in: Staats- und Kommunalverwaltung, 17 (1971) S. 267; *J. Schneider,* Datenschutz – Datensicherung, S. 33.

[47] Vergl. auch *W. Thiel, H. Wenger,* On-line-Datenerfassung und Dialog, S. 3 ff.

[47a] Nicht nur unter dem Gesichtspunkt der Datenverarbeitung. *N. Luhmann,* Verfassungsmäßige Auswirkungen der elektronischen Datenverarbeitung, S. 46 f., hat darauf hingewiesen, daß der ganze Bereich von Fallentscheidungen mit überschießenden Rege-

Extremfall ganze Programmsysteme in ihrer Struktur betroffen sein. Die Praxis etwa der Rechtsprechung des Bundessozialgerichts über die Programme der Bundesanstalt für Angestelltenversicherung zeigt allerdings, daß ein solcher Extremfall unwahrscheinlich ist. Um der an dieser Stelle jedoch zweifellos bestehenden Unsicherheit zu entgehen, könnte man auf den Gedanken kommen, das in einer problemorientierten Programmsprache abgefaßte Programm zum normativ gültigen Text zu erklären, also vom Gesetz- oder Verordnungsgeber verabschieden zu lassen und die in der natürlichen Sprache formulierte Fassung nur als inhaltsverdeutlichende Übersetzung beizufügen [48]. Ich möchte gleich sagen, wo ich die Einwände gegen ein solches Verfahren *nicht* sehe, nämlich im Publikationsprinzip [49]. Der Gedanke, normative Texte seien in deutscher Sprache zu publizieren, damit jeder Betroffene wissen könne, was rechtens sei, ist anachronistisch. Auch kein nicht spezialisierter Jurist kann auf den hier interessierenden Gebieten wie Steuer-, Sozialversicherungs- oder Kriegsfolgerecht durch Lektüre der Gesetzesblätter feststellen, was rechtens ist. Umgekehrt wird in Zukunft jeder Jurist problemorientierte Programmsprachen beherrschen. In diesem Fall läßt sich durch Lektüre der Programme oder wenigstens der Programmbeschreibungen und der Flußdiagramme [50], leichter feststellen, was rechtens ist, als bei der Lektüre der jetzigen Normativtexte, da die ersten entscheidungsdefinit sind [51], die letzten aber nicht. Die Entscheidungsdefinitheit scheint mir nun gerade der entscheidende Gesichtspunkt zu sein. Die fehlende Entscheidungsdefinitheit in der natürlichen Sprache formulierter normativer Texte hat eine unverzichtbare soziale Funktion. Diese Funktion besteht in der Ermöglichung der Lernfähigkeit der Rechtsordnung [52]. Nun ist zweifellos Lernfähigkeit eine Eigenschaft, die auch technisch durch EDV-Anlagen realisierte Systeme haben können [53]. Nur: Es gibt bisher keine Möglichkeit, EDV-Anlagen, und erreichten sie die Komplexität der konzipierten öffentlichen Informationssysteme, mit der gesellschaftlichen Wirklichkeit in ihrer Totalität zurückzukoppeln. Da man nachweisen kann, daß Gesetzgebungsorgane systemtheoretisch betrachtet zu geringe Komplexität aufweisen, um innerhalb hinlänglicher

---

lungselementen, von Präjudizien, von Ermessensausübung mit Selbstbindungseffekt durch die Programmierung den rechtlichen Rang von Verwaltungsvorschriften mit Rechtssatzfunktion erhält, die richterliche Kontrolle somit Nomenkontrolle wird.

[48] So wenigstens teilweise *U. Klug,* Juristische Logik, 3. Aufl. Berlin, Heidelberg, New York 1966, S. 169.

[49] Umgekehrt ist es eine Forderung des Publikationsprinzips, daß EDV-Programme, mit deren Hilfe Rechtsanwendung erfolgt, publiziert werden müssen. Sind sie zu umfangreich, muß wenigstens die Publizierung einer Programmbeschreibung erfolgen. Vergl. dazu *A. Podlech,* Verfassungsrechtliche Probleme öffentlicher Datenbanken, S. 475.

[50] An die Publikumsform können noch bestimmte, benutzerfreundliche Bedingungen gestellt werden.

[51] Zur Entscheidungsdefinitheit vergl. *H. A. Schmidt,* Mathematische Gesetze der Logik, 1. Bd. Vorlesungen über Aussagenlogik, Berlin, Göttingen, Heidelberg 1960, S. 50 ff.

[52] Zu diesem Problembereich grundsätzlich *N. Luhmann,* Positivität des Rechts als Voraussetzung einer modernen Gesellschaft, in: Jahrbuch für Rechtssoziologie und Rechtstheorie, 1 (1970) bes. S. 178 ff., 191 ff.

[53] Vergl. dazu *H. Zemaneck,* Lernende Automaten, in: *K. Steinbuch* (Hrg.), Taschenbuch der Nachrichtenverarbeitung, S. 1383-1450.

Zeiträume die soziale Problematik abzuarbeiten [54], die zu ihrer Abarbeitung der Veränderung – also einer Erweiterung, Kürzung oder Uminterpretation – der Rechtsordnung bedarf [55], ist die wenigstens partielle Herrschaft der Gerichte über normative Texte notwendige, leider nicht auch zugleich hinreichende Bedingung für die ausreichende Lernfähigkeit der Rechtsordnung [56]. Aus dieser Überlegnug sind folgende Schlußfolgerungen zu gewinnen. Vom Standpunkt der Datenverarbeitung, insbesondere vom Standpunkt der Systemanalyse und der Programmierung, ist ein in einer natürlichen Sprache verfaßter normativer Text nichts anderes als eine mehr oder weniger genau definierte Aufgabe, eine Aufgabe, die von Behörden oder Gerichten zu lösen ist. Die *Legislative* hat also die Funktion der Aufgabendefinition [57]. Die Exekutive löst diese Aufgabe im Falle der automatischen Rechtsanwendung oder der EDV-unterstützten Rechtsanwendung durch die Erstellung und Anwendung von Programmen. Die *Exekutive* hat also die Funktion der Systemanalyse, der Programmierung und der Programmanwendung. Die Gerichte überprüfen in der oben beschriebenen Weise die korrekte Erfüllung dieser Funktion. Die *Judikative* hat also die Funktion der Kontrolle einschließlich der Kompetenz, verbindlich Programmänderungen verlangen zu können [58].

Besondere Probleme entstehen nun in dem Bereich, in dem Gerichte ohne Zwischenschaltung von Behörden Recht anwenden, wie im Bereich der ordent-

---

[54] Das Gesetz, wonach Komplexität nur durch hinreichend komplexe Systeme abgearbeitet werden kann, ist erstmals formuliert worden von *W. R. Ashby*, An Introduction to Cybernetics (1965), London 1970, S. 206 ff. Systeme geringer Komplexität, wie Gesetzgebungsorgane, Einzelbehörden, Gerichte, ersetzen die zu geringe Eigenkomplexität durch Erstreckung in der Zeitdimension. Zu den Schwierigkeiten, die sich daraus ergeben, vergl. *N. Luhmann*, Sinn als Grundbegriff der Soziologie, S. 46 ff.

[55] So *A. Kisza*, Model cybernetyczny powstawania i dzialania prawa (mit engl. Summary: A cybernetic model of arising and action of the law), Wroclaw 1970, S. 167. In diesen Zusammenhang gehören die unglücklichen Versuche der Einführung eines référé legislatif. Vergl. dazu *H. W. Kruse*, Das Richterrecht als Rechtsquelle des innerstaatlichen Rechts, Tübingen 1971, S. 13 f.

[56] Ebenso *Sp. Simitis*, Informationskrise des Rechts und Datenverarbeitung, S. 95, 104 f.; *ders.*, Chancen und Gefahren der elektronischen Datenverarbeitung, S. 673 f. A.A. *N. Luhmann*, Positivität des Rechts als Voraussetzung einer modernen Gesellschaft s. S. 191.

[57] Vergl. dazu *H. A. Simon*, Recent Advances in Organization Theory, in: Research Frontiers in Politics and Government, Washington 1955, S. 23-24; *N. Luhmann*, Positivität des Rechts als Voraussetzung einer modernen Gesellschaft, S. 190 ff. Ein weiterer Grund, als Normativtexte nicht entscheidungsdefinite EDV-Programme zu verabschieden, könnte in der erforderlichen sachlichen Generalisierung des Normativtextes liegen, die ein Mindestmaß an Unbestimmtheit des konkreten Inhalts des Textes bedingt. Vergl. dazu *N. Luhmann*, ebd. S. 179. Siehe auch die ebd. S. 185, 189 f. beschriebene Problematik der Verteilung der Entscheidungslast zwischen Legislative und Exekutive. Vergl. auch *ders.*, Recht und Automation in der öffentlichen Verwaltung, S. 51 ff.

[58] Zu diesem Problemkreis siehe *P. Raisch*, Überlegungen zur Verwendung von Datenverarbeitungsanlagen in der Gesetzgebung und im Rechtsfindungsprozeß, in: JZ, 25 (1970) bes. S. 440.

lichen Gerichtsbarkeit[59]. Bei der jetzigen Organisationsform ist hier die beschriebene Funktionentrennung nicht durchführbar. Bei der folgenden Erörterung der Frage der organisatorischen Zuordnung der drei Funktionen von Aufgabendefinition, Aufgabenerfüllung und Kontrolle der Aufgabenerfüllung gehe ich vom derzeitigen Stand der Aufgabenverteilung zwischen Exekutive und Judikative, insbesondere im Bereich der freiwilligen Gerichtsbarkeit aus[60], lasse also die Frage noch offen, welcher Kernbereich staatlicher Tätigkeit Ausübung rechtsprechender Gewalt im Sinne des Art. 92 GG ist. Unberücksichtigt bleiben also noch die bereits sehr weit fortgeschrittenen Überlegungen, im Zuge der Einführung der Datenverarbeitung im Bereich des Registerrechts, insbesondere des Grundbuchwesens, eine Flurbereinigung zwischen den Grundbuch-, Kataster-, städtischen Bau- und ländlichen Flurbereinigungs- und Siedlungsämtern durchzuführen, indem für diese Ämter eine einheitliche Grundstücksdatei eingeführt wird, die alle tatsächlichen und rechtlichen Informationen über die Grundstücke enthält und die Grundbuch im Sinne des § 837 BGB ist[61]. Im Bereich der Judikative im jetzigen organisationsrechtlichen Sinn werden das Mahnverfahren und das Registerrecht die ersten Bereiche der Rechtsanwendung mittels EDV-Anlagen sein. Weitere Bereiche, in denen vom technischen und systemanalytischen Standpunkt die Einführung bald möglich wäre, sind im Bereich des Zivilrechts Entscheidungen nach § 323 ZPO (Abänderungsklage) bei Unterhaltsleistungen gegenüber Kindern, Ehegatten oder Schadensersatzberechtigten[62] und im Bereich des Strafrechts die Mehrzahl aller Fälle des Verkehrsstrafrechts, soweit auf Geldstrafen erkannt wird. In allen diesen Bereichen ist nach dem derzeitigen Organisationsrecht zwischen den Akt der Legislative und den Akt der Judikative kein Entscheidungsakt der Exekutive eingeschaltet, wenn man von der funktional anders gearteten Entscheidung der Staatsanwaltschaft absieht. Es besteht bei der Programmerstellung also nur die Möglichkeit, daß entweder die Legislative die EDV-Programme als normative Texte erläßt, die dann die Gerichte binden, oder daß die Gerichte die Programme erstellen. Das erste würde ich aus den oben angeführten Gründen für

---

[59] Zur Problematik vergl. *H. Fiedler*, Automatisierung im Recht und juristische Informatik, in: JuS, 11 (1971) S. 67 ff. Unberücksichtigt bleiben im folgenden reine Dokumentationssysteme, die bei Gerichten errichtet werden. Ein Beispiel wird beschrieben bei *K. Brachmann, H. Heußner, G. Schroeder-Printzen, R. Richter, W. Geinitz, D. Hebebrandt*, Grundkonzeption für die Errichtung einer sozialrechtlichen Datenbank beim Bundessozialgericht, Berlin 1972.

[60] Zum Verhältnis von freiwilliger Gerichtsbarkeit und Exekutive vergl. *N. Achterberg*, Probleme der Funktionenlehre, S. 98 ff., 161 ff.

[61] Vergl. dazu Grundbuchwesen, Beiträge zur integrierten Datenverarbeitung in der öffentlichen Verwaltung Bayerns, Heft 3. Hrg. Siemens AG, München 1970; *P. N. Rattel, Fr. Göttlinger, H. Kobes, Fr. Miller*, Rahmen-Soll-Konzept Grundstücksdatenbank, Berlin 1971; *H. Wallner*, Die Grundstücksdatenbank in Schweden, in: ÖVD, 2 (1972) S. 7-14.

[62] Vergl. dazu *V. Knapp*, Über die Möglichkeit der Anwendung kybernetischer Methoden im Recht, in: Staat und Recht, 12 (1963) S. 613-636; *ders.*, Über die Möglichkeit der Anwendung kybernetischer Methoden in Gesetzgebung und Rechtsanwendung, in: Archiv für Rechts- und Sozialphilosophie, 19 (1963) S. 45-56.

unzulässig halten. Es bleibt die Frage, ob Gerichte Programme erstellen dürfen[63, 64], die für alle Spruchkörper natürlich nur dann verbindlich wären, wenn entsprechende Vorschriften in das Gerichtsverfassungsgesetz und die Prozeßordnungen aufgenommen würden. Die Folge einer solchen Regelung wäre, daß Gerichte als bürokratisch organisierte Entscheidungsgremien ihre eigenen Programme erstellen und anwenden würden und eine gegenüber dieser formell verwaltenden Tätigkeit im Bereich von Massenvorfällen unabhängige Kontrollinstanz nicht mehr vorhanden wäre[65]. Eine Lösung dieses Problems könnte meines Erachtens darin bestehen, daß immer dann, wenn heute Gerichten zugewiesene Entscheidungstätigkeit mit Hilfe von Datenverarbeitungsanlagen erfolgen soll, eine Behörde im Geschäftsbereich der Justizministerien vorgeschaltet werden muß, der die Aufgabe der Programmerstellung und Programmanwendung im Einzelfall besitzt[66]. Die organisatorische Trennung von Registrator, Urkundsbeamter und Grundbuchführer zusammen mit dem verfügenden Rechtspfleger einerseits und dem Grundbuchrichter andererseits, der in der Regel nur noch über Rechtsbehelfe entscheidet, kann hier im Ansatz zum Vorbild werden. Die Aufspaltung der derzeitig einheitlichen Gerichtsorganisation in einen exekutiven und einen judikativen Teil im Gefolge der Einführung der Datenverarbeitung zwingt allerdings dazu, die derzeit vorwiegend akademische Frage zu entscheiden, welche Tätigkeit rechtsprechende Gewalt im Sinne des Art. 92 GG ist. An diesem Entscheidungsbereich würde sich eine Grenze der Zulässigkeit streitentscheidender EDV-Entscheidungen ergeben. Ohne in den völlig kontroversen Streit um die Auslegung des Art. 92 GG an dieser Stelle begründet eingreifen zu wollen[67], meine ich, daß die Verhängung von Geldstrafen im Verkehrsstrafrecht, Entscheidungen über die Höhe wiederkehrender Leistungen in Unterhalts- oder Schadensersatzfällen, das Mahnverfahren und alle Entscheidungen der freiwilligen Gerichtsbarkeit automatisiert werden dürfen, soweit es sich nicht um Entscheidungen handelt, die aufgrund eines Rechtsbehelfs zu ergehen haben. Organisatorischer Träger der EDV-erzeugten Entscheidungen muß eine Behörde sein, die gegenüber Verwaltungsanweisungen durch Mitglieder der Gerichtsverwaltung unabhängig ist. Die EDV-erzeugten Entscheidungen dieser Behörde müssen der formellen Rechtskraft fähig und insbesondere vollstreckbar sein. Ein die Rechtskraft hemmender Rechtsbehelf gegen

---

[63, 64] Zu dem Problemkreis vergl. *Fr. Göttlinger*, EDV-Planung in der öffentlichen Verwaltung, Berlin 1972, S. 19 ff.

[65] Ein weiteres Argument gegen die Automation von Gerichtsentscheidungen findet sich bei *N. Luhmann,* Legitimation durch Verfahren, Neuwied, Berlin 1969 S. 72.

[66] Diese Behörde könnte weitere Funktionen erfüllen, deren Erfüllung durch gerichtliche Spruchkörper im herkömmlichen Sinn schwierig ist. *N. Luhmann,* Verfassungsmäßige Auswirkungen der elektronischen Datenverarbeitung, S. 46, hat darauf hingewiesen, daß vor allem für die Justiz der Gedanke fremd sei, daß jede Einzelentscheidung neben der Herbeiführung eines fallbezogenen Effekts auch noch statistisch auszuwerten sei, um die Strukturen an den Effekten zu überprüfen.

[67] Zum Stand der Meinungen siehe *R. Herzog,* in: *Maunz-Dürig-Herzog,* Grundgesetz, München 1958 ff., Art. 92 (1971). In dieser neusten Kommentierung findet sich kein Hinweis auf EDV-Probleme.

die EDV-erzeugte Entscheidung muß die Sache vor die 1. Instanz des zuständigen Gerichtszuges bringen.

Ich darf zur Vermeidung von Mißverständnissen auf die eingangs meiner Ausführungen gemachten Vorbemerkungen verweisen und kurz meine Thesen zusammenfassen. Ich habe keine Ausführungen darüber gemacht, ob und bejahendenfalls in welchem Umfang die wenigstens teilweise Übertragung von Entscheidungen aus dem Bereich der ordentlichen Gerichtsbarkeit einschließlich der freiwilligen Gerichtsbarkeit von Rechtspflegern oder Richtern auf EDV-Anlagen rechtspolitisch erwünscht ist. Sollte sie technisch möglich und rechtspolitisch erwünscht sein, so halte ich die organisatorische Trennung zwischen der die EDV-erzeugte Entscheidung verantwortenden Behörde und der über diese Entscheidung richtenden Gerichte verfassungsrechtlich für geboten. Auch in diesem Bereich ist die Funktionstrennung zwischen legislativer Aufgabendefinition, der exekutiven Aufgabenerfüllung und der judikativen Kontrolle der Aufgabenerfüllung im Falle der automatisierten Rechtsentscheidung durchzuführen.

Zum Schluß möchte ich noch auf ein schon erwähntes Prinzip künftiger öffentlicher Informationssysteme zurückkommen, das wohl die radikalste Infragestellung unserer traditionellen Auffassung von Staat und öffentlicher Verwaltung darstellt, nämlich auf *das Prinzip der gesellschaftlichen Offenheit öffentlicher Informationssysteme*. Es war oben harmlos klingend definiert worden als die technische und rechtliche Ermöglichung der Datenübertragung zwischen öffentlichen und privaten Informationssystemen. Das Prinzip ist wohl zum erstenmal formuliert worden in der Entschließung des Deutschen Bundestages vom 28. März 1969, in der des heißt:

> „Der Bundestag ersucht die Bundesregierung darauf hinzuwirken, daß ... bei der zunehmenden Anwendung der EDV die Möglichkeit der Zusammenarbeit mit allen interessierenden Kreisen in Wirtschaft, Wissenschaft und Gesellschaft in einem umfassenden, jedoch arbeitsteiligen Datenbanknetz von vorneherein in Betracht gezogen wird ..." [68]

Eine erste Konkretisierung dieses Prinzips findet sich im Zweiten EDV-Bericht der Bundesregierung an den Bundestag vom 17. April 1970 unter dem Stichwort „Planung eines allgemeinen arbeitsteiligen Informationssystems für die Bundesrepublik Deutschland" [69]. Die Bundesregierung hat noch im April 1970 eine interministerielle Arbeitsgruppe „Datenbanksystem" beim Bundesministerium des Innern gebildet, die bereits im Mai 1971 unter dem Titel „Das Informationsbankensystem. Vorschläge für die Planung und den Aufbau eines allgemeinen arbeitsteiligen Informationsbankensystems für die Bundesrepublik Deutschland" der Bundesregierung einen umfassenden Bericht vorgelegt hat. Dieser ist jedoch bis heute vom Kabinett noch nicht behandelt und deswegen entgegen den Intentionen der Verfasser der Öffentlichkeit noch nicht übergeben

---

[68] Entschließung des Deutschen Bundestages vom 28. 3. 1969 zur 3. Beratung des Haushaltsgesetzes 1969 (Umdruck 631, Anlage 3 zum Sten. Bericht über die 226. Sitzung der 5. Wahlperiode), Punkt 2j).

[69] Deutscher Bundestag, Drucksache VI/648, Nr. 5.

worden [69a]. Einiges läßt sich aufgrund des Zweiten EDV-Berichts der Bundesregierung und der allgemein bekannt gewordenen Vorstellungen jedoch jetzt schon sagen [70]. Das geplante Informationsbankensystem soll alle öffentlichen Datenbanken im engeren Sinn und alle Dokumentationssysteme im Bereich der Bundesrepublik als Elemente enthalten, gleichgültig, ob letztere von Behörden, der Wirtschaft, der Wissenschaft oder sonstigen gesellschaftlichen Gruppen getragen werden [71]. Nun sind, wie oben dargelegt, öffentliche Datenbanken im weiteren Sinn in Zukunft Subsysteme der auf Länder- und Bundesebene entstehenden öffentlichen Informationssysteme, in denen netzwerkartig datenerfassende, datenspeichernde und datenverarbeitende Stellen im Bereich der Verwaltung und Rechtsprechung verknüpft sind. Entsprechend werden die Datenbanken der Wirtschaft über Datenfernübertragungsleitungen mit den Verarbeitungsanlagen und betriebsinternen Datenbanken mindestens der Großbetriebe verbunden sein [72]. Verbindet man die Bankensysteme der öffentlichen Hand und der Wirtschaft miteinander, die ihrerseits Subsysteme datenverarbeitender Systeme sind, und schaltet man zudem noch öffentliche und private EDV-Anlagen im einzelnen kurz, wie etwa zwischen regionalen Speicherzentren, den Datenbanken der Sozialversicherungsträger und den Anlagen der Finanzämter einerseits und den Personaldatenbanken [73] der Betriebe andererseits, so entsteht in der Endstufe ein Netz [74], dessen Knoten die Menge aller die öffentlichen Informationssysteme realisierenden EDV-Anlagen, die Menge aller übrigen Dokumentationssysteme und eine nicht genau feststellbare Menge sonstiger privater EDV-Anlagen, und dessen Kanten das Datenfernübertragungsnetz der Bundespost sein werden. In jeweils mehr oder weniger streng voneinander separierten Subsystemen dieses Netzes spielen sich in Zukunft alle gesellschaftlich relevanten Informationsverarbeitungen der öffentlichen und

---

[69a] *Nach* dem Vortrag ist der Bericht für die Öffentlichkeit freigegeben worden: Das Informationsbankensystem. Vorschläge für die Planung und den Aufbau eines allgemeinen arbeitsteiligen Informationsbankensystems für die Bundesrepublik Deutschland, Bonn 1971, Band 1, Bericht der Interministeriellen Arbeitsgruppe beim Bundesministerium des Innern an die Bundesregierung, Band 2, Materialband (Gutachten, Empfehlungen, Stellungnahmen). Ich habe oben den Text des Vortrages — wie auch sonst — nicht geändert.

[70] Vergl. auch *W. Steinmüller,* EDV und Recht, S. 81 ff. Die Beschreibung, die Steinmüller von dem universalen Informationssystem gibt, berücksichtigt jedoch noch nicht das Prinzip der gesellschaftlichen Offenheit.

[71] Vergl. dazu Kl. Grimmer, Social System-Engineering, in: DÖV, 24 (1971) S. 486; *M. v. Berg, U. Harboth, A. Jarass, B. Lutterbeck,* Schafft die Datenverarbeitung den modernen Leviathan?, S. 7; Das Kl-System, S. 70 ff., 94 ff.

[72] Zur Rolle der integrierten Informationssysteme in diesem Bereich siehe *E. Heinen* (Hrg.), Industriebetriebslehre, Wiesbaden 1972, S. 761-791.

[73] Vergl. dazu die Angabe bei *E. Dollenbacher,* Der numerierte Mensch, in: ÖVD 0 (1971) S. 39, daß in Industriebetrieben Datensätze mit 2300 Stellen je Mitarbeiter üblich seien.

[74] Zu solchen Netzen vergl. *A. Angermann* u. a., Analyse zum Datenvolumen und Datenverkehr, S. 119 ff.; *W. Thiel, H. Wenger,* On-line-Datenerfassung und Dialog, S. 26 ff.

privaten Verwaltungen ab [75] [76]. Nur geringfügig idealisiert stellt das Netz dieses umfassenden Informationssystems ein homomorphes Abbild der Gesamtgesellschaft dar, das außer der um Dimensionen größeren Komplexität erstmals in der Geschichte gesellschaftlicher Modellbildung die Dimension der Zeit mit abbildet [77]. Auf die gesellschaftskritischen Aspekte einer solchen Modellbildung kann ich hier nicht mehr eingehen [78]. Nur noch ein öffentlich-rechtlicher Aspekt: In einem solchen System werden Behörden der öffentlichen Verwaltung weniger durch die traditionellen verwaltungsrechtlichen Merkmale, sondern durch die Schnittstellen des Informationssystems und die Menge der diese Schnittstellen rechtmäßig passierenden Daten und Programme definiert sein [79]. Darum wird in solchen Systemen das Prädikat „Hoheitlich" für verwaltende Tätigkeit in solchen Informationssystemen nicht mehr sinnvoll verwendet werden können. Das Staats- und Verwaltungsrecht der Zukunft wird nahezu sein gesamtes Vokabular umdefinieren und die bisher für die traditionellen Rechtsprobleme gefundenen rechtlichen Lösungen neu überdenken müssen. Wohl nie in der Geschichte der Rechtswissenschaft stand eine rechtswissenschaftliche Disziplin vor einer solch umfassenden Aufgabe und wohl nie war eine Disziplin auf eine solche Aufgabe weniger vorbereitet [80]. Sollte diese Aufgabe von der Rechtswissenschaft nicht in dem durch die Politik und die Technik, insbesondere aber in dem durch die zur Verfügung stehende Finanzsumme bestimmten

---

[75] *Verwaltungsentscheidungen* sind als Gegensatz zu Entscheidungen des Top-Management und des politischen Systems aufzufassen. Welche Kriterien diese Unterscheidung definieren, braucht hier nicht erörtert zu werden. Die Betonung der *Verwaltungs*entschedungen soll nur das Mißverständnis vemeiden, als hielte ich die Ersetzung der Entscheidungen politischer Instanzen und des Top-Management durch EDV-Entscheidungen in größerem Umfang für möglich. Auf die hier auftauchenden systemanalytischen und methodischen Probleme vorwiegend mathematischer und metamathematischer Art kann hier nicht eingegangen werden.

[76] Zu den Parallelen zwischen öffentlichen und privaten Verwaltungen unter Datenverarbeitungsgesichtspunkten vergl. *Sp. Simitis,* Chancen und Gefahren der elektronischen Datenverarbeitung, S. 675 f., 672.

[77] Vergl. dazu *H. Fiedler,* Automatisierung im Recht und juristische Informatik I, in: JuS, 10 (1970) S. 432; *W. Steinmüller,* Rechtsinformatik, Elektronische Datenverarbeitung und Recht, in: Juristische Rundschau, (1971) S. 7; *ders.,* Rechtspolitische Bemerkungen zum geplanten staatlichen Informationssystem, in: *Th. Würtenberger,* Rechtsphilosophie und Rechtspraxis, Frankfurt/M., 1971, S. 81—87; *ders.,* Rechtsfragen der Verwaltungsautomation in Bayern, S. 28 f.

[78] Vergl. dazu die Andeutungen bei *Sp. Simitis,* Chancen und Gefahren der elektronischen Datenverarbeitung, S. 675 f.

[79] Vergl. dazu *H. R. Walter, R. A. Fischer* (Hrg.), Informationssysteme in Wirtschaft und Verwaltung, S. 266 ff. Nach DIN 44302, Stand 1968, Nr. 14, ist eine *Schnittstelle* definiert durch die Gesamtheit der Festlegungen über die physikalischen Eigenschaften der Verbindungslinien zwischen zwei EDV-Einrichtungen und die auf diesen Leitungen ausgetauschten Signale sowie über die Bedeutung der ausgetauschten Signale. Die juristische Problematik der Schnittstellen liegt natürlich bei der letzten Festlegung.

[80] Vergl. dazu *N. Luhmann,* Evolution des Rechts, in: Rechtstheorie, 1 (1970) S. 19 ff.; *ders.,* Positivität des Rechts als Voraussetzung einer modernen Gesellschaft, S. 187 f., 197.

Zeitraum[81] gelöst werden, dürfte die Wissenschaft vom öffentlichen Recht ihre gesellschaftliche Relevanz auf nicht absehbare Zeit eingebüßt haben. Ich teile nicht die Ansicht derer, die darin einen Fortschritt sähen.

Zusammenfassung

Juristische Bewertungen technischer Prognosen sind nicht abhängig vom Zutreffen der Prognosen. Daher dürfen Juristen hinsichtlich der Datenverarbeitung technische Utopisten sein. – Definitionen – Prinzipien geplanter öffentlicher Informationssysteme: Prinzip der Einmalermittlung und Einmalerfassung aller von der öffentlichen Verwaltung benötigten Informationen und Daten, Prinzip der Einmalspeicherung, Prinzip des wahlfreien oder direkten Zugriffs, Prinzip der Einmalprogrammierung, Prinzip der exekutiven Strukturierung der öffentlichen Informationssysteme, Prinzip der gesellschaftlichen Offenheit. – Klassische öffentlich-rechtliche Dogmatik gibt zur rechtlichen Bewertung von Informationssystemen kaum methodische Hilfe. Erforderlich ist daher eine Fortbildung des funktionalistischen Ansatzes. – Verfassung verbietet Herstellung von Persönlichkeitsprofilen als Zusammenstellung umfassender Datensätze über Personen. Da das geplante Bayerische Informationssystem die Herstellung von Persönlichkeitsprofilen ermöglicht, ist es verfassungswidrig. – Die Lernfähigkeit des rechtlich geordneten gesellschaftlichen Gesamtsystems verbietet den Erlaß von EDV-Programmen als normativ gültige Gesetzestexte. Die Legislative hat die Funktion der Aufgabendefinition, die Exekutive die Funktion der Aufgabenerfüllung durch Systemanalyse, Programmierung und Programmanwendung, die Judikative die Funktion der Kontrolle einschließlich der Kompetenz, verbindlich Programmänderungen verlangen zu können. Werden innerhalb der Gerichtsorganisation Normativtexte mit Hilfe von EDV-Anlagen automatisch angewandt, muß eine Justizbehörde – analog dem Grundbuchamt – der richterlichen Entscheidung vorgeschaltet werden. – Das Prinzip der gesellschaftlichen Offenheit öffentlicher Informationssysteme wird die traditionelle Auffassung von Staat und öffentlicher Verwaltung radikal infragestellen Das Netz der geplanten gemischt öffentlich-privaten Informationssysteme stellt ein homomorphes Modell der Gesamtgesellschaft dar. Öffentliche Verwaltung als Subsystem wird das Kennzeichen „Hoheitlich" weitgehend verlieren. Die Wissenschaft vom öffentlichen Recht wird für ihre Probleme neue Lösungen erarbeiten müssen. Für diese Aufgabe ist sie nicht gerüstet. Finanzknappheit ist daher in der Bundesrepublik zur Zeit das wichtigste rechtsstaatserhaltende Prinzip.

Summary

Legal valuations of technical prognoses are not dependent upon the truth of the prognoses. Therefore, as regards data processing jurists may be technical utopians. – Definitions – Principles of planned, public information systems: principle of the single inquiry and single recording of all information and data required by the public administration, principle of the single storage, principle of optional or direct access, principle of single programming, principle of executive structuring of public information systems, principle of social openness. – Classical public law dogmatics provide hardly any methodical help for the legal valuation of information systems. Therefore, an improvement of the functionalistic approach is required. The constitution forbids the preparation of personality profiles as a classification of complete sets of data about persons. Since the planned Bavarian information system makes possible the preparation of personality profiles, it is contrary to the constitution. The ability of the legally structured, total social system to learn prohibits the enactment of electronic data processing programs as legally valid statutory texts. The legislative branch has the function of defining the duty, the executive has the function of carrying out he duty through system analysis, programming and program application, and the judiciary has the function of inclusively con-

---

[81] Ohne Übertreibung kann man sagen, daß zur Zeit das wichtigste rechtsstaatserhaltende Prinzip in der Bundesrepublik die Finanzknappheit ist.

trolling the competence, to be able to demand compulsory program changes. If within the organization of the courts statutory texts are automatically applied with the help of electronic data processing equipment, a legal authority – similar to the land registry office – must be placed into the process prior to the judicial decision. – The principle of social openness of public information systems will radically cast doubts on the traditional view of the state and public administration. The network of the planned, mixed public-private information systems represents an homomorphic model of the entire society. Public administration as a sub-system will largely lose the designation "high ranking". The science of public law will have to achieve new solutions for its problems. It is not prepared for this task. Therefore, financial deficiency is the most important constitutionality-preserving principle in the Federal Republic of Germany at this time.

Jürgen Rödig

Axiomatisierbarkeit juristischer Systeme *

Übersicht

1 Vorbereitende Überlegungen

Eine Axiomatisierung rechtlicher Bereiche scheint, wenn man der noch im neueren rechtsmethodologischen Schrifttum vorherrschenden Meinung[1] vertraut, eine entweder undurchführbare[2] oder aber eine zwar durchführbare, jedoch

---

* Die folgende Abhandlung beruht auf Vorträgen an den Universitäten München und Bielefeld sowie in der Gesellschaft für Mathematik und Datenverarbeitung in Birlinghoven bei Bonn. In den sich an die genannten Vorträge anschließenden Diskussionen sind großenteils grundsätzliche Fragen aufgeworfen worden. Ich habe die diskutierten Fragen nahezu vollständig in die hier vorgelegte Studie einzubeziehen versucht. Dieser Umstand erklärt den Charakter der Abhandlung; er erklärt insbesondere die Weglassung einiger weiterer – ursprünglich vorgesehener – eher „technischer" Details.

[1] Prägnant insoweit namentlich *Viehweg,* Topik und Jurisprudenz, 3. Aufl. 1965, insbesondere §§ 7 f.; *Engisch,* Sinn und Tragweite juristischer Systematik, in: Studium Generale 10, 1957; *Canaris,* Systemdenken und Systembegriff in der Jurisprudenz, 1969, insbesondere S. 20 bis 29. – Eine vorzügliche Diskussion der in den angeführten Schriften vorgetragenen Argumente findet sich bei *Eike v. Savigny,* Zur Rolle der deduktiv-axiomatischen, Methode in der Rechtswissenschaft, in: Rechtstheorie, hrsg. *v. G. Jahr* und *W. Maierhofer,* 1971.

[2] Die „Undurchführbarkeit" ist teilweise im Sinne der Unanwendbarkeit der (klassischen Version der) mathematischen Logik auf normative Sätze gemeint. Vgl. insofern *Weinberger,* Können Sollsätze (Imperativa) als wahr bezeichnet werden?, Prag 1958; ders., Rechtslogik, 1970, S. 195; *Wagner-Haag,* Die moderne Logik in der Rechts-

eher schädliche als nützliche Sache[3] zu sein. Gegen die Verwendbarkeit der axiomatischen Methode wird insbesondere der weniger logische als vielmehr axiologische Charakter juristischen Argumentierens[4] ins Treffen geführt. Schlüsse von der Art, wie die Juristen sie zu ziehen pflegen, seien keineswegs jeweils schon von den angenommenen Prämissen her erklärbar. Schließlich sei es allemal die inhaltliche Evidenz, an welche der Jurist mit seinen Argumenten appelliere.[5] Aufgrund dieser und ähnlicher Überlegungen wird, wie erwähnt, die Axiomatisierbarkeit juristischer Systeme bereits im Grundsatz bestritten. Gesetzt jedoch den Fall, die erwähnten Einwände hielten nicht Stich. Die Gegner einer Axiomatisierung gäben sich gewiß nicht geschlagen. Nun nämlich käme man, und zwar erst recht, auf die Gefahren einer Axiomatisierung rechtlicher Bereiche zu sprechen. Derartige Gefahren scheinen in der Tat vorhanden zu sein:

Gilt axiomatisiertes Recht, so ist der Richter allem Anschein nach zumindest im Prinzip durch Automaten ersetzbar. Selbst unter der Voraussetzung, daß man den Richter nicht durch elektronische Rechner ersetzt, scheint jede Anwendung von axiomatisiertem Recht unweigerlich auf ein mit dem Funktionieren von Computern verwandtes Operieren mit juristischen Daten hinauslaufen zu müssen. Eine Axiomatisierung objektiven Rechts habe insbesondere so etwas wie einen Zementierungseffekt zur Folge. Das Recht behalte, wie man befürchtet, jeweils fortan den und nur den Inhalt, den man ihm anläßlich seiner Axiomatisierung gab. Die Möglichkeit, vermittels objektiver Interpretation der Gesetze eine Anpassung des Rechts an die sich stetig ändernden gesellschaftlichen Verhältnisse zu erreichen, sei einer Axiomatisierung zwangsläufig zum Opfer zu bringen. Ja man zögert nicht einmal, die axiomatische Methode in der zweifelhaften Rolle eines Werkzeugs der Machthaber totalitärer Staaten auftreten zu lassen. Auch insoweit sind die Gründe naheliegend.[6] Logische Perfektionierung trägt, wie man vermutlich befürchtet, auf dem Umweg über die Fixierung des gesetzten Rechts[7] zu einer Monopolisierung der Erzeugung objektiven Rechts bei den

---

wissenschaft, 1970, etwa S. 78 f., 81. Im Grundsatz abweichend *Rödig,* Kritik des normlogischen Schließens, in: Theory and Decision 2 (1972), S. 79 ff.; ders., Über die Notwendigkeit einer besonderen Logik der Normen, in: Jahrbuch für Rechtstheorie und Rechtssoziologie, 1972, sub II 2.

3 Vgl. insoweit beispielsweise *Arthur Kaufmanns* und *Winfried Hassemers* treffliche Einführung in „Grundprobleme der zeitgenössischen Rechtsphilosophie und Rechtstheorie", 1971, etwa S. 68: Konkrete Einwände gegen das Ziel einer strengen Axiomatisierung des Rechts, und zwar nicht nur Einwände gegen die Realisierbarkeit, sondern „auch die Wünschbarkeit einer Axiomatisierung", sollen sich unter dem Gesichtspunkt juristischer Hermeneutik ergeben. Die tatsächlich aaO erhobenen Einwände sind indessen eher abstrakter Natur; sie bedürfen der Diskussion (siehe nachfolgend 2.1, 2.2.1).

4 Vgl. insoweit namentlich *Canaris,* Anm. 1, S. 21 bis 25.

5 Siehe diesbezüglich *Engisch,* Anm. 1, S. 176.

6 Hierzu mit Nachw. *Hopt* in seiner eindrucksvollen Studie über „Finale Regelungen, Experiment und Datenverarbeitung in Recht und Gesetzgebung", JZ 1972, S. 65 ff. (S. 68, Fn. 12).

7 Was den Versuch einer Szientifizierung der juristischen Technik betrifft, so wäre laut *Viehweg* (Anm. 1, § 7 IV) u. a. erforderlich: „Eine strenge Axiomatisierung des gesamten Rechts verknüpft mit einem strikten Interpretationsverbot innerhalb des

– beliebig wenigen – Verfassern von Gesetzen bei. Deren Horizont sei es, der fortan den Spielraum der Gewinnung richtigerer Normen auf ein Minimum begrenze. Insbesondere die Rechtsprechung bekäme solche Begrenzung zu spüren; die ihr verbleibende Funktion erschiene in der Tat als „en quelque façon nulle".

Alle diese Einwände verdienen mit dem größten Ernst diskutiert zu werden. Es geht nicht an, sie beispielsweise als den schlichten Ausdruck des Unwillens gegenüber dem Aufkommen bislang ungewohnter Methoden, sozusagen als juristisches Hinterwäldlertum, zu diskreditieren. Die Anwendung der axiomatischen Methode wird zweifelsohne Auswirkungen haben, und zwar nicht nur Auswirkungen hinsichtlich des durch einen Axiomatisierungsversuch jeweils betroffenen rechtlichen Stoffes. Man kann es für durchaus geboten halten, der Anwendung der axiomatischen Methode so entschieden, wie es häufig geschieht, entgegenzutreten. Jedoch gerade angesichts des hohen Maßes an Verantwortungsbewußtsein, welches man zu investieren pflegt, sollte man die axiomatische Methode *als solche* so gut wie möglich kennen zu lernen versuchen.

Es ist dringend an der Zeit, von der Axiomatisierung rechtlicher Bereiche detaillierter zu sprechen, als dies üblicherweise geschieht[8]. Zahlreiche der Gefahren, die man im Zusammenhang mit der Anwendung der axiomatischen Methode auf juristische Systeme beschwört, würden bereits im Hinblick auf einige der für diese Methode kennzeichnenden Eigenschaften mit einer an Sicherheit grenzenden Wahrscheinlichkeit nicht mehr beschworen. Jedoch auch jener für die neuere rechtstheoretische Entwicklung so außerordentlich unfruchtbaren Kontrastierung von einerseits „formalen" und andererseits mehr „inhaltlichen" (wie insbesondere soziologischen, hermeneutischen sowie sprachphilosophischen) Konzeptionen[9] ist anders als durch eine scharfe Trennung dessen, was die moderne Logik will, von dem, was die moderne Logik weder sucht noch kann, nicht mit Erfolg entgegenzuwirken.

Systems, was am vollständigsten durch Kalkülisierung zu erreichen wäre". Demgegenüber setzt jedoch gerade eine Kalkülisierung, sofern man sich mit andern als mit ausschließlich syntaktischen Problemen befaßt, jeweils eine *Deutung* der verwendeten Kalküle voraus. Eine solche Deutung hat vermittels meta-sprachlicher Ausdrücke zu erfolgen. Wie diese Ausdrücke infolge ihrer Übersetzung in objektsprachliche Elemente aufhören sollen, *ihrerseits* der Interpretation zu bedürfen oder gar einer Interpretation unzugänglich zu sein, ist nicht ersichtlich. Auch mit der Anwendung der axiomatischen Methode hat ein Verbot von Interpretationen nichts zu tun. Diejenige Art der Szientifizierung juristischer Techne, welche *Viehweg* im Ergebnis auf eine so überzeugende Weise bekämpft, ist hinsichtlich ihrer Unbeweglichkeit gerade *nicht* durch den Einfluß der axiomatischen Methode, charakterisiert. Siehe hierzu nachfolgend 2.2.1, 3.2.2.3.

[8] Beispiel einer detaillierten und deshalb so aufschlußreichen Erörterung des Gegenstandes ist bereits erwähnte (Anm. 1) Studie von *Eike v. Savigny.*

[9] Mißverständlich insoweit auch *Esser,* Vorverständnis und Methodenwahl in der Jurisprudenz, 1970, S. 101 f. Vgl. ferner Anm. 3.

2 Unterscheidung des formalisierten Axiomatischen Systems vom axiomatischen System

2.1 Axiomatisches System

Eine in besonderer Weise von Emotionen begleitete Version der Ablehnung von Axiomatisierungsversuchen hängt mit der immer wieder anzutreffenden Identifizierung axiomatisierter Systeme mit formalisierten axiomatischen Systemen zusammen.

Die für formalisierte Systeme kennzeichnende Verwendung künstlicher Sprachen, namentlich logischer Symbole, löst nach wie vor das größte Unbehagen aus.[10] Gefühle sind als solche weder verifizierbar noch falsifizierbar; einer Diskussion zugänglich ist jedoch der folgende gegen eine Formalisierung juristischer Bereiche ins Treffen zu führende Aspekt. Was in einem Staate rechtens sei, soll möglichst jeder durch das objektive Recht Betroffene wissen. Würde das objektive Recht axiomatisiert, so scheint die schon heute ihrer Unverständlichkeit wegen beklagte Rechtsordnung unweigerlich den Rest an Verständlichkeit einbüßen zu müssen. Eine Parallele zur Tätigkeit der pontifices in der Frühgeschichte des römischen Rechts scheint nahezuliegen. Wie die zwecks Bezwingung einer Gottheit zu verwendenden Worte, so hielten jene Priester auch die für die Herstellung einer rechtlichen Bindung von Menschen zu gebrauchenden Formeln bekanntlich auf das strengste geheim. Eine in diesem Sinne priesterliche Tätigkeit braucht indessen, was die zeitgenössischen Logiker betrifft, nicht befürchtet zu werden: *Die Axiomatisierung eines Faches setzt dessen Formalisierung keineswegs notwendig voraus.*

Wir gehen aus von einem rechtlichen Gebiet, etwa von dem Gebiet des deutschen Wechselrechts. Vorausgesetzt sei ferner eine Abbildung dieses – je nach Definition des Begriffs „Gebiet" nur aus gedanklichen Elementen bestehenden – Gebiets in eine Menge von *Sätzen*.

(1) $\{s_1, s_2 \ldots, s_n\}$.

Welche Sätze zu der bei (1) genannten Menge gehören, ist eine schwierig zu entscheidende Frage. Man wird zunächst das Vorkommen einschlägiger Prädikate fordern. Man wird ferner verlangen, daß die Sätze, welche diese Prädikate enthalten, zugleich bestimmte Beziehungen zwischen den durch die Prädikate bezeichneten Attributen zum Ausdruck bringen. Wie daher einerseits das Vorkommen einschlägiger Prädikate nicht genügt, so braucht auf der anderen Seite das Vorkommen nicht einschlägiger Prädikate nicht schädlich zu sein.[11] Man würde, was das Vorkommen nicht einschlägiger Prädikate betrifft, lediglich

---

[10] Das Erlernen der für die Verwendung prädikatenlogischer Kalküle nötigen Symbolik dürfte bei weitem weniger Mühe bereiten als beispielsweise das Erlernen der deutschen Einheitskurzschrift; siehe zu alledem *Stegmüller,* Probleme und Resultate der Wissenschaftstheorie und Analytischen Philosophie, Bd. 1, 1969, S. 4f.

[11] Normalerweise werden freilich lediglich einschlägige Grundbegriffe sowie mithilfe ausschließlich dieser Begriffe definierte weitere (daher ebenfalls einschlägige) Begriffe berücksichtigt; vgl. etwa die – lesenswerte – Einführung in die axiomatische Methode bei *Essler,* Einführung in die Logik, 2. Aufl., 1969, S. 240 ff.

zu fordern haben, daß die betreffenden Sätze insoweit keinen auf sachlichen Annahmen beruhenden Inhalt besitzen. Eine in dieser Weise beschränkte Einbeziehung nicht einschlägiger Prädikate liegt um so näher, als sie im Ergebnis der Verwendung einschlägiger Prädikate innerhalb tautologischer Zusammenhänge entspricht. Ein einschlägiges wechselrechtliches Prädikat wäre beispielsweise ein an die Vorschrift des Art. 11 Abs. 1 WG angelehntes 4-stelliges Prädikat mit dem über zwei Personen a, b, über einem Wechsel c und über einem Zeitpunkt d erklärten Inhalt, daß a den Wechsel c zur Zeit d an b vermittels Indossaments überträgt.

Wir brauchen die Problematik der Abgrenzung der ein bestimmtes Gebiet abbildenden Sätze an dieser Stelle nicht näher zu verfolgen. Daß die Menge dieser Sätze unendlich sein wird, leuchtet bereits aufgrund der soeben entwickelten Kriterien ein: Gesetzt, die Menge sei endlich. Dann enthält sie wenigstens einen längsten Satz in dem Sinn, daß kein aus einer größeren Menge von kleinsten Zeicheneinheiten bestehender Satz zur selben Menge gehört. Man verknüpfe jenen Satz auf konjunktive Weise mit einem typographisch gleichen Satz. Dieser Satz ist wahr genau dann, wenn jener es ist,[12] und er geht über jenen auch nicht hinsichtlich der darin vorkommenden Prädikate hinaus. Er müßte also zu der das Gebiet abbildenden Satzmenge gehören, ist jedoch länger als jeder der nach Voraussetzung in der Satzmenge vorkommenden Sätze. – Der auf konjunktiver Verknüpfung beruhende Satz ist mit Bezug auf jeden der einzelnen miteinander verknüpften Sätze natürlich trivial, wie es überhaupt unendlich viele in unserer Satzmenge vorkommende zumindest relativ (zu anderen Sätzen) triviale Sätze geben wird. Andere Sätze wird man indessen nicht als Trivialitäten abtun können, und die Abbildung eines Gebiets scheint bedauerlicherweise allemal eine notwendig fragmentarische Sache zu sein.[13]

Ähnlich fragmentarisch ist dem Anschein nach jeder Versuch, eine aus hinreichend vielen, und zwar insbesondere eine aus unendlich vielen, Elementen bestehende Menge zu bestimmen. Nun kann man eine Menge aber anerkanntermaßen nicht allein durch Aufzählung ihrer Elemente, vielmehr auch durch Angabe einer diese Elemente als Elemente der Menge definierenden Eigenschaft, charakterisieren[14]. Was insbesondere die Bestimmung der zu einem Gebiet gehörenden Sätze betrifft, so kommt uns folgender Kunstgriff zustatten. Wir zeichnen den folgenden Umstand als die für diese Sätze kennzeichnende Eigenschaft aus. Die Sätze sollen die Eigenschaft haben, aus den zu einer Teilmenge der Gesamtmenge gehörenden Sätzen *logisch zu folgen*[15]. Unser Kunstgriff ge-

---

[12] „$(A^0 \wedge A^0)$" ist definitionsgemäß genau dann wahr, wenn „A^0" wahr ist und wenn „A^0" wahr ist, d. h. wenn „A^0" wahr ist.

[13] Vgl. insoweit die faszinierend klare Beschreibung der „vollkommensten" – nämlich der axiomatischen – Methode durch *Blaise Pascal:* „Sur l'esprit de la géometrie" und „De l'art de persuader", beide Abhandlungen abgedruckt in: „La Logique ou l'art de penser" (sog. „Logik von Port-Royal"), hrsg. v. *A. Arnauld* und *P. Nicole,* 1962. – Zur Einführung siehe *Klug,* Juristische Logik, 3. Aufl., 1966, S. 14 f.

[14] Siehe *Jürgen Schmidt,* Mengenlehre I, 1966, S. 21.

[15] Das soeben mengentheoretisch motivierte Kriterium für die Zugehörigkeit eines Satzes zu einem axiomatischen System von Sätzen trifft insbesondere auf die zu der Teil-

winnt naheliegenderweise in dem Maß an Effektivität, als es uns gelingt, eine möglichst kleine Teilmenge von der soeben beschriebenen Beschaffenheit zu finden. Es soll sich insbesondere um eine echte[16] Teilmenge handeln, und sie soll aus nur endlich vielen Elementen bestehen.

Die Menge $\{s_1, s_2, \ldots, s_k\}$ mit $k < n$ sei eine solche Teilmenge. Dann nennen wir jedes s_i $(1 \leq i \leq k)$ ein „Axiom" und jedes s_j $(k < j \leq n)$ ein „Theorem". Der Durchschnitt der Menge der Axiome mit der Menge der Theoreme ist leer. Die Vereinigung beider Mengen ist identisch mit der Menge (1). Diese Menge wird, mit anderen Worten, in einerseits Axiome und andererseits Theoreme gegliedert; wir nennen (1) unter dem Gesichtspunkt dieser Gliederung auch eine „Theorie".

Ein wissenschaftliches Gebiet braucht keineswegs allemal auf dieselbe Weise in Axiome und Theoreme gegliedert zu sein.[17] Was unser Beispiel betrifft, so läßt sich vielleicht auch die Menge der Sätze $s_2, s_3, \ldots, s_k, s_{k+1}$ als hinlängliche Menge von Axiomen betrachten. Die Menge der Theoreme bestünde mithin in der Menge $\{s_1, s_{k+2}, s_{k+3}, \ldots, s_n\}$. Jede Menge läßt sich, allgemein gesagt, als Menge von Axiomen betrachten, sofern wenigstens sämtliche Axiome den Schluß auf jede andere zum selben Gebiet gehörende Aussage erlauben.

Von „Axiomen" kann, wie sich bereits an dieser Stelle ergibt, nicht absolut die Rede sein. Jedes Axiom ist vielmehr als Element einer Menge von Axiomen, und diese Menge ist als das Ergebnis einer von mehreren Möglichkeiten der Einteilung einer Theorie in Axiome und Theoreme zu sehen. Ob ein Satz Axiom sei, sieht man ihm selbst nicht an. Schon in dieser Hinsicht also ist der Begriff des „Axioms" zu relativieren. Mit einer Axiomatisierung rechtlicher Bereiche wäre keineswegs eine Hervorhebung einzelner Rechtssätze in dem Sinn verbunden, daß diese und nur diese Sätze zum Ausgangspunkt von Beweisen gemacht werden könnten. Ist man andererseits zum Bekenntnis bereit, nicht über sämtliche der beispielsweise zum Wechselrecht gehörenden Sätze zu verfügen, also nur im Besitz von endlich vielen Sätzen zu sein, so kommt man jedenfalls in diesem Sinn um eine Anwendung der axiomatischen Methode gar nicht herum. Die Anwendung der axiomatischen Methode, also die Gliederung des einschlägigen Faches in Axiome und Theoreme, ist insoweit nicht nur möglich; sie ist sogar erforderlich. Problematisch ist allein, welche Mengen von Sätzen sich eignen, jeweils als hinreichende Mengen von Axiomen, als sogenannte „Axiomensysteme", zu fungieren. Es liegt nahe, beispielsweise die Menge der in einem Kodifikat vorkommenden Rechtssätze als ein solches Axiomensystem zu betrachten. Inwieweit diese Betrachtungsweise zulässig ist, soll alsbald

---

menge gehörenden Sätze selber zu: Jeder Satz x_i $(1 \leq i \leq n)$ folgt offenbar aus den Sätzen $x_1, x_2 \ldots x_n$; die Implikation

$$((x_1 \wedge \ldots \wedge x_i \wedge \ldots x_n) \rightarrow x_i)$$

gilt, da falsches x_i die implizierende Konjunktion falsifiziert, junktorenlogisch allgemein.

[16] M heißt „echte" Teilmenge von N, wenn jedes Element von M Element von N ist und es wenigstens ein Element von N gibt, das kein Element von M ist.

[17] Vgl. etwa *Eike v. Savigny,* Anm. 1, S. 328.

näher ausgeführt werden. Zuvor sind noch einige Bemerkungen betreffs der Formalisierung axiomatisierter Theorien am Platz.

2.2 Formalisierung axiomatischer Systeme

2.2.1 Formalismus

Die Gliederung der ein Gebiet abbildenden Aussagen in Axiome und Theoreme setzt eine Formalisierung dieser Aussagen nicht voraus. Aus den Sätzen, daß erstens jeder Angeschuldigte Beschuldigter ist und daß zweitens jeder Angeklagte Angeschuldigter ist (vgl. § 157 StPO), ist zwangslos auf den Satz zu schließen, es sei jeder Angeklagte Angeschuldigter. Man kann die beiden ersten Sätze als Axiome, den dritten als ein Theorem betrachten, und der Übergang von den Axiomen zu dem Theorem ist ausschließlich durch das Bestehen einer Folgerungsbeziehung bedingt. Auf die Verwendung einer künstlichen Sprache kommt es nicht an. Die Formalisierung stellt, wie gesagt, keine notwendige Voraussetzung für die Anwendung der axiomatischen Methode dar; sie ist indessen ein vorzügliches Instrument, *den Wert der Axiomatisierung voll zur Geltung kommen zu lassen.*

Es ist die Folgerungsbeziehung, der die axiomatische Methode ihre Stärke verdankt. Erst aufgrund der Möglichkeit, aus gegebenen Sätzen auf weitere Sätze zu schließen, läßt sich die unendliche Menge der ein gegebenes Gebiet abbildenden Sätze ohne inhaltlichen Verlust auf eine kleinere Menge, insbesondere auf eine endliche Menge von Sätzen, reduzieren. Sehen wir von Ausdrücken ab, die freie Variable enthalten, beschränken wir uns also auf Aussagen, so läßt sich die Folgerungsbeziehung wie folgt definieren. Ein Satz s_n folgte aus Sätzen $s_1, s_2, \ldots, s_{n-1}$, genau dann, wenn es ausgeschlossen ist, daß $s_1, s_2, \ldots$ und s_{n-1} wahr sind, s_n dagegen falsch ist[18]. Es folgt also insbesondere s_j aus s_i, wenn s_i falsch ist oder *wenn s_j wahr* ist. Gerade der zuletzt genannte Aspekt der Folgerungbeziehung ist für das juristische Schließen von besonderer Bedeutung.

Ohne Schwierigkeiten einzusehen sind zwar Schlüsse der folgenden Art:

Alle Logiker sind böse.
Einige Juristen sind nicht böse.
———————————————
Einige Juristen sind keine Logiker.

---

[18] Das Bestehen der Folgerungsbeziehung zwischen Ausdrücken $x_1, x_2, \ldots x_m$ einerseits und x_n andererseits ist exakterweise jeweils mit Bezug auf die für diese Ausdrücke infrage kommenden Interpretationen (also mithilfe der Zuordnung von Attributen (Eigenschaften, Beziehungen) zu Prädikaten, von Individuen zu Subjekten usf.) zu bestimmen. Kommen auch Ausdrücke vor, welche freie Variable enthalten, so sind die zu interpretierenden Ausdrücke zuvor mithilfe entsprechender Konstanten zu belegen. Stellt das Ergebnis der Belegung eine wahre Aussage dar, so spricht man hinsichtlich des verwendeten Belags auch von einem „Modell" des belegten Ausdrucks; hierbei wird freilich häufig nicht hinreichend zwischen Interpretation und Belegung unterschieden. Vermittels des Modellbegriffs kann man das Bestehen der Folgerungsbeziehung zwischen gegebenen Prämissen und einem weiteren Satz auch davon abhängig machen, daß jedes Modell der Prämissen (d. i. jeder Belag, der ein Modell jeder Prämisse ist) zugleich ein Modell des zu erschießenden Satzes ist.

Weniger einleuchtend sind bereits Schlüsse wie dieser:[19]

K hat genau 136 Walzer komponiert.
Jeder Walzer enthält mindestens 140 Takte.
Kein Walzer enthält mehr als 166 Takte.
―――――――――――――――
K hat mindestens 6 Walzer mit derselben Anzahl von Takten komponiert.

Der zuletzt angeführte Schluß weist folgende Besonderheit auf. Es sind zwar sämtliche Prämissen vorhanden. Die conclusio überrascht gleichwohl. Für zahlreiche Beispiele juristischen Schließens ist in gewisser Hinsicht die umgekehrte Situation charakteristisch. Die Schlüsse überraschen im Ergebnis nicht. In der Menge der Prämissen sind jedoch Lücken enthalten. Ein Schluß ist, wie erwähnt, schon dann berechtigt, wenn die conclusio stimmt. Weshab es denn auch naheliegt, in einer dem Juristen nicht ungewohnten Weise vom Ergebnis her zu denken. Gibt man aber nun vor, ein Ergebnis begründen zu wollen, so scheint die Wahrheit des Ergebnisses gerade nicht gesichert zu sein. In diesem Fall ist mithin nicht schon von der Wahrheit des zu erschließenden Satzes auf die Gültigkeit des Schlusses zu schließen. Bei Folgerungen der zuletzt erwähnten Art ist vielmehr eine Parallele zu dem sich an seinen eigenen Haaren aus dem Sumpf ziehenden Freiherrn von Münchhausen zu ziehen.

Das Argumentieren vom Ergebnis her stellt eine der gefährlichsten Versionen eines sozusagen „inhaltlichen Schließens"[20] dar. Eine nicht minder gefährliche Version des inhaltlichen Schließens ist die Praktizierung der sogenannten „begriffsjuristischen Methode" in dem Sinn, als man aus bestimmten Begriffen auf normative Sätze glaubt schließen zu können.[21] Als Beispiel sei der Schluß aus dem Begriff des Vertrages auf die Unzulässigkeit öffentlich-rechtlicher Verträge genannt. Tatsächlich lassen jeweils nur ein Satz oder eine Menge von Sätzen den Beweis auf eine weitere Aussage zu. Wenn man gleichwohl so tut, als werde bereits aus Begriffen geschlossen, so handelt es sich in Wirklichkeit um einen Schluß aus einer ebenso undefinierten wie häufig auch undiskutierten Menge von *mit dem betreffenden Begriff assoziierten Sätzen*. Diese Sätze sind, wie beispielsweise aus dem Schluß aus dem Begriff des Vertrages auf die Unzulänglichkeit öffentlich-rechtlicher Verträge[22] erhellt, nicht selten dringend einer Diskussion bedürftig. Jedoch gerade dadurch, daß man angeblich aus Begriffen schließt, werden sie der sachlichen Debatte entzogen[23].

---

[19] Das Beispiel ist angelehnt an ein Beispiel von *Mates*, Elementare Logik, 1969 (Amerikanische Originalausgabe 1965), S. 14.

[20] Ein Beispiel „inhaltlichen Schließens" ist das „bedeutungsbestimmte Folgern", wie *Weinberger* (vgl. Anm. 2, S. 77 f.) es aaO trefflich charakterisiert.

[21] Vgl. *Rödig*, Die Denkform der Alternative in der Jurisprudenz, 1969, § 29.6.

[22] Vgl. *Otto Mayer*, Zur Lehre vom öffentlich-rechtlichen Vertrage, in: Archiv für öffentliches Recht, 3. Bd. (1888), S. 3 ff. „Wahre" Verträge des Staates auf dem Gebiet des öffentlichen Rechts sind nach Auffassung *Mayers* nicht einmal „denkbar" (S. 42). Die als Prämissen für die Ablehnung öffentlich-rechtlicher Verträge infrage kommenden Sätze (z. B. Verneinung der Existenz wenigstens zweier gleichberechtigter Subjekte des öffentlichen Rechts usf.) werden charakteristischerweise nicht annähernd expliziert.

[23] Die „begriffsjuristische" Methode ist der axiomatischen Methode, wie man sieht, geradezu diametral entgegengesetzt. Gerade unter dem Gesichtspunkt der mathema-

Sinn der Formalisierung axiomatisierter Systeme ist der Versuch und nur der Versuch, der soeben angedeuteten Gefahren inhaltlichen Schließens Herr zu werden. Der Grundgedanke ist einfach. Kennzeichnend für das formalisierte axiomatische System ist die Verwendung einer „characteristica universalis" in der durch *Leibniz* formulierten Bedeutung des Ausdrucks[24]. Es handelt sich um den Gebrauch einer künstlichen Sprache in dem Sinn, daß man gedankliche Operationen durch ein geregeltes Operieren mit sprachlichen Elementen ersetzt. Die benutzte Sprache wird, wenn man so sagen darf, ihrem „eigentlichen" Zweck, nämlich dem Zweck der Mitteilung, entfremdet. Das nur noch als Gegenstand geregelter Operationen betrachtete Zeichen hört auf, auf einen von ihm verschiedenen Inhalt zu zeigen. Das Zeichen zeigt vielmehr im Sinn der scholastischen Kategorie der „materialen Supposition"[25] auf sich selbst. Das Zeichen gewinnt die Handfestigkeit eines kleinen Stückes Kalk. Wie mit einem „calculus"[26] kann man nunmehr mit ihm rechnen, und nur der höheren Berechenbarkeit wegen pflegen symbolisierte Kalküle an die Stelle natürlicher Sprachen zu treten.

Eine der durch künstliche Sprachen zu erfüllenden Funktionen ist die Abkürzungsfunktion. Kommt es nun aber darauf an, jeweils von geordneten Mengen von Symbolen dergestalt zu einer weiteren symbolischen Reihe überzugehen, daß diesem Übergang der Übergang von gegebenen wahren Gedanken zu einem weiteren wahren Gedanken entspricht, so sind auch kurze objektsprachliche Einheiten der Deutung bedürftig. Sie sind zu interpretieren, und sie haben aufgrund derartiger Interpretationen keine schwächere Bedeutung als die Bedeutung, welche die als definiens verwendeten metasprachlichen — insbesondere umgangssprachlichen — Zeichen besitzen[27]. Hermeneutische Probleme, die sich im Hinblick auf das Verständnis oder auch im Hinblick auf das Vorver-

---

tischen Logik ist jene Methode prinzipiell zu verwerfen. Es wäre außerordentlich irreführend, die zeitgenössische juristische Logik insoweit, als diese Logik sich logistischer Hilfsmittel bedient, als eine neue Erscheinungsform von Begriffsjurisprudenz zu charakterisieren.

[24] Eine hervorragende Einführung in *Leibniz*ens Idee des Formalismus vermittelt *Heinrich Scholz*, Abriß der Geschichte der Logik, 2. Aufl., 1959, S. 48 ff. (52 f.).

[25] Vgl. *Bocheński-Menne*, Grundriß der Logistik, 3. Aufl., 1965, § 2.11 und Anhang zu § 2.11; für ein tieferes problemgeschichtliches Studium ist *Bocheńskis* Formale Logik, 2. Aufl., 1962, § 27, zu empfehlen.

[26] Übers. „Steinchen" usf.

[27] Eine gewisse Härte liegt allenfalls in der Übersetzung umgangssprachlicher Ausdrücke wie „und", „ja sogar", „aber" usf. durch rein extensional konzipierte Faktoren. So würden etwa die als Beispiele angeführten Wendungen vermutlich durchweg vermittels eines und desselben Junktors, nämlich des Konjunktors, abzubilden sein. Vermittels des Konjunktors wäre auch die im Sinn des Gegensatzes gebrauchte Wendung „während" zu erfassen. Wird „während" demgegenüber temporal verstanden, so dürfte eine Quantifizierung von Variablen für Namen von Zeitpunkten die angemessene Methode sein. Spezifisch inhaltliche Satzelemente wie Subjektskonstanten und Prädikate büßen infolge ihrer Symbolisierung ohnehin nicht an sachlichem Inhalt ein. Kommt es beispielsweise darauf an, ob auch elektrischer Strom als „Sache" iSd § 242 Abs. 1 StGB anzusehen sei, so bleibt die Spannung dieser Frage ungeachtet des Umstands erhalten, daß man die Eigenschaft, Sache zu sein, mithilfe des einstelligen Prädikats „$Sa^1(.)$" symbolisiert.

ständnis umgangssprachlicher Prädikate ergeben, werden aufgehoben. Und zwar „aufgehoben" nicht im Sinn der Ausmerzung, vielmehr im Sinn der Aufbewahrung, ja geradezu der Konservierung. Zu Unrecht wird mitunter der Eindruck erweckt, als gingen mit der äußerlichen Kürze objektsprachliche Prädikate notwendigerweise die Armut ihres Inhalts sowie die Problemlosigkeit des Verständnisses ihres Inhalts einher. Selbst einige der vorzüglichsten neueren rechtsmethodologischen Schriften[28] sind von diesem Mißverständnis nicht frei.

2.2.2 Insbesondere maschinelles Beweisen

Mit der Kalkulierbarkeit logischen Schließens ist offenbar eine notwendige Voraussetzung für maschinelles Beweisen erfüllt[29]. Liegt es doch auf der Hand,

---

[28] Der Nutzen einer Kalkülisierung vermittels des „zweiwertigen reinen Aussagekalküls", vermittels „mehrwertiger Modelle einer prädikativen Semantik" sowie einer „deontischen Logik" (hierzu vgl. Anm. 2; den zweiwertigen Prädikatenkalkül scheint *Esser* nicht ins Auge zu fassen) endet laut *Esser* „am hermeneutischen Problem" (Vorverständnis und Methodenwahl in der Rechtsfindung, 1970, S. 102). „Dieses" (d. i. das hermeneutische Problem) erlaube es „nicht, die Implikationen im Rechtsbegriff und den begrifflichen Kriterien der Tatbestände durch unsprachliche Modelle verläßlich zu reproduzieren". Implikationen, also Aussagen, sind „im Rechtsbegriff" freilich allenfalls in einem sehr übertragenen Sinn enthalten; vgl. insoweit die Kritik der begriffsjuristischen Methode sub 2.1. Was ferner das Ergebnis der Symobilisierung von Begriffen und Aussagen betrifft, so haben wir es nicht etwa mit „unsprachlichen" Modellen zu tun. Es handelt sich lediglich um nicht *umgangssprachliche* Sprachen. Derartige Objektsprachen pflegen jedoch auf umgangssprachlicher Basis definiert zu werden, und die Bedeutung des (symbolischen) definiendum bleibt, wie schon gesagt, nicht bereits der Kürze des Symbols wegen hinter der Bedeutung des (umgangssprachlichen) definiens zurück. Mißverständlich ist es schließlich, daß *Esser* Kalkülisierungsversuche im Hinblick darauf rügt, es gingen derartige Versuche „irrig von der logischen Struktur der Rechtsnormen und ihrer Begriffe aus, statt von deren Sub- oder Infrastruktur" (aaO). Auszugehen ist sowohl von logischen als auch von „Sub- oder Infrastrukturen". Die Alternative zwischen beiden Ausgangspunkten ist unrichtig gestellt. Unbegründet ist ferner die von *Arthur Kaufmann* und *Winfried Hassemer* gehegte Befürchtung, es verliere der zur Entscheidung stehende Sachverhalt bei „richterlicher Entscheidung im Wege formalen Schließens aus der Gesetzesnorm" seinen Eigenwert (Grundprobleme der zeitgenössischen Rechtsphilosophie und Rechtstheorie, 1971, S. 69). Ein logisches Verfahren, welches die Ableitung einer richterlichen Entscheidung „im Wege formalen Schließens" abzuleiten erlaubte, existiert tatsächlich nicht. Das richterliche Schließen ist bereits in logischer Hinsicht komplizierter, als gewöhnlich angenommen wird; auf die Notwendigkeit der Einbeziehung mindestens einer dritten Prämisse in das Modell des richterlichen Schließens wird noch einzugehen sein (3.2.2.2). Gerade im Rahmen dieser Prämisse läßt sich der – mißverständlich so genannte – „Eigenwert" des zu entscheidenden Sachverhalts realisieren. Daß es diesen „Eigenwert" im Sinne des heuristischen Anstoßes zur Konkretisierung der generellen Norm bedarf und daß erst die konkretisierte Norm als Regelungsdeterminante taugt, heben *Kaufmann* und *Hassemer* durchaus überzeugend hervor. Eine den zu regelnden Sachverhalt an Konkretheit nicht erreichende Vorschrift ist der Anwendung auf diesen Sachverhalt bereits aus logischen Gründen nicht fähig; ließe sich hinsichtlich dieses Faktums Einigkeit erzielen, so bestünde Aussicht auf eine für die Entwicklung der rechtswissenschaftlichen Methodenlehre außerordentlich vorteilhafte Kooperation.

[29] Siehe beispielsweise *Hermes*, Einführung in die mathematische Logik, 2. Aufl. 1969, S. 36.

die Repräsentanten inhaltlicher Einheiten anstatt durch graphische Symbole durch technische Elemente – etwa mithilfe von elektronischen Kontakten, insbesondere elektronischen Schaltkreisen – zu verkörpern und das Operieren mit diesen Elementen einem seinerseits speicherungsfähigen Programm anzuvertrauen. Was namentlich die elektronische Verarbeitung juristischer Daten betrifft, so könnte man nach alledem versucht sein, die Axiomatisierung der einschlägigen juristischen Bereiche für eine unabdingbare Voraussetzung für den Einsatz automatischer Rechner zu halten. Jedoch *so* einfach läßt sie die Notwendigkeit der Anwendung der axiomatischen Methode leider nicht demonstrieren. Die logische Struktur der Arbeitsweise von Computern[30] stimmt mit der logischen Struktur der durch den Computer zu verarbeitenden Daten nicht etwa notwendig überein[31]. Was beispielsweise den Einsatz des Computers zu Doku-

[30] Es handelt sich beispielsweise um die geordnete Zusammenfassung zweier Mengen von Lochkarten. Es möge zwei Eingangskanäle I und II sowie einen Ausgangskanal III geben, ferner die Vorschrift, daß Karten aus I die „Vorfahrt" gebührt. Die Verbindung II – III soll, mit andern Worten, dann und nur dann zustandekommen, wenn in II eine Karte eintrifft und in I nicht. Sowohl das Eintreffen von Karten (im Gegensatz zum Nichteintreffen) als auch die Elektrifizierung des Weichenmechanismus (im Gegensatz zu dessen Ruhestellung) läßt sich durch jeweils den positiven zweier gegebener Werte interpretieren („x" für Eintreffen einer Karte in I, „y" für Eintreffen einer Karte in II, „z" für Verbindung II – III):

(1)

x	y	z
+	+	–
+	–	–
–	+	+
–	–	–

Es liegt auf der Hand, die Abhängigkeit der Ausgangsvariablen z von den beiden Eingangsvariablen x und y junktorenlogisch zu deuten. Eingangs- und Ausgangsvariable werden als Aussagenvariable betrachtet, als Wertbereich der Variablen figuriert die Menge der Wahrheitswerte {WA, FA}. Die sich unter der Ausgangsvariablen befindende Wahrheitswertkolonne stellt mithin den Wertverlauf einer gewissen 2-stelligen Aussagenfunktion dar. Diese Funktion ist aufgrund des sogenannten Repräsentantentheorems sowohl durch eine (kanonische) konjunktive als auch durch eine (kanonische) disjunktive Normalform repräsentierbar. Man wird, da die positiven Werte des Wertverlaufs die negativen Werte überwiegen, die disjunktive Normalform wählen. Sie besteht aus einem und nur einem Disjunktionsglied, nämlich der Konjunktion

(2) „$(\neg x \wedge y)$"
(vgl. die Zeile ⟨–, +, +⟩ in (1)).
Was die entsprechende Reihenparallelschaltung betrifft, so wird man trivialerweise folgende *Reihenschaltung* wählen, wobei der linke Kontakt (Ruhekontakt) beim Nichteintreffen einer Karte in I in Ruhe bleibt und der rechte Kontakt (Arbeitskontakt) sich beim Eintreffen einer Karte in II regt, d. h. den Stromkreis schließt:

(3)

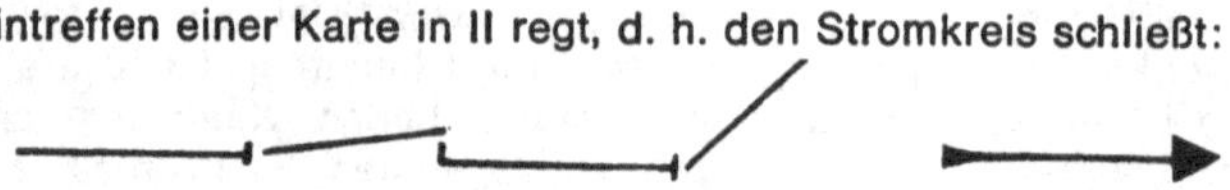

Vgl. zu alldem die vorzügliche Darstellung bei *Dworatschek,* Einführung in die Datenverarbeitung, 4. Aufl., 1971, S. 221 ff.

[31] Die Struktur des Verarbeitungsvorgangs ist, wie aus dem angeführten Beispiel (Anm. 30) erhellt, zwar durch die Einschlägigkeit eines logischen Zusammenhangs charakterisiert. Einen parallelen Zusammenhang zwischen den zu verarbeitenden einschlägigen Aussagen oder auch Begriffen wird man jedoch vergeblich suchen.

mentationszwecken betrifft, so reicht es aus, die zu verarbeitenden Dokumente unter einigen wenigen Gesichtspunkten zueinander in logische Beziehungen zu setzen. Jedoch auch unter dem Aspekt der elektronischen Datenverarbeitung ist der Versuch der Axiomatisierung der einschlägigen juristischen Gebiete keine überflüssige Sache:

Allein mit einer Anhäufung von Dokumenten braucht keineswegs eine Erleichterung der Tätigkeit des unter Zeitdruck über die betreffende Rechtsfrage entscheidenden Richters verbunden zu sein. Die in diesen Dokumenten vorkommenden Termini werden häufig trotz Gleichheit des Namens in verschiedenem Sinne gebraucht. Die systematischen Konzeptionen pflegen, soweit sie überhaupt vorhanden sind, in teilweise hohem Maß zu divergieren. Gleichwohl sind zahlreiche Dokumente erst vor dem Hintergrund derartiger Konzeptionen hinreichend zu erfassen. Wollte man nun aber jeweils den Gesamtzusammenhang dokumentieren, etwa den Inbegriff der einer richterlichen Entscheidung voraufgehenden einschlägigen Entscheidungen sowie der von dem Urteil – oft nur stillschweigend – in Bezug genommenen sonstigen Texte, so wäre alsbald die Grenze einer wirtschaftlich noch vertretbaren Elektrifizierung des Dokumentationssystems erreicht. Bewendet es indessen bei der Speicherung von isolierten Dokumenten, so braucht, wie schon gesagt, nicht etwa eine Reduktion von Komplexität die Folge zu sein. Die Anwendung einer Technik, die exakter ist als die Verhältnissse, auf die sie angewendet wird, kann vielmehr ihrerseits zu Orientierungsschwierigkeiten führen. Und zwar zu Schwiergkeiten dergestalt, daß die maschinelle Verarbeitung umgekehrt proportional zur Möglichkeit gedanklicher Verarbeitung erfolgt.

Gerade von der Anwendung der axiomatischen Methode darf man sich jene systematische Klärung versprechen, derer es im Hinblick auf eine effektive Dokumentation so dringend bedarf. Der Wert der Axiomatisierung für die Bewältigung der Synonymenproblematik liegt auf der Hand[32]. In diesem Zusammenhang ist der Entwurf von *Einschlägigkeitsmustern* zu erwägen, welche nach Möglichkeit von den Verfassern gerichtlicher Entscheidungen selber auszufüllen wären. Die in derartigen Mustern vorkommenden Begriffe wären jeweils inhaltlich im vorhinein zu normieren. Es wäre beispielsweise dahingehend zu differenzieren, ob die Verfasser der Entscheidung einen von ihnen gebrauchten Begriff definieren wollen, oder ob es ihnen darauf ankommt, ihn nur unter einigen von mehreren infrage kommenden Aspekten zu behandeln.

Wie für eine in der soeben skizzierten Weise „automationsgerechte" Rechtsprechung, so dürfte sich die Axiomatisierung rechtlicher Bereiche auch im Hinblick auf den Erlaß automationsgerechter *Gesetze*[33] als ein kaum zu überschätzender Vorteil erweisen. Doch damit nicht genug. Der Großteil der im Folgenden zu skizzierenden Überlegungen stellt eine auch im Hinblick auf die *allgemeine* Theorie der Gesetzgebung notwendige Vorarbeit dar. Es handelt

---

[32] Hinsichtlich der Einsetzbarkeit der elektronischen Datenverarbeitung zu Zwecken der Rechtsanwendung vgl. insbesondere die umsichtig informierende Darstellung bei *Simitis*, Informationskrise des Rechts und Datenverarbeitung, 1970, S. 95 ff.

[33] Siehe namentlich *Simitis* (Anm. 32), S. 84 ff.

sich um die Verwendung von Legaldefinitionen, um den Sinn der Voranstellung Allgemeiner Teile, um die Handhabung des sogenannten „Regel-Ausnahme-Prinzips" sowie vor allem um die Unterscheidung zwischen Rechtssatz und Norm (4).

3 Anforderungen an juristische Axiomensysteme

3.1 Widerspruchsfreiheit

3.1.1 Zum Prinzip der Widerspruchsfreiheit im Allgemeinen

Die Verwendung von Axiomen ist, wie wir gesehen haben, eine insbesondere für den Juristen selbstverständliche Sache. Es wäre jedenfalls eigenartig, wenn ein Jurist von sich behaupten wollte, ein aus wenigstens einem gültigen Rechtssatz bestehendes Rechtsgebiet Satz für Satz zu wissen. Sind doch bereits in einem aus wenigstens einem gültigen Rechtssatz bestehenden Rechtsgebiet nachweisbar unendlich viele Rechtssätze enthalten. Was für die Gliederung der ein Gebiet abbildenden Sätze in Axiome und Theoreme im allgemeinen gilt (2.1), das gilt für die *an Axiomensysteme zu stellenden Anforderungen* insbesondere. Auch im Hinblick auf diese Anforderungen ist die Anwendung der axiomatischen Methode auf das Recht nur scheinbar ein novum. Es geht, um das Ergebnis vorweg zu skizzieren, nicht etwa darum, ob die axiomatische Methode anzuwenden sei oder nicht. Es geht vielmehr darum, inwieweit man axiomatische Methode unter der Voraussetzung, *daß* man sie anwendet, auch exakt anwenden soll.

Friedrich Carl v. Savigny behandelt im ersten Band des Systems des heutigen Römischen Rechts[34] im Anschluß an die „Auslegung einzelner Gesetze" (§§ 33 ff.) die „Auslegung der Rechtsquellen im Ganzen" (§§ 42 ff). Unter dem „einzelnen Gesetz" wird weniger der isolierte Rechtssatz, also eine von andern Rechtssätzen durch Punkte, durch das Vorkommen in verschiedenen Paragraphen oder auf ähnliche Weise getrennte, Aussage verstanden. Es handelt sich vielmehr um das durch den Akt der Rechtssetzung, durch die Personen seiner Verfasser oder ähnlich gekennzeichnete *Kodifikat*[35]. Was demgegenüber die „Auslegung der Rechtsquellen im Ganzen" betrifft, so sind die Überlegungen *v. Savigny's* an dem damals in Deutschland anzutreffenden allgemeinen Quellenkreis orientiert; *v. Savigny*[36] nennt insoweit die Justinianischen Gesetze, das kanonische Recht, die Reichsgesetze, das wisssenschaftlich entstandene Gewohnheitsrecht sowie den Gerichtsgebrauch. Die besondere Problematik *dieses* Nebeneinander liegt in der Heterogenität der einzelnen Quellen[37]. Die hinsichtlich der „Auslegung der Rechtsquellen als Ganzes" genann-

---

[34] 1840.

[35] Aufschlußreich insofern etwa aaO. S. 262 bis 265. – An die innere Verwandschaft mit dem juristischen Begriff des „Kodifikats" knüpft mit Recht an *Fiedler*, Juristische Logik in mathematischer Sicht, ARSP 52 (1966), S. 93 ff. 36 S. 264.

[36] S. 264

[37] Die sowohl für das Verständnis als auch für das Vorverständnis von Rechtssätzen grundlegenden Unterscheidungen zwischen der Setzung eines Rechtssatzes durch genau einen Verfasser in genau einem Akt, durch einen Verfasser in mehreren Akten, durch mehrere Verfasser in einem Akt sowie durch verschiedene Verfasser in ver-

ten Maximen hätte *v. Savigny* demgegenüber bereits anläßlich der „Auslegung der einzelnen Gesetze“ vortragen können: Die Gesamtheit der verschiedenen Mengen von Rechtssätzen bilde „ein Ganzes, welches zur Lösung jeder vorkommenden Aufgabe im Gebiete des Rechts bestimmt ist. Damit es zu diesem Zweck tauglich sey, müssen wir daran zwey Anforderungen machen: *Einheit* und *Vollständigkeit*“ (System des heutigen Römischen Rechts, 1. Band, S. 262). Fehlende Einheit und Unvollständigkeit werden demgemäß als „die mangelhaften Zustände jenes Ganzen“ (S. 263) gesehen und mit den „an sich denkbaren Fällen“ mangelhafter einzelner Gesetze verglichen: I. Unbestimmter Ausdruck, der also überhaupt auf keinen vollendeten Gedanken führt. – II. Unrichtiger Ausdruck, indem der von ihm unmittelbar bezeichnete Gedanke von dem wirklichen Gedanken des Gesetzes verschieden ist“ (S. 222)[38].

Was nun die mangelhaften Zustände der Quellen im Ganzen betrifft, so erläutert *v. Savigny* die Gesichtspunkte der Einheit und Vollständigkeit wie folgt: „Fehlt die Einheit, so haben wir einen *Widerspruch* zu entfernen, fehlt die Vollständigkeit, so haben wir eine *Lücke* auszufüllen“ (S. 263). *Mit den Kriterien der Widerspruchsfreiheit sowie der Vollständigkeit sind nun aber keine anderen als die beiden wichtigsten Anforderungen an Axiomensysteme genannt.* Drittes Kriterium ist die *Unabhängigkeit* der Axiome; die Erfüllung dieser Anforderung braucht, wie wir sehen werden, nicht erwünscht zu sein.

Ein Axiomensystem, d. i. die Menge der innerhalb eines axiomatischen Systems vorkommenden Axiome, heißt „widerspruchsfrei“, wenn es nicht zwei Theoreme dergestalt gibt, daß das eine in einer Negation des anderen besteht. Sind zwei derartige Theoreme als Folgerungen aus den Axiomen zu gewinnen, so folgt aus den Axiomen auch die Konjunktion eines Satzes mit seiner Negation, also ein bereits aus logischen Gründen falscher Satz. Gesetzt, es gebe wenigstens ein Theorem von der Art einer solchen Konjunktion. Dann existiert, da eine Implikation nur bei Wahrheit des „Wenn“-Satzes und bei Falschheit des „dann“-Satzes unrichtig ist, keine falsche Implikation mit der genannten Konjunktion als „Wenn“-Satz. Die Implikation gilt mithin allgemein, und man kann den „dann“-Satz daher auch als eine Folgerung aus dem „Wenn“-Satz im Sinn der Folgerungsbeziehung (2.1) betrachten. Auf den Inhalt des „dann“-Satzes kommt es nicht an. Der „dann“-Satz kann insbesondere in einer falschen Aussage bestehen. Jeder Satz kann als „dann“-Satz fungieren, und es leuchtet einerseits ein, daß ein im Hinblick auf jeden Satz schlüssiges axiomatisches System sowohl trivial als auch in praktischer Hinsicht unbrauchbar ist[39]. Ein-

---

schiedenen Akten pflegen ein wenig vernachlässigt zu werden. Auf dieses Phänomen, das ersichtlich mit der Konzeption der juristischen Auslegung als einer „objektiven“ (d. h. den Auslegenden an der Bestimmung des Inhalts des auszulegenden Textes beteiligenden) Auslegung zusammenhängt, kann im Rahmen dieser Abhandlung nicht näher eingegangen werden.

[38] Hinsichtlich des logischen Zusammenhangs zwischen der Widersprüchlichkeit von Sätzen sowie terminologischer Uneinheitlichkeit siehe nachfolgend 3.1.2.

[39] Aus ähnlichen Gründen kann man solche Wahrheitsfunktionen nicht brauchen, welche ungeachtet der Wahrheit ihrer Argumente beispielsweise stets wahre Funktionswerte liefern; es handelt sich in diesem Fall, was die zweistelligen Wahrheitswertfunktionen

leuchtend ist andererseits eine weitere, und zwar zunächst überraschende Formulierung des Prinzipes der Widerspruchsfreiheit; ein Axiomensystem heiße „widerspruchsfrei" genau dann, wenn es wenigstens eine Aussage gibt, welche kein Theorem, welche mithin aus den Axiomen nicht erschließbar, ist. Sofern man die axiomatische Methode auf eine gegebene – insbesondere endliche – Klasse von Sätzen bezieht, so ist das Prinzip der Widerspruchsfreiheit in der Forderung enthalten, es dürften sich aus den diese Satzklasse axiomatisierenden Axiomen *nur* Elemente der Satzklasse oder auch Folgerungen aus Elementen der Satzklasse ergeben. Das Fehlen wenigstens eines aus den Axiomen erschließbaren Satzes stellt offenbar einen Sonderfall der zuletzt genannten – von *Eike v. Savigny*[40] unter dem Stichwort „Korrektheit" formulierten – Forderung dar. Man wird allerdings verlangen, daß die zu axiomatisierende Satzklasse ihrerseits auf keine Widersprüche schließen läßt, also ihrerseits bereits widerspruchsfrei ist. Ließe sie den Schluß auf Widersprüche zu, so wäre die Forderung nach „Korrektheit" durch jede Menge von Axiomen trivialerweise erfüllt. Auch bei der üblicherweise aufgestellten Forderung nach dem Fehlen wenigstens eines aus den Axiomen erschließbaren Satzes pflegt stillschweigend vorausgesetzt zu werden, daß das zu axiomatisierende Gebiet seinerseits keine Widersprüche enthält. Daß man das Prinzip der Widerspruchsfreiheit gleichwohl durchweg auf die Bildung von Axiomensystemen beschränkt, ist bemerkenswert. Was die Praxis der Axiomatisierung betrifft, so haben wir es in der Tat mit einem unter dem Gesichtspunkt der Logik vorgenommenen Eingriff in die zu axiomatisierenden Gebiete selbst zu tun: Widersprüche, die vielleicht in dem zu axiomatisierenden Gebiet enthalten sind, fallen mit der Bildung widerspruchsfreier Axiomensysteme notwendigerweise hinweg. Das zu axiomatisierende Gebiet hört auf, mit dem tatsächlich axiomatisierten Satzsystem identisch zu sein. Das tatsächlich axiomatisierte Satzsystem ist sozusagen von störenden Sätzen gereinigt. Welche Sätze stören, läßt sich natürlich logisch nicht entscheiden. Logisch entscheidbar ist nur, daß sich jeweils in einer Menge von wenigstens zwei Sätzen wenigstens ein Störer befindet.

3.1.2 Widerspruchsfreiheit juristischer Systeme

Der Terminus „Widerspruch" wird im rechtsmethodologischen Schrifttum häufig anders als in der mathematischen Logik verwendet[41]. Die Abweichungen sind teilweise außerordentlich verwirrend. *Engisch* führt als erste Kategorie von Widersprüchen in der Rechtsordnung die von ihm so genannten „gesetzestechnischen Widersprüche" auf; diese bestünden „namentlich in einer Uneinheitlichkeit der Terminologie" (Einführung in das juristische Denken, 5. Aufl., 1971,

---

betrifft, um die von *Bocheński-Menne* (Grundriß der Logistik, 2. Aufl., 1962, § 3.94) so genannte „Tautologie" (entgegengesetzter Fall, d. h. ausschließlich falsche Funktionswerte: „Antilogie"). – Auf die im logikwissenschaftlichen Schrifttum gebräuchliche Unterscheidung zwischen syntaktischer und semantischer Widerspruchsfreiheit ist hier nicht näher einzugehen.

[40] Anm. 1, S. 327 f.

[41] Insoweit klar und treffend *Schreiber*, Logik des Rechts, 1962, S. 57 ff. (59 bis 61).

S. 157). Uneinheitlichkeit der Terminologie liegt vor sowohl im Fall des Gebrauches eines und nur eines Namens für verschiedene Bedeutungen als auch im Fall des Gebrauchs wenigstens zweier Namen für eine und nur eine Bedeutung. *Engisch*[42] wählt als Beispiel u. a. den Beamtenbegriff. Gesetzt, es enthalte eine Rechtsordnung sowohl den Rechtssatz, es sei kein auf frischer Tat ertappter Beamter durch Private festnehmbar, kurz:

(2) *[2]* „$\forall p\ (Be^1(p) \rightarrow \neg\ Fp^1(p))$", AE

als auch den Satz, es dürfe ein auf frischer Tat ertappter Beamter, der keine Ernennungsurkunde besitzt, durch Private festgenommen werden:

(3) *[3]* „$\forall p\ ((Be^1(p) \wedge \neg\ Eb^1(p)) \rightarrow Fp^1(p))$" AE.

pe sei ein Beamter, dem keine Ernennungsurkunde ausgehändigt worden ist:

(4) *[4]* „$(Be^1(pe) \wedge \neg\ Eb^1(pe))$" AE.

Dann folgt aus (2) und (4) mithilfe des junktorenlogisch allgemeingültigen Schemas (5)

(5) „$(((A^0 \rightarrow \neg\ B^0) \wedge (A^0 \wedge \neg\ C^0)) \rightarrow \neg\ B^0)$"

der Ausschluß der Festnehmbarkeit von pe durch Private:

(6) *[2]* „$(Be^1(pe) \rightarrow \neg\ Fp^1(pe))$" *[2]* GB

(7) *[4, 6]* „$\neg\ Fp^1(pe)$" *[2, 4]* JL.

Aus (3) und (4) ergibt sich das glatte Gegenteil:

(8) *[3]* „$((Be^1(pe) \wedge \neg\ Eb^1(pe)) \rightarrow Fp^1(pe))$" *[3]* GB

(9) *[3, 4]* „$Fp^1(pe)$" *[3, 4]* JL.

Bedienen wir uns nunmehr anstatt nur eines Beamtenbegriffes zweier derartiger Begriffe[43], etwa der Begriffe „Be^1_1" und „Be^1_2". Der erste dieser Begriffe werde in (2), der zweite in (3) verwendet. Kommt nun in (4) der Begriff „Be^1_1" vor, so ist nur noch auf „$\neg Fp^1(pe)$", dagegen nicht mehr auf „$Fp^1(pe)$" zu schließen. Wird in (4) demgegenüber der Begriff „Be^1_2" gebraucht, so ergibt sich zwar „$Fp^1(pe)$", jedoch nicht „$\neg Fp^1(pe)$". Ein Widerspruch kommt mithin in keinem der beiden Fälle zustande. Wir haben, mit andern Worten, *einen nach Voraussetzung tatsächlich vorhandenen Widerspruch mithilfe einer uneinheitlichen Terminologie nicht etwa erzeugt, vielmehr behoben.* Die Parallelisierung der Uneinheitichkeit der Terminologie mit der Widersprüchlichkeit von Sätzen ist mit

---

[42] Einführung in das Juristische Denken, 5. Aufl., 1971, S. 157.

[43] In rechtlicher Hinsicht problematisch ist der umgekehrte Fall, nämlich die Existenz genau eines Namens für mehrere Arten von Beamten. Was diesen Fall betrifft, so kann sich einerseits der Anschein des Bestehens von tatsächlich *nicht* bestehenden Widersprüchen ergeben (vgl. insoweit das im Text folgende Beispiel). Es besteht jedoch andererseits Gefahr für die Behauptung *inhaltlich* unrichtiger Sätze. Angenommen, es gehe der strafrechtliche Beamtenbegriff über den staatsrechtlichen hinaus. Dann trifft der Ausdruck

„$\forall p\ (Be^1(p) \rightarrow Be^1(p))$"

zwar voraussetzungslos zu; ist innerhalb des (generalisierten) Implikats der staatsrechtliche Beamtenbegriff gemeint, so ist die generalisierte (= formale) Implikation durch jedes Beispiel eines lediglich „strafrechtlichen" Beamten widerlegbar. Was daher die Gefährlichkeit uneinheitlicher Terminologie betrifft, so ist sie der Gefährlichkeit von Widersprüchen *im Ergebnis* verwandt, und den Ausführungen von *Engisch* ist *insoweit* zu folgen.

der immer wieder anzutreffenden Identifizierung von Begriffen mit Aussagen[44] verwandt. Auf diese Ungenauigkeit ist bereits im Zusammenhang mit der Kennzeichnung der sogenannten „Begriffsjurisprudenz“ als eines Schließens aus Begriffen hingewiesen worden (2.2). Es handelt sich, um an das bereits erwähnte Beispiel anzuknüpfen, um Folgerungen aus dem Begriff des „Vertrages“. Weitere Beispiele derart folgenreicher Begriffe liefern die Privatautonomie, der Vertrauensschutz, nicht zuletzt Treue und Glauben. Mit der Vorschrift des § 242 BGB scheinen wir zugleich in unmittelbare Nähe zu überpositivem Recht vorgestoßen zu sein. Auch die in diesem Bereich dominierenden Begriffe wie die Begriffe der Gerechtigkeit, der Zweckmäßigkeit und der Rechtssicherheit werden zum Ausgangspunkt von Schlußfolgerungen genommen. Das ist nicht alles. Die Begriffe werden überdies in ein gegenseitiges Verhältnis der „Spannung“ gebracht[45]; wiederum ist ausdrücklich von „Widersprüchen“, und zwar von „Prinzipienwidersprüchen“, die Rede[46]. Auch derartige Widersprüche sind in den Kategorien der zeitgenössischen Logik nicht unterzubringen. Logisch nachvollziehbar wäre allenfalls die Herstellung eines Widerspruchs aus zwei Sätzen, von denen man den einen mit dem Begriff der Gerechtigkeit, den andern mit dem Begriff der Zweckmäßigkeit assoziiert. Jedoch gerade von einer auch nur einigermaßen verläßlichen Abbildung der genannten Begriffe in normative Sätze sind wir himmelweit entfernt. Höchst verwirrend ist es schließlich, den „Begriff“ im Sinne eines durch die Rechtsidee geförderten Rechtsinstituts mit einem bestimmten Rechtsverhältnis in Widerspruch zu setzen. Auch eine noch so zerrüttete Ehe „widerspricht“ nicht dem Ehebegriff[47]. Insbesondere eine Fortführung von *Hegel's* Lehre vom konkret-allgemeinen Begriff[48] erscheint in diesem Zusammenhang schwerlich als klärend.

Auch der sogenannte „Wertungs-Widerspruch“ oder auch der „teleologische Widerspruch“, wie *Engisch*[49] ihn beschreibt, ist meist kein „Widerspruch“ im logischen Sinn. Die Sätze, zwischen denen er bestehen müßte, pflegen auch in diesem Fall nicht explizit genannt zu sein. Man sollte sich, allgemein gesprochen, im Rahmen der juristischen Argumentation davor hüten, einen Begriff ins Treffen zu führen, ohne imstande zu sein, die mit diesem Begriff in diesem Zusammenhang assoziierten Rechtssätze jeweils ausdrücklich zu nennen. Die Befolgung der soeben formulierten Regel hätte vermutlich zahlreiche – teil-

---

[44] Die verheerenden Folgen der Identifizierung von Begriff und Aussage reichen bis in die rechtsdogmatische Erfassung des Begriffs der „Unterlassung“ hinein; siehe insoweit *Rödig,* Die privatrechtliche Pflicht zur Unterlassung, in: Rechtstheorie, 1972, Bd. 1, S. 1 ff.

[45] Vgl. *Radbruch,* Vorschule der Rechtsphilosophie, 1947, S. 23 ff.

[46] Vgl. *Engisch* (Anm. 42), S. 162 f.

[47] Vgl. aber *Larenz,* Methodenlehre der Rechtswissenschaft, 2. Aufl., 1969, S. 477.

[48] Siehe Anm. 47, S. 476 ff. – Was insbesondere die dem konkret-allgemeinen Begriff innewohnende Dialektik betrifft, so spricht wiederum einiges dafür, daß man zwar von *Begriffen* spricht, jedoch *Aussagen* meint. Nur zwischen Aussagen kommen Widersprüche zustande; die zwischen mehreren Gegenständen (oder deren begrifflichen Abbildungen) bestehende *Verschiedenheit* (=Diversität) ist eine von der *Widersprüchlichkeit* scharf zu unterscheidende logische Kategorie.

[49] Anm. 42, 2. 160 f. und 161 f.

weise außerordentlich fruchtlose – rechtswissenschaftliche Diskussionen verhindert.

Wer sich der axiomatischen Methode bedient oder sich dieser Methode auch nur zu bedienen versucht, ist im vorhinein nicht in Gefahr, vor lauter Begriffen die diese Begriffe enthaltenden Sätze aus dem Auge zu verlieren. Wer ein Satzsystem axiomatisiert, hat es natürlich auch mit Begriffen zu tun, und man betrachtet nicht umsonst die Definitionslehre als ein Element der Axiomatik im weiteren Sinn[50]. Wichtig ist jedoch, daß die zu definierenden Begriffe jeweils nur als – unselbständige – Elemente von Aussagen einen gedanklichen Inhalt zu produzieren vermögen, und daß es erst recht verfehlt wäre, sich von den entsprechenden Definitionen einen auch noch so bescheidenen sachlichen Gehalt zu versprechen. Definitionen müssen erstens rückgängig gemacht werden können (*Eliminierbarkeitskriterium*). Sie dürfen zweitens nicht in der Lage sein, Sätze über solche Inhalte beweisbar zu machen, die ohne die verwendeten Definitionen unbeweisbar wären (*Kriterium der Nichtkreativität*[51]). Beide Kriterien lassen korrekte Definitionen[52] als im Prinzip überflüssig erscheinen.

3.2 Vollständigkeit

3.2.1 Zum Kriterium der Vollständigkeit im Allgemeinen

Wie jede Axiomatisierung, so ist insbesondere die Anwendung der axiomatischen Methode auf juristische Systeme der Forderung der Widerspruchsfreiheit zu unterwerfen. Sofern der Jurist gleichwohl willens ist, Spannungen von der Art zu ertragen, wie sie angeblich – um nur ein Beispiel zu nennen – zwischen Gerechtigkeit und Rechtssicherheit bestehen, haben wir es weniger mit Konflikten im Sinne einander *widersprechender* Sätze als vielmehr mit der bloßen *Verschiedenheit* rechtspolitischer Gesichtspunkte zu tun (3.1.2). Man wird natürlich herausfinden wollen, bei welchen Modellen der Ausgestaltung dieser Zielsetzungen sich einander widersprechende rechtliche Sätze ergeben. Um dies zu erfahren, kommt man um eine Abbildung der betreffenden Aspekte, Zielsetzungen oder auch „Begriffe" in jeweils eine Menge von Sätzen nicht herum. Erst auf der Basis einer Menge von Sätzen ist sinnvoll nach Widersprüchen zu fragen. Kommen bei *dieser* Fragestellung Widersprüche heraus, so wird man sie entweder entfernen oder aber folgerichtig jeden noch so törichten Satz, namentlich jeden noch so widersinnigen Rechtssatz, als gültig anerkennen müssen (3.1.1).

Wie die Anwendung des Widerspruchsprinzips, so stellt auch die Befolgung der Vollständigkeitsmaxime eine vorzügliche Methode juristischer Selbstkritik dar. Die Forderung nach Vollständigkeit von Axiomensystemen wird im wissenschaftstheoretischen Schrifttum mithilfe verschiedener Formulierungen erho-

---

[50] Vgl. *Essler*, Einführung in die Logik, 2. Aufl., 1969, S. 248.

[51] Dieses Kriterium wurde erstmals 1931 durch *Lesniewski* formuliert; siehe Anm. 50, S. 252.

[52] Eine gute Einführung in die neuere Definitionstheorie gibt *Klug*, Juristische Logik, 3. Aufl., 1966, § 8 (S. 85 ff.).

ben[53]. Es liegt nahe, die Vollständigkeit eines Axiomensystems insbesondere folgendermaßen zu fassen. Gegeben seien zwei Ausdrücke, welche höchstens *einschlägige* Begriffe in einer nicht tautologischen Weise enthalten und von welchen der eine die Negation des anderen ist. Dann heiße das einschlägige Axiomensystem vollständig, wenn die Axiome den Schluß auf wenigstens einen der genannten Ausdrücke gestatten.

Bei der soeben angeführten Formulierung kann es mit folgenden zwei Einschränkungen bewenden. Gesetzt den Fall, daß die genannten Ausdrücke Variable enthalten, welche sich binden lassen. Dann kommt es darauf an, daß sie keine freien, d. h. keine nicht gebundenen, Variablen enthalten. Angenommen beispielsweise eine ungebundene 0-stellige Prädikatenvariable „A^0"; man kann auch von einer „Aussagenvariablen" sprechen. Verlangt man die Beweisbarkeit von „A^0" oder von „$\neg A^0$", so kann man bei Beweisbarkeit von „A^0" vermittels der Einsetzung einer falschen Aussage und bei „$\neg A^0$" vermittels der Ersetzung von „A^0" durch eine wahre Aussage einen falschen Ausdruck gewinnen.

Zweite Einschränkung: Gegeben zwei Aussagen, d. h. zwei 0-stellige Aussageformen, welche höchstens einschlägige Begriffe auf eine nicht tautologische Weise enthalten. Eine dieser Aussagen sei die Negation der andern. Gesetzt sodann, es sei von beiden Aussagen höchstens eine (Widerspruchsfreiheitsprinzip), aber auch mindestens eine aus den Axiomen beweisbar. Dann ist zwar „Vollständigkeit" in dem Sinn erreicht, daß sich aufgrund der Hinzufügung eines weiteren Axioms, welches eine nicht schon logisch wahre Aussage bezüglich der einschlägigen Begriffe enthält, ein Widerspruch ergäbe. Mit dieser Art von „Vollständigkeit" ist indessen keineswegs eine Deckung der aus Axiomen und Theoremen bestehenden Satzmenge mit der das zu axiomatisierende Gebiet abbildenden Menge von Sätzen erreicht. Es genügt nicht nur das Bestehen von jeweils einer von mehreren in sich widerspruchsfreien Beziehungen zwischen den einschlägigen Begriffen. Wie sich die einzelnen Begriffe zueinander verhalten, ist zwar erstens unter Vermeidung von Widersprüchen und Lücken, zweitens jedoch *auch auf eine inhaltlich determinierte Weise* zu bestimmen, und diese Kongruenz der axiomatisierten Theorie mit dem zu axiomatisierenden Gebiet, die wir als „materiale Kongruenz" bezeichnen, kommt nur mithilfe informeller Kriterien zustande.

3.2.2 Zur Vollständigkeit juristischer Systeme

3.2.2.1 Horizontale Vollständigkeit

Bereits das Studium des Grundsatzes der Vollständigkeit im Allgemeinen hat die Notwendigkeit der Einbeziehung außerlogischer Gesichtspunkte ergeben (3.2.1). Was insbesondere die Vollständigkeit juristischer Systeme betrifft, so geht dem Problem der Abdeckung eines juristischen Gebiets durch Axiome das Problem der Konturierung des Gebiets als solchen voraus. Es fragt sich, wel-

[53] Siehe insbesondere die subtile Darstellung bei *H. A. Schmidt,* Mathematische Gesetze der Logik I, 1960, S. 141 f. sowie 176 ff. – Vgl. ferner *Essler,* Anm. 50, S. 245 f.

che Begriffe überhaupt als einschlägige Begriffe darin vorkommen sollen, und zwar zunächst in *horizontaler* Hinsicht: So kann man beispielsweise einerseits versuchen, die im zweiten Buch des BGB enthaltenen Vorschriften zu axiomatisieren. Man kann es andererseits für zweckmäßig halten, sich auf die Vorschriften über die Miete oder den Dienstvertrag zu beschränken, dann jedoch weitere Kodifikate wie in diesem Fall arbeitsrechtliche und in jenem Fall mietrechtliche Rechtssatzsysteme einzubeziehen. Besondere Schwierigkeiten ergeben sich bei der Berücksichtigung Allgemeiner Teile. Auf diese Schwierigkeiten gehen wir später, wenn auch nur andeutungsweise, noch ein. Einzelheiten werden im Rahmen einer allgemeinen Theorie der Gesetzgebung abzuhandeln sein.

Auch auf die Existenz von *Lücken*, deren Beseitigung *Friedrich Carl v. Savigny* unter dem Stichwort „Vollständigkeit" behandelt (3.1.1), ist vielfach erst aufgrund der Annahme eines bereits in bestimmter Weise konturierten sachlichen Gebiets zu schließen, Es sei TB die Menge der unter die Tatbestände ausdrücklich statuierter Normen subsumierbaren Sachverhalte. Dann klafft nicht etwa hinsichtlich jedes zu TB, d. h. zum Komplement von TB, gehörenden Sachverhalts eine Regelungslücke. Betrachten wir beispielsweise die Menge der die Beschädigung einer Sache betreffenden ausdrücklich formulierten privatrechtlichen Sätze, insbesondere Sätze betreffend die Ersatzpflicht wegen unerlaubter Handlung sowie Sätze betreffend die sogenannte „Leistungsgefahr" (vgl. etwa §§ 243 Abs. 2, 270 Abs. 1, 300 Abs. 2 BGB). Alle diese Sätze sind vor dem Hintergrund des Satzes „casum sentit dominus" zu sehen, und eine Lücke ist weniger im Hinblick auf die von den Gesetzesverfassern erkennbar beabsichtigte Regelung als vielmehr im Hinblick auf die Absicht *ausdrücklicher Formulierung dieser Regelung* vorhanden.

Wir haben es erneut mit einem Problem der Gesetzgebungstechnik zu tun. Auf die Technik der Setzung eines Rechtsgebiets kommt es erst an, nachdem die zu setzende Regelung hinsichtlich ihres rechtlichen Inhalts konzipiert worden ist. Wenn man auch *insoweit* von „Lücken" spricht, so ist jedenfalls häufig nicht so sehr das Fehlen einer Regelung als vielmehr die Ablehnung von anderen, insbesondere von sich aus den jeweils sogenannten „allgemeinen Rechtsgrundsätzen" ergebenden[54], Rechtsfolgen gemeint. Das zu axiomatisierende Gebiet wird, wie man sieht, als solches als der Korrektur bedürftig angesehen. Erst das bereits korrigierte Gebiet ist im Sinn der axiomatischen Methode zu ordnen, und zwar zu ordnen insbesondere mit der Maßgabe, daß die jeweils als Axiome gewählten Sätze den Schluß auf sämtliche der das Gebiet abbildenden Sätze erlauben. Der Entwicklung eines vollständigen

[54] Charakteristisches Beispiel ist insoweit die „Ergänzung" des positiven Gesellschaftsrechts durch die für fehlerhafte Gesellschaften (insbesondere für fehlerhafte Gesellschaften auf mangelhafter Vertragsgrundlage sowie für Scheingesellschaften) ausgebildeten Normen. — Eine gründliche Diskussion des Lückenproblems kommt an dieser Stelle nicht in Betracht; vgl. insbesondere die eindringende Untersuchung von *Engisch* (Anm. 42, S. 134 ff.), von *Larenz* (Anm. 47, S. 350 ff.) sowie von *Canaris*, Die Feststellung von Lücken im Gesetz, 1964. Ein eindrucksvolles Beispiel für den kombinatorischen Aspekt des Lückeproblems gibt *Fiedler* (Anm. 35), S. 105 ff.

Axiomensystems geht, was den zuletzt beschriebenen Lücken-Typus betrifft, nicht wiederum eine Vervollständigung, vielmehr eine *Modifikation des zu axiomatisierenden Gebiets im Sinne einer Änderung bereits vorhandener Sätze,* voraus.

3.2.2.2 Vertikale Vollständigkeit

Gesetzt, wir unternähmen den Versuch, das Wechselrecht zu axiomatisieren. Mit der Erweiterung der im WG enthaltenen Rechtssätze um weitere Rechtssätze, die sich zum Teil im BGB oder in anderen Gesetzen befinden oder die gewohnheitsrechtlich anerkannt sein mögen, ist es, was die rechtliche Beurteilung konkreter Sachverhalte anbelangt, natürlich nicht getan. Noch in zeitgenössischen Darstellungen wird zu Unrecht der Eindruck erweckt, als könne es im Hinblick auf den Prozeß der Rechtsanwendung bei jeweils zwei und nur zwei Prämissen, nämlich einer – generellen – Rechtsnorm und der – individuellen – Beschreibung eines Sachverhalts, bewenden[55]. Es kommt vielmehr zusätzlich darauf an, den Sachverhalt in Richtung der zu generalisierenden Norm oder auch die Norm in Richtung des Sachverhalts zu konkretisieren. Es handelt sich beispielsweise um die Konkretisierung der als Substrate des Wechsels infrage kommenden körperlichen Gegenstände wie Papier, Karton oder das zur Anfertigung eines Zigarrenkistchens verwendete Holz. Doch damit nicht genug. Auch die durch die Norm statuierte Rechtsfolge bedarf der Konkretisierung, und es ist schließlich *die Konkretisierung des Tatbestandes mit der Konkretisierung der Rechtsfolge in Übereinstimmung zu bringen.* Gerade das zuletzt erwähnte Erfordernis scheint im einschlägigen Schrifttum nicht genügend berücksichtigt zu werden[56]. Was die für einen schlüssigen Vollzug des richterlichen Syllogismus erforderlichen Prämissen betrifft, so bedarf es *wenigstens einer dritten Prämisse, und diese Prämisse steht den herkömmlich anerkann-*

[55] Eine treffende Formulierung des herkömmlichen Modells des richterlichen Syllogismus findet sich bei *Hopt* (Anm. 6, S. 65): Es ist die Rede von dem „richterlichen Syllogismus mit seinen zwei Gliedern, der bestimmten Norm (praemissa maior) [gemeint ist, wie sich aus dem voraufgehenden Satz ergibt, der „gesetzlich normierte bzw. in Rechtsprechung und Rechtslehre präzisierte Obersatz"] und dem individuellen Sachverhalt (praemissa minor)". *Hopt* bezieht sich auf *Larenz* (Anm. 47), S. 228 ff. Das aaO, S. 230, verwendete Gleichheitszeichen ist, da man den Tatbestand nicht auch als Fall des Sachverhalts betrachten kann, als „$\in$" zu lesen, d. h. als Ausdruck für die Elementbeziehung. Der Implikator wäre entsprechend als Ausdruck für die Inklusion (kurz „$\subset$") aufzufassen. Trotz dieser Modifikation kommt kein Schluß auf eine konkrete Rechtsbeziehung zustande. Wie T, so hätte auch R konkretisiert werden müssen, und zwar nicht irgendwie, sondern in exakter Entsprechung zur Konkretisierung von T. – Der kritische Ansatz *Hopts* ist im Ergebnis berechtigt, und er wäre es auch in der Begründung, wenn tatsächlich dergestalt geschlossen werden könnte, wie die herkömmliche Konzeption des richterlichen Syllogismus dies suggeriert. Treffend dagegen *Rittner,* Verstehen und Auslegen als Probleme der Rechtswissenschaft, 1967, S. 53.

[56] Das ist verständlich: Es liegt nahe, den Rechtsanwendungsprozeß anhand der relativ übersichtlichen Anwendung von objektivem Strafrecht zu exemplifizieren (vgl. Anm. 52, S. 47 ff.), und strafrechtliche Rechtsfolgen pflegen nicht in derselben Weise wie privatrechtliche Rechtsfolgen konkretisiert und in ihrer konkrete Fassung auf entsprechend konkretisierte Tatbestände bezogen zu werden.

ten Prämissen in ihrer logischen Dignität durchaus gleich[57]. Auch insoweit also setzen die jeweils einschlägigen Rechtsgebiete, indem sie ein gewisses Abstraktionsniveau nicht unterschreiten, inhaltliche Komplettierung voraus. Ein System von analytischen Sätzen dergestalt, daß der Prozeß der Subsumtion als ein quasi-logisches oder gar als logisches Verfahren erschiene, pflegt nicht zur Verfügung zu stehen.

Es wäre wiederum verfehlt, sich von der Anwendung der axiomatischen Methode die Erfüllung einer nicht einmal durch das zu axiomatisierende Gebiet selbst erfüllten Forderung zu versprechen. Abwegig ist namentlich jenes teilweise zu Abschreckungszwecken entworfene Bild eines Richter-Computers, welches die Vorstellung suggeriert, als sei eine lediglich mit allgemeinen Rechtsnormen sowie mit Sachverhaltsdaten gefütterte elektronische Datenverarbeitungsanlage konkrete rechtliche Sollenssätze auszugeben imstande[58]. Auch diese Vorstellung ist nur vor dem Hintergrund der herkömmlichen Konzeption des richterlichen Schließens zu erklären. Die technische Phantasie geht ersichtlich über das logisch Realisierbare hinaus.

Erst ein bis auf die Sachverhaltsebene hinunter konkretisiertes Rechtsgebiet stellt eine lückenlose Regelung dar. Eine solche Vollständigkeit ist weder durch die fleißigsten Kommentatoren noch durch die speicherungsfähigsten Rechner erreichbar. Bei welchem Abstraktionsniveau man jeweils stehen bleiben solle, ist nach Gesichtspunkten der Zweckmäßigkeit zu entscheiden. Ein wichtiges – wenngleich keineswegs das einzige oder auch das einzig richtige – Kriterium bildet der Übergang von der Umgangssprache in die juristische Fachsprache i. e. S.[59]. Auch die Frage nach dem jeweils angemessenen Konkretionsgrad bildet eines der im Rahmen einer allgemeinen Gesetzgebungstheorie zu behandelnden Themen.

3.2.2.3 Beweisvollständigkeit

Logische Kriterien sind weder im Hinblick auf die Breite (3.2.2.1) noch im Hinblick auf die Tiefe – nämlich auf das Ausmaß der Konkretisierung (3.2.2.2) – des zu axiomatisierenden Gebiets ausfindig zu machen. Wir können uns insbesondere auf den Entwurf von sehr kleinen, von sozusagen „mikro-axiomatischen", Systemen beschränken. Gegeben sei die Herleitung eines Satzes aus anderen Sätzen. Man kann die zuletzt genannten Sätze, also die Prämissen des Beweises, als die Elemente eines axiomatischen Systems betrachten[60]. Die Konklusion erscheint als eines der aus den Axiomen herleitbaren Theoreme. Der gewöhnlich auf das Verhältnis zwischen dem Axionssystem und dem zu axiomatisierenden Gebiet abgestellte Begriff der „Vollständigkeit" läßt sich

---

[57] Einzelheiten finden sich in einer demnächst erscheinenden Schrift betreffend die Struktur des Rechtsanwendungsprozesses.

[58] Mißverständlich insoweit auch *Viehweg* (Anm. 1, § 7 IV, letzter Absatz).

[59] Wichtig diesbezüglich namentlich die Analysen *Essers* (Anm. 2, S. 46 f.); aufschlußreich auch *Brinkmann*, Juristische Fachsprache und Umgangssprache, in: ÖVD 2 (72), S. 60 ff.

[60] Vgl. insofern auch *Klug* (Anm. 52), S. 175.

nunmehr mit Bezug auf die Herleitbarkeit des zu beweisenden Satzes relativieren: Der Beweis heiße „vollständig", wenn er sämtliche der für die Herleitung des Satzes erforderlichen Prämissen enthält.

„Vollständigkeit" im Sinne der Beweisvollständigkeit ist ein Gesichtspunkt ausschließlich logischer Art. Das Gebot der Wahrung dieser Art von „Vollständigkeit" gilt für juristisches Argumentieren uneingeschränkt. Namentlich begriffsjuristische Gedankengänge sind durch das Fehlen von Prämissen charakterisiert (2.2.1, 3.2.1). Normative Sätze sind durch Rechtsgebriffe nicht ersetzbar. Auch mithilfe der Berufung auf Rechtsgüter oder gar auf Interessen sind rechtliche Normen, die man für die Herleitung konkreter Sollenssätze benötigt, nicht zu substituieren. Entscheidungen „aus der Interessenlage heraus" stehen insoweit begriffsjuristischen Gedankengängen gleich. Man sollte sie nicht minder vermeiden wie Begründungen „vom Ergebnis her" (2.2.1). Es ist ein für die Entwicklung der rechtswisssenschaftlichen Methodenlehre bemerkenswertes Faktum, daß sich selbst führende Autoren zum Zweck, die Begrenztheit des Wertes deduktiver Verfahren zu demonstrieren, auf das Phänomen des „Vorverständnisses" berufen[61]. Hinsichtlich des logischen Aspekts des „Vorverständnisses" ist zweierlei zu sagen:

Erstens. Ist ein Rechtsgebiet erst im Sinne von entweder so oder so verstandenen Normen der Anwendung auf Sachverhalte fähig, so stellt das Rechtsgebiet weder einen im Sinn der vertikalen Vollständigkeit (3.2.2.2) noch im Sinn der Beweisvollständigkeit „vollständigen" Inbegriff von Rechtssätzen dar. Eine der Bedingungen für logisch korrekte Deduktionen ist nicht erfüllt.

Zweitens. Eines der zwecks Vervollständigung angewendeten Mittel kann die Ermittlung der von den *Gesetzesverfassern*, ein anderes Mittel kann die Berücksichtigung der von dem *Gesetzesinterpreten* subintelligierten Gesichtspunkte sein. Das neuere Schrifttum betont interessanterweise Gesichtspunkte der zuletzt genannten Art.

Um was für Gesichtspunkte es sich nun immer handle, so haben wir es doch jedenfalls mit Elementen der Begründung rechtlicher Normen oder auch konkreter Sollensurteile, folglich mit Elementen von andernfalls unvollständigen Beweisen zu tun. Die Vervollständigung von Beweisen ist Erfüllung einer logischen Notwendigkeit, und die Erfüllung logischer Notwendigkeiten ist kaum das richtige Mittel, das Bestehen derartiger Notwendigkeiten infrage zu stellen. Auch mit der Berufung auf Topik ist nur scheinbar eine Alternative zur axiomatischen Methode gewonnen. Lassen wir einmal unsinnige wie sinnlose[62] Topoi außer acht, ebenfalls solche Topoi, welche lediglich in (weder wahren noch falschen, vielmehr erst als Bestandteile von Gedanken bzw. Sätzen relevanten) *Begriffen* bestehen. Dann ist betreffs des dem Topos zukommenden Aussagegehalts danach zu unterscheiden, ob die Aussage sachlich informiert oder aber

---

[61] Treffend *Brinkmann* (Anm. 59, Fn. 37) im Hinblick auf *Esser* (Anm. 2), S. 101 f.

[62] Als Sonderfall eines sinnlosen, nämlich keinen — wahren oder falschen — Aussagegehalt besitzenden Topos' soll hier auch die Ausdrucksform der *Frage* gelten; hinsichtlich der Bedeutung der Frage für die Präzisierung des Begriffs des Topos' vgl. *Rödig* (Anm. 21), § 9.2.

tautologisch ist. Der tautologische Topos ist als Inhalt eines logischen Axioms oder als Grundlage einer Folgerung (2.1, 2.2.1) verwendbar. Der sachlich informierende Topos liegt demgegenüber entweder neben der Sache, d. h. es kommt auf gerade diese Information im Rahmen gerade dieses Begründungszusammenhanges nicht an. Oder aber der Topos ist die Begründung zu ermöglichen oder auch abzusichern geeignet. Dann handelt es sich wiederum um ein Mittel zur Vervollständigung von andernfalls lückenhaften Deduktionen.

Auf einer offenbar unrichtigen Sicht der axiomatischen Methode würde insbesondere die Kontrastierung axiomatischer Systeme mit sogenannten „beweglichen" Systemen beruhen. Der Vorteilhaftigkeit „beweglicher Systeme" redet namentlich *Wilburg* in seiner Grazer Rektoratsrede vom 22. November 1950[63] das Wort. *Wilburg* legt anhand mehrerer „Grundsätze" wie beispielsweise des konkursrechtlichen Grundsatzes der Gleichheit pfandloser Gläubiger[64] dar, es seien derartige Grundsätze uneingeschränkt kaum einmal anzuerkennen. Sie seien vielmehr der Relativierung durch weitere Gesichtspunkte bedürftig, und sogar das Verhältnis jeweis mehrerer Gesichtspunkte sei, wie *Wilburg* am Beispiel des Schadensrechts („des Nervenzentrums des Privatrechts"[65]) demonstriert, elastisch zu gestalten. Die Haltlosigkeit uneingeschränkt geltender Grundsätze macht *Wilburg* insbesondere anhand ihrer Konsequenzen plausibel. Ein durchaus axiomatisches Verfahren: Die Haltbarkeit eines Rechtssatzes läßt sich nicht besser prüfen als dadurch, daß man den Satz als Axiom einführt und aus diesem Axiom auf offensichtlich untragbare Theoreme oder auch auf Widersprüche zu anderen Sätzen schließt, von denen vorausgesetzt worden ist, daß sie keine Einschränkungen erleiden sollen. Ob man einen Rechtssatz einschränkungslos anerkennt oder nicht, hat nach alledem mit der Frage, ob man den Rechtssatz als Axiom auftreten lasssen solle, nicht das Geringste zu tun. Der von *Viehweg* verwendete Begriff des „Axioms" ist nicht der Begriff „des Axioms" im Sinn der zeitgenössischen, namentlich durch die Lehre *David Hilbert's*[66] geprägten, axomatischen Methode. Nur mithilfe der Verwendung vor-*Hilbert*scher Vorstellungen ist es *Viehweg* gelungen, den Juristen gegenüber axiomatischen Systemen mißtrauisch werden und „bewegliche Systeme" als Beispiele einer anderen als der axiomatischen Formen des juristischen Denkens erscheinen zu lassen.

Die Beweglichkeit eines Systems kann sowohl auf der Möglichkeit der Hinzufügung als auch auf der Möglichkeit der Streichung als auch auf der Möglichkeit der Ersetzung von Axiomen durch andere beruhen. Beweglich pflegt insofern insbesondere jedes System von Rechtsanwendungsprozessen zu sein. Die im Rahmen von Rechtsanwendungsprozessen verwendeten Sätze stellen teilweise Sachverhaltsbeschreibungen dar, und derartige Beschreibungen sind von

---

[63] Entwicklung eines beweglichen Systems im bürgerlichen Recht, 1950.

[64] Vgl. Anm. 63, S. 6 ff.; ferner ders., Gläubigerordnung und Wertverfolgung, in: Jur. Blätter, 1949, S. 29 ff.

[65] Anm. 63. S. 11.

[66] Bahnbrechend insoweit der 1923 gehaltene Vortrag über „die logischen Grundlagen der Mathematik", teilweise abgedruckt bei *Bocheński,* Formale Logik, 2. Aufl., 1962, § 38.28.

Fall zu Fall verschieden. Gerade anläßlich der Rechtsanwendung tut man gut, auf „Vollständigkeit" im Sinne der Beweisvollständigkeit zu achten. Die herkömmliche — dreigliedrige — Konzeption des richterlichen Syllogismus ist, wie bereits erwähnt (3.2.2.2), die Konzeption eines infolge der Unvollständigkeit der Prämissen unzulässigen Schlusses. Ein unbewegliches System von Rechtsanwendungsprozessen, beispielsweise ein unbewegliches System für die Anwendung des Strafrechts, müßte die Beschreibung sämtlicher einschlägiger Sachverhalte, in unserem Beispiel also die Beschreibung sämtlicher vergangener, gegenwärtiger und zukünftiger Straftaten, enthalten. Niemand kommt auf die Idee, ein derartiges System zu fordern. Es ist vielmehr eine Selbsverständlichkeit, daß man die Menge der für das zu beweisende Urteil erforderlichen normativen und faktischen Ausgangssätze verschieden bestimmt. Der Qualität dieser Sätze als Axiome tut das keinen Abbruch, und es ist für den herkömmlichen juristischen Gebrauch des Begriffs „Axiom" charakteristisch, daß man den Terminus auf generelle normative Sätze beschränkt, den Terminus also weder für Sachverhaltsbeschreibungen noch für solche Rechtssätze verwendet, die bereits in Richtung der zu subsumierenden Sachverhalte konkretisiert worden sind.

3.3 Unabhängigkeit

Das Kriterium der Unabhängigkeit von Axiomensystemen wird gewöhnlich folgendermaßen formuliert. Ein Axiomensystem heiße „unabhängig" genau dann, wenn keines der Axiome von den übrigen deduziert werden kann. Die mit dem Ausdruck „Unabhängigkeit" gemeinte Eigenschaft von Axiomensystemen ist indessen einer schärferen Fassung bedürftig. Möglicherweise stellt ein Axiom die konjunktive Verknüpfung zweier elementarerer Sätze dar, und es folgt gerade einer dieser Sätze aus den übrigen Axiomen. Daher wird, was die Unabhängigkeit von Axiomensystemen betrifft, allgemein zu fordern sein, daß sich jeweils weder ein Axiom noch eine abgeschwächte — wenngleich noch informative — Fassung des Axioms aus den übrigen Axiomen herleiten lasse.

Um eine Frage der Unabhängigkeit würde es sich beispielsweise handeln, wenn der Verfasser eines Lehrbuchs des Sachenrechts betreffs der Vorschrift des § 946 BGB behauptete, diese Bestimmung sei eigentlich überflüssig; der Inhalt der Vorschrift sei bereits in den §§ 93 f. BGB enthalten. Für die Güte des Lehrbuchs würde diese Bemerkung nicht sprechen. Jedoch auf den sachenrechtlichen Aspekt des Beispiels kommt es an dieser Stelle nicht an. Mit dem Erfordernis der Unabhängigkeit von Axiomensystemen ist die Erfassung des Inhalts des zu axiomatisierenden Gebiets mithilfe einer möglichst kleinen Menge möglichst knapper Sätze gemeint. Es handelt sich im Grunde um die Formulierung des Prinzips der axiomatischen Methode überhaupt (2.1). Gleichwohl braucht eine strenge Beachtung des Unabhängigkeits-Erfordernisses nicht wünschenswert zu sein. Es kann vielmehr naheliegen, aus mnemotechnischen oder ähnlichen Gründen in beschränktem Umfang auch solche Sätze als Axiome anzusehen, deren Inhalt sich zumindest teilweise aus anderen — bereits als Axiome anerkannten — Sätzen ergibt. Würde man beispielsweise bei der Setzung eines Rechtsgebiets mehrere Fassungen unterscheiden, und zwar eine streng axiomatische, eine automationsgerechte sowie eine eher volkstümliche Fassung[67], so könnten sich hinsichtlich der zuletzt genannten Version Wiederholungen um der Verdeutlichung von Zusammenhängen willen durchaus als zweckmäßig erweisen.

4 Transformation von Rechtssätzen in Normen

4.1 Tücken paragraphenweiser Formalisierung

Sowohl die Gliederung der ein Gebiet abbildenden Sätze in Axiome und Theoreme (2) als auch die Anforderungen, welche man an Axiomensysteme zu stellen pflegt (3), sind für den praktizierenden Juristen durchaus selbstverständliche Dinge. Die gegen die Anwendung der axiomatischen Methode vorgetragenen Angriffe sind, sofern man sie genauer betrachtet, gegen eine andere als gegen die „axiomatische Methode" im Sinn der zeitgenössischen mathematischen Logik gerichtet. Insbesondere der richterliche Syllogismus, der als hauptsächliches Objekt jener Angriffe figuriert, ist ein purer Pappkamerad: Gerade der richterliche Syllogismus hält so, wie man ihn herkömmlicherweise versteht, den Anforderungen moderner Logik nicht stand. Eine Kritik von logisch korrekten Modellen juristischen Denkens wäre selbst den scharfsinnigsten Trägern der neueren juristischen Methodenlehre nur schwerlich geglückt.

Dankbare Objekte rechtsmethodologischen Scharfsinns sind demgegenüber gewisse Probleme der exakten Realisierung juristischer Axiomensysteme. So selbstvertändlich es ist, die axiomatische Methode im Prinzip zu befolgen, ebenso mühsam ist ihre Durchführung im Detail. Es liegt natürlich nahe, sich sowohl an der Sprache als auch an der inneren Ordnung gegebener Gesetzeswerke zu orientieren. In zahlreichen Lehrbüchern der modernen Logik[68] werden Beispiele für die Formalisierung umgangssprachlicher Sätze gebracht, und man freut sich schon darauf, die in den einzelnen Paragraphen rechtlicher Kodifikate enthaltenen Vorschriften Satz für Satz in eine symbolische Fassung zu versetzen. Lohn dieser Arbeit scheint die Möglichkeit zu sein, nunmehr auch mit rechtlichen Vorschriften rechnen zu können, und zwar rechnen zu können ähnlich wie mit den natürlichen Zahlen oder — genauer — wie mit *Giuseppe Peano's* Axiomen für die Theorie der natürlichen Zahlen[69].

Fangen wir an mit § 1 BGB. Die Rechtsfähigkeit des Menschen beginnt nach dieser Bestimmung „mit der Vollendung der Geburt". Was die logische Struktur der Vorschrift betrifft, sagt *Heller*: „Als gesetzlichen Tatbestand haben wir hier die Vollendung der Geburt, als Rechtsfolge den Eintritt der Rechtsfähigkeit.

---

[67] Auch ein Gesetz wie das BGB stellt keineswegs die geeignete Form eines Rechtslesebuchs dar. Ein derartiges Lesebuch würde nicht minder zweckmäßig sein als eine — selbstverständlich nicht jedermann verständliche — axiomatisierte Version des Gesetzes. Zweckmäßig wäre es, für *sämtliche* dieser Versionen zu sorgen; als die maßgebliche würde man vermutlich eine umgangssprachlich axiomatisierte Fassung anzusehen haben. Das „Verständlichkeitsproblem" (oben 1) wäre auf diese Weise *ohne Verlust* an Exaktheit gelöst.

[68] Lehrreich insoweit namentlich Anm. 19, S. 91 ff.

[69] Vgl. diesbezüglich *Hermes*, Einführung in die mathematische Logik, 2. Aufl., 1969, S. 13 f. und S. 20 f.

Im Hinblick darauf, daß jeder Mensch mit der Vollendung seiner Geburt nach unserem geltenden Recht rechtsfähig wird, kann gesetzt werden: $Tb \rightarrow Rf$. Andererseits ist man aber auch berechtigt, zu setzen: $Tb \rightarrow Rf$, da ein nasciturus noch nicht im Vollsinne rechtsfähig ist. Da mithin in beiden Richtungen eine Implikationsbeziehung besteht, haben wir hier eine Äquivalenz vor uns: $Tb \longleftrightarrow Rf$" (Logik und Axiologie der analogen Rechtsanwendung, 1961, S. 60). Sowohl die Vollendung der Geburt als auch das Erlangen der Rechtsfähigkeit sind offenbar auf menschliche Personen, und zwar auf jeweils eine und dieselbe natürliche Person, zu beziehen. Der Zusammenhang von Geburt und Rechtfähigkeit wird ferner nicht etwa nur hinsichtlich dieser oder jener bestimmten natürlichen Personen, vielmehr hinsichtlich sämtlicher der zu einer Rechtsgemeinschaft gehörenden Rechtsgenossen behauptet. Es bedarf daher ferner der Ersetzung der materiellen Äquivalenz

(20) „$(Tb \longleftrightarrow Rf)$"

durch eine formale. Es sei „p" eine Variable mit der Menge der Namen sämtlicher Rechtsgenossen als Wertbereich. „$Gb^1(.)$ bezeichne die Eigenschaft, die Geburt vollendet zu haben, „$Rg^1(.)$" die Eigenschaft, rechtsfähig zu sein. Dann ist man versucht, (20) wie folgt mithilfe einer formalen Äquivalenz zu reparieren:

(21) „$\forall p\, (Gb^1(p) \rightarrow Rg^1(p))$".

Jedoch Formel (21) ist, wie man anhand jedes zwar geborenen, jedoch auch schon verstorbenen Rechtsgenossen erkennt, widerlegbar[70]. Richtig ist nur

(22) „$\forall p\, (Rg^1(p) \rightarrow Gb^1(p))$",

doch von der in (22) enthaltenen Information wird man bei der Entscheidung aktueller Rechtsfälle absehen können.

Von erheblicher Bedeutung für eine adäquate Formalisierung rechtlicher Sätze ist der auch im einschlägigen Schrifttum stark vernachlässigte Gesichtspunkt der Zeit. Es liegt nahe, die soeben behandelten Prädikate „$Gb^1(.)$" und „$Rg^1(.)$" wie folgt durch den Bezug auf bestimmte Zeitpunkte (die entsprechende Variable laute „z") zu relativieren. „$Gb^1(.)$" geht über in das 2-stellige Prädikat „$Gb^2(.,..)$" als den objektsprachlichen Namen für die 2-stellige Beziehung, daß das an der Stelle . unbestimmt genannte Individuum zu dem an der Stelle .. unbestimmt genannten Zeitpunkt die Geburt vollendet. Ähnlich wird „$Rg^1(.)$" in „$Rg^2(.,..)$" transformiert: Erlangung der Rechtfähigkeit durch . zum Zeitpunkt .. . Mithilfe der soeben entwickelten Prädikate ist § 1 BGB nun aber in der Tat als eine formale Äquivalenz formulierbar:

(23) „$\forall p \forall z\, (Gb^2(p, z) \rightarrow Rg^2\, (p, z))$".

Formel (23) ist, wie man sieht, auf der Basis eines mehrsortigen Prädikatenkalküls[71] entwickelt. Verwendet man demgegenüber ausschließlich Variabeln mit jeweils derselben Menge von Konstanten als Wertbereich, so muß geklärt werden, daß es sich bei dem jeweils ersten Element des (geordneten) Paares „(p,z)" um die Andeutung des Namens einer natürlichen Person („$Pe^1(.)$"), beim zweiten Element um die Andeutung des Namens eines Zeitpunktes („$Zp^1(.)$") handelt.

---

[70] Mißverständlich insoweit auch Anm. 52, S. 42.

[71] Siehe *Hilbert-Ackermann*, Grundzüge der theoretischen Logik, 4. Aufl., 1959, S. 117.

Die Formel lautet dann:

(24) „$\forall p \forall z ((Pe^1(p) \wedge Zp^1(z)) \rightarrow (Gb^2(p, z) \rightarrow Rg^2(p, z)))$".

Bereits aus dem soeben diskutierten Beispiel kann man ein für die moderne Logik charakteristisches Faktum ersehen. Es gibt gar nicht „die logische Struktur" von Sätzen, insbesondere nicht „die logische Struktur" von Rechtssätzen, von welcher etwa *Esser*[72] spricht. Was die linguistische Analyse umgangssprachlicher Ausdrücke betrifft, so mag eine Verabsolutierung von Strukturelementen in gewissem Umfang gerechtfertigt sein. Wie man einen Satz dagegen logischerweise zerlegt, ob man namentlich ausschließlich einfache Terme oder auch zusammengesetzte Terme[73], ob man 0-stellige Prädikate (= Aussagen), 1-stellige oder mehrstellige Prädikate usf. verwendet: alle diese Vorgehensweisen gelten logisch gleich, und für welches Verfahren man sich entscheidet, ist allein durch Gesichtspunkte der Zweckmäßigkeit determinierbar. Es besteht insbesondere keinerlei logische Notwendigkeit, normative Sätze in jeweils eine normative sowie eine faktische Komponente zu gliedern, wie das — auf eine etwas mißverständiche Weise — im zeitgenössischen normlogischen Schrifttum[74] gerne geschieht: Die Gesolltheit des durch „A" beschriebenen Verhaltens mag durch „!A" gekennzeichnet werden (ist „!" als Anwendung eines Prädikats auf eine Aussage zu interpretieren?); nicht minder berechtigt wäre „Gb^0" sowie vor allem die Zuordnung des 1-stellig konzipierten Prädikats der Gebotenheit („$Gb^1(.)$") auf ein (nach Belieben vermittels eines zusammengesetzten Terms näher zu charakterisierendes) Verhalten ve:

„$Gb^1(ve)$".

Grenzen der Beliebigkeit der logischen Strukturierung des zu formalisierenden Satzes ergeben sich namentlich im Hinblick auf die Einbettung des Satzes in ein funktionierendes System solcher Sätze. So könnte es beispielsweise unzweckmäßig (wenngleich nicht „unlogisch") sein, entsprechende Prädikate im Rahmen mancher Rechtssätze durch den Bezug auf Zeitpunkte zu relativieren, in anderen nicht; die für die Herleitung zahlreicher Theoreme erforderliche *strukturelle Kongruenz der Prämissen* ginge unweigerlich verloren. Mit dieser Überlegung sind wir zugleich auf den zentralen Gesichtspunkt gestoßen.

Strukturelle Kongruenz der Prämissen ist nur unter dem Aspekt der *Makrostruktur* der ein Rechtsgebiet abbildenden Sätze erreichbar. Die Struktur des einzelnen Rechtssatzes, dessen „Mikrostruktur" sozusagen, ist anhand der für die Makrostruktur maßgebenden Gesichtspunkte zu bestimmen. Es handelt sich insoweit nicht allein um logische Stilistik, also beispielsweise darum, ob man eine Beziehung durch ein 2- oder ein mehr als 2-stelliges Prädikat erfaßt. Es handelt sich vor allem um die für die Konsistenz eine Satzsystems entscheidende logische Verträglichkeit der dazu gehörenden Sätze. Gerade insoweit ist die paragraphenweise Formalisierung größtes Unheil anzurichten imstande:

---

[72] Anm. 2, S. 102.

[73] Hinsichtlich der Eliminierbarkeit von mehr als 0-stelligen Funktoren vgl. Anm. 69, S. 49.

[74] Hierzu *Rödig* (Anm. 2), II 2.1.

Schreibers[75] Formalisierung des § 812 Abs. 1 S. 1 BGB, die bereits in anderem Zusammenhang und unter weiteren Aspekten zu diskutieren war[76], lautet wie folgt:

(25) „$\{G(x, y, w) \wedge \neg N[G(x, y, w)]\} \rightarrow N[H(y, x, w)]$"

Zu lesen: „Gelangt ein Wert w von einer Person x zu einer anderen Person y und ist es nicht rechtens, daß w von x zu y gelangt, so ist es rechtens, daß y dem x w herausgibt." In Anlehnung an *Schreibers* Symbolismus formulieren wir § 814 BGB mit „Vr_{814} (. , . . . , . . .)" für den Tatbestand des § 814 BGB):

(26) „$Vr_{814}(x, y, w) \rightarrow \neg N[H(y, x, w)]$"

Angenommen nunmehr ein Fall, der sowohl die Voraussetzungen des § 812 Abs. 1 S. 1 als auch die des § 814 BGB erfüllt:

(27) „$G(a, b, c) \wedge \neg N[G(a, b, c)] \wedge Vr_{814}(a, b, c)$"

Aus (27) folgt durch Abschwächung eine aus den beiden ersten Konjunktionsgliedern bestehende Konjunktion; aus der Individualisierung von (25) ergibt sich mittels Anwendung des modus ponendo ponens

(28) „$N[H(b, a, c)]$"

Aus (27) folgt ferner durch Abschwächung das letzte Konjunktionsglied allein; diesmal ergibt sich mithilfe der Individualisierung von (26)

(29) „$\neg N[H(b, a, c)]$"

Aus (28) und (29) ist auf beliebige Sätze zu schließen; die Vorschriften der §§ 812 Abs. 1 S. 1, 814 BGB wären insbesondere sich selbst zu widerlegen in der Lage.

Angreifbar ist auch folgende Formalisierung des § 263 Abs. 1 StGB, die *Hassemer* in seiner gedankenreichen Studie über „Tatbestand und Typus" (1968) im Anschluß an den Vorgang *Schreibers* notiert:

(30) „$Vft(x) \vee EwT(x) \vee UwT(x) \overset{\cdot}{\supset} J \supset Vsch \overset{\vdots}{\wedge} Vors(x) \overset{\vdots}{\wedge} Arw\ Vv(x) \overset{\vdots}{\supset} Rf(x)$"

Zu lesen: „Wenn durch Vorspiegelung falscher (VfT) oder durch Entstellung (EwT) oder Unterdrückung wahrer Tatsachen (UwT) seitens eines Individuums (x) ein Irrtum (J) entsteht, woraus sich ein Vermögensschaden (Vsch) ergibt, und wenn bei diesem Individuum Vorsitz (Vors) und Absicht auf einen rechtswidrigen Vermögensvorteil (Arw Vv) vorliegen, dann gilt für dieses Individuum die Rechtsfolge (Rf)" (S. 26 ff.)[77].

Eine – nicht bereits bei *Schreiber* anzutreffende – Besonderheit liegt in der Unterlassung der Relativierung von „J" und „Vsch" durch „x". Sei „pe" ein Element des Wertbereichs von „x", also der Name einer als Betrüger infrage kommenden Person. Dann läßt sich (30) *entweder* nicht im Hinblick darauf konkretisieren, daß beispielsweise gerade dieser Täter – also pe – gerade diesen

---

[75] Vgl. Anm. 41, S. 28 f.

[76] Logische Struktur von Normensystemen am Beispiel der Rechtsordnung, hrsg. v. *Rave*, *Brinckmann* und *Grimmer*, 1971, S. 25 ff.

[77] Ein nicht mit räumlichen Schwierigkeiten verbundenes Verfahren der Verwendung von Punkten findet sich beispielsweise bei *Asser*, Einführung in die mathematische Logik I, 2. Aufl., 1965, S. 14 ff.

Schaden angerichtet hat. *Oder* aber es besitzt „Vsch" von vornherein diesen konkreten Inhalt; dann ist die Formel als *allgemeine* Formulierung einer strafrechtlichen Norm nicht zu gebrauchen. Jedoch auch eine insoweit korrigierte Version der Formel bringt uns nicht weiter. Die Verhaltensweise von pe sei etwa insgesamt durch Notwehr gedeckt. Was diesen Fall betrifft, so darf erneut von einer die betreffende Rechtsfolge verneinenden generellen Rechtsnorm ausgegangen werden. Wie anläßlich von *Schreibers* Formalisierung des § 812 Abs. 1 S. 1 BGB ist auch diesmal ein Widerspruch konstruierbar[78].

4.2 Rechtssatzkollision und Realisationszusammenhang

Die Vorschriften der §§ 812 Abs. 1 S. BGB und 263 Abs. 1 StGB sind so, wie ihre Verfasser sie hingeschrieben haben, gar nicht gemeint. Die Gesetzesverfasser haben mit diesen sowie den sie jeweils umgebenden Bestimmungen zwar eine bestimmte Regelung treffen wollen. Sie haben sich jedoch zu diesem Zweck zugleich bestimmter Techniken bedient. Eine dieser Technken ist das schwerlich zu Recht als „Prinzip" bezeichnete Regel-Ausnahme-Prinzip. Insbesondere mit der Anwendung des Regel-Aunahme-Prinzips ist die Formulierung von miteinander kollidierenden Rechtssätzen verbunden. Die Anwendung der Rechtssätze setzt die Behebung von Rechtssatzkollisionen voraus. Die Rechtssätze sind, mit andern Worten, in die tatsächlich gemeinten Normen zu transformieren, und erst diese Normen sind jeweils nach und nach in Richtung des aktuellen Sachverhalts, auf den sie angewendet werden sollen, zu konkretisieren.

Man kann je nach der Anzahl der in Normen zu transformierenden Rechtssätze verschiedenstellige Rechtssatzkollisionen unterscheiden. 2- oder mehrstellige Rechtssatzkollisionen bilden Fälle der herkömmlich so genannten „Gesetzeskonkurrenz". Bei 1-stelligen Rechtssatzkollisionen haben wir es mit den Verfahren schlichter Auslegung oder auch der – mit der analogen Rechtsanwendung korrespondierenden – Restriktion von Rechtssätzen zu tun. Was die analoge Rechtsanwenndung betrifft, so wäre die Kategorie der Rechtssatzkollision in Richtung 0-stelliger Kollisionen zu extrapolieren. Der Akt des Verstehens (bzw. des Vorverstehens) eines Kodifikats ist nach alledem – zunächst überraschenderweise – mit der Behebung von Rechtssatzkollisionen äquivalent. Die systematische Erfassung der Rechtssatzkollision hat bis in das neueste Schrifttum hinein unter der Verquickung mit einem prinzipiell anderen, wenn auch im Ergebnis mitunter gleichfalls zur „Nichtanwendung" von Rechtssätzen führenden, Verfahren gelitten. Es handelt sich um die Behandlung solcher, jeweils bereits konkretisierter, Normen, hinsichtlich deren die Erfüllung der einen Norm den Wegfall des Tatbestandes der andern bewirkt. Ein Beispiel bildet der im Zusammenhang mit der Unterscheidung zwischen materiellem und

[78] Was die von *Hassemer* aaO., S. 27, Fn. 35, diskutierten Fälle betrifft, daß der Täter nicht gefaßt wird oder ein Fehlurteil ergeht, so kann die den Rechtssatz ausdrückende (formale) Implikation nicht unrichtig werden: Das Implikat beschreibt die Gesolltheit der Bestrafung („ist zu bestrafen"), nicht ihren faktischen Eintritt. Also wird das Implikat auch nicht durch faktischen Nichteintritt der Bestrafung widerlegt. Auf den ontischen oder auch deontischen Charakter der Implikation als solcher kommt es nicht an.

prozessualem Anspruch gern behandelte sogenannte „Straßenbahnfall"[79]. Wird ein Fahrgast aufgrund eines durch den Straßenbahnführer verursachten Unfalls verletzt, so kann der Fahrgast Ersatz seines Schadens u.a. unter dem Gesichtspunkt der Vertragsverletzung verlangen. Die Leistung des Ersatzes hat nun aber den Wegfall des Schadens, mithin zugleich den Wegfall eines Merkmals des Tatbestandes eines mithilfe des privaten Deliktsrechts (oder auch des Rechts der Gefährdungshaftung) zu begründenden Anspruchs zur Folge. Das zuletzt beschriebene Verhältnis jeweils mehrerer Normen sei „Realisationszusammenhang" genannt. Rechtssätze, zwischen denen Realisationszusammenhang besteht, brauchen im Gegensatz zu miteinander kollidierenden Rechtssätzen nicht erst in Normen transformiert zu werden. Der strukturelle Unterschied zwischen Realisationszusammenhang und Rechtssatzkollision ist fundamental. Irreführenderweise pflegen beide Institute, was das Privatrecht anbelangt, gleichermaßen unter dem Stichwort „Anspruchskonkurrenz" behandelt zu werden[80].

4.3 Behebung von Rechtssatzkollisionen. Rangverhältnisse

Gegeben seien genau zwei Rechtssätze aus einem und demselben Kodifikat. Die Abänderungsbedürftigkeit wenigstens eines dieser Rechtssätze kann u. a. indiziert sein durch die Herleitbarkeit eines Widerspruchs. Die Änderung des einen oder auch des anderen Rechtssatzes kann insbesondere in der Einschränkung des Anwendungsbereiches des einen Satzes zugunsten des Anwendungsbereiches des anderen Satzes bestehen. Ist der zuletzt genannte Anwendungsbereich in dem zuerst genannten Anwendungsbereich als echter Teil enthalten, so pflegt von „Spezialität" gesprochen zu werden[81]; man wird zusätzlich zu fordern haben, daß die durch die beiden Rechssätze statuierten Rechtsfolgen miteinander unverträglich sind. Es handelt sich beispielsweise um die generelle Anordnung der Bestrafung des Diebes. Wer jedoch speziell seinen Ehegatten bestiehlt, soll straflos bleiben. Der modus der Behebung der Kollision zwischen beiden Rechtssätzen scheint mit Selbstverständlichkeit die Hersellung eines Rangverhältnisses zu sein. Haben die Rechtssätze verschiedenen Rang, so gibt es zwei Möglichkeiten. Die erste. Der Rang des generellen Satzes ist höher mit dem Ergebnis, daß der spezielle Satz niemals zur Anwendung gelangt. Also muß —zweite Möglichkeit — der spezielle Satz ranghöher sein. Wiederum ist freilich eine Einschränkung zu machen. Der spezielle Satz ist insoweit und auch nur insoweit mit höherem Rang auszustatten, als sich sein Anwendungsbereich mit dem des generellen Satzes deckt. Normale Diebe sollen von der dem Ehegatten eingeräumten Rechtswohltat nicht profitieren.

Die Herstellung von Rangverhältnissen ist indessen lediglich dem Anschein

---

[79] Siehe etwa die klare Darstellung bei *Grunsky*, Grundlagen des Verfahrensrechts, 1970, F. 22 ff.

[80] Klärend insoweit auch nicht *Georgiades*, Die Anspruchskonkurrenz im Zivilrecht und Zivilprozeßrecht, 1968, S. 164, § 17 (S. 167 ff.): Die von *Georgiades* unter dem Stichwort „Anspruchsnormenkonkurrenz" behandelten Fälle stellen jedenfalls großenteils Fälle des Realisationszusammenhangs dar.

[81] Grundlegend zu alledem *Klug*, Zum Begriff der Gesetzeskonkurrenz, in: ZStW 68 (1956), S. 399 ff.

nach so ungefährlich, wie man dies anzunehmen scheint[82]. Es ist zunächst ein rechtsmethodologisches Bedenken vorzutragen; wieweit es Stich hält, kann dahingestellt bleiben. Soll ein Rechtssatz S_2 höheren Rang als ein Rechtssatz S_1 besitzen, so muß dies angeordnet werden, und zwar nicht durch irgendeinen, sondern durch einen dritten, die Sätze S_1 und S_2 regierenden Satz S_3. Daß S_3 insoweit höher steht, bedarf erneut der Anordnung: S_4. Usf. —. Ein regressus ad infinitum scheint nicht auszubleiben[83]. Ein eher praktischer Einwand hängt damit zusammen, daß man anläßlich der Formulierung des rangniedrigeren Satzes nicht ausdrücklich anzugeben pflegt, welche ranghöheren Sätze in der Lage sein sollen, ihn insbesondere unter dem Gesichtspunkt der Spezialität zu durchbrechen. Man denke nur an die zahlreichen Zweifelsfragen, mit denen die Gerichte sich im Hinblick auf das Ausmaß der Einschlägigkeit der §§ 987 ff BGB (Konkurrenz der Regeln des sogenannten „Eigentümer-Besitzer-Verhältnisses" mit andern Rechtsinstituten) herumzuschlagen haben.

Sowohl in rechtsmethodologischer als auch in praktischer Hinsicht unangreifbar ist demgegenüber folgender Weg. Der Tatbestand der generellen Vorschrift wird, ohne daß es der Herstellung eines Rangverhältnisses bedürfte, um ein weiteres Tatbestandsmerkmal, und zwar um die Negation des für den speziellen Tatbestand charakteristischen Kriteriums, ergänzt. Widersprüche sind nun nicht mehr herleitbar. Es ist ferner explizit gesagt, wieweit die vermittels des speziellen Rechtssatzes zum Ausdruck gebrachte Einschränkung reicht. Die auf mehr oder minder wohldefinierte Weise durch „Ausnahmen" durchbrochene „Regel" hört auf, juristische Energie zu verzehren.

Was die Ergänzung genereller Rechtssätze durch negative Tatbestandsmerkmale betrifft, so wird allerdings immer wieder der folgende Einwand ins Treffen geführt. Eine derartige Ergänzung habe, so befürchtet man, die Bildung von Rechtssätzen von einer nicht mehr zu übersehenden Länge zur Folge. So gelte es beispielsweise hinsichtlich jeder Normierung einer Straftat, jeweils sämtliche Gesichtspunkte zu berücksichtigen, unter denen sich ein Ausschluß der Rechtswidrigkeit, ein Ausschluß der Schuldhaftigkeit, ein Strafausschließungsgrund, das Vorliegen eines Prozeßhindernisses usf. ergibt. Auf ähnliche Weise bedürften Sätze des materiellen Privatrechts oder auch des materiellen öffentlichen Rechts einer ins Unübersehbare reichenden Ergänzung.

Auch die Erledigung dieses Einwandes läuft auf nichts anderes als auf die Beschreibung von Eigenschaften der axiomatischen Methode hinaus. Einen Teil der „Axiomatik" iwS bildet, wie bereits erwähnt[84], die Theorie der Definition. Die Verwendung von Definitionen ist in der Tat ein probates Mittel, jeweils charakteristische Gruppen von rechtsbegründenden oder rechtsvernichtenden bzw. -einschränkenden Tatbestandselementen auf eine sowohl für die Leichtigkeit der Rechtsanwendung als auch für den Rechtsunterricht zweckmäßige Weise zusammenzufassen. Auch ohne den ausdrücklichen Einsatz von

---

[82] Vgl. Anm. 47, S. 206 bis 209.

[83] Problematisch insoweit u. a. die Annahme verschiedenrangigen Verfassungsrechts; vgl. etwa BVerfG 3,225 (siehe allerdings S. 233).

[84] Siehe bei Anm. 50.

Definitionen läßt sich, und zwar mithilfe entsprechender generalisierter Äquivalenzen, die gewünschte Übersichtlichkeit erreichen. Wir demonstrieren dieses Verfahren anhand einiger – bereits in anderen Zusammenhängen[85] unter teilweise anderen Gesichtspunkten diskutierter – Formeln für das Bestehen eines Anspruches. Die Allgemeinheit dieser für die axiomatische Entwicklung privatrechtlicher Systeme charakteristischen Formeln ist, wie man sogleich bemerkt, von einer prinzipiell anderen Art als die angebliche „Allgemeinheit" der in herkömmlichen Kodifikaten auftretenden „Allgemeinen Teile". Kennzeichnend ist insbesondere die Orientierung selbst elementarster Sätze an den durch das objektive Recht jeweils zu begründenden *rechtlichen Folgen.* Die Technik einer auf die skizzierte Weise vorgehenden Gesetzgebung wiese insoweit Ähnlichkeiten mit der Technik des als „logische" oder auch als „Anspruchsmethode" bezeichneten Verfahrens der Bearbeitung privatrechtlicher Fälle[86] auf.

Die Variablen „p_1" und „p_2" stehen für Namen von Rechtsgenossen, „z_1", „z_2" und „z_3" für Namen von Zeitpunkten; „s" steht für den Namen einer Sache. Es handelt sich also wiederum um einen mehrsortigen Kalkül. „Fr^2 (. . . .)" soll bedeuten, daß . früher als . . geschieht. Der Inhalt („JN(.)") der weiteren Prädikate:

JN („Hr^4 (. , . . . , . . . , ...)") = . kann von . . zum Zeitpunkt . . . die Herausgabe von . . . . verlangen;

JN („Er^4 (. , . . , . . . , ...)") = . erwirbt zum Zeitpunkt . . . gegenüber . . das Recht auf Herausgabe von . . . .; ähnlich wird der Verlurst des subjektiven Rechts („Vl^4 (. , . . , . . . , ...)") erklärt.

Hinsichlich des Bestehens eines Anspruchs auf Herausgabe bezüglich eines bestimmten Zeitpunkts notierten wir nunmehr:

(40) „$\forall p_1 \forall p_2 \forall z_3 \forall s\, (Hr^4 (p_1, p_2, z_3, s) \rightarrow \exists z_1 (\neg Fr^2 (z_3, z_1) \wedge Er^4 (p_1, p_2, z_1, s) \wedge \neg \exists z_2 (Fr^2 (z_2, z_1) \wedge \neg Fr^2 (z_3, z_2) \wedge Vl^4 (p_1, p_2, z_2, s))))$" [87]

Diese an Allgemeinheit wohl nicht zu übertreffende, für den Aufbau des Systems jedoch unerläßliche – nicht etwa bereits aus logischen Gründen richtige, d. h. nicht tautologische – Formel ist jetzt Schritt für Schritt zu konkretisieren. Es möge genau zwei – zusammenfassende – Formen für den Erwerb der Berechtigung geben, etwa Erwerb aufgrund Vertrages („Ev^4

[85] Vgl. Anm. 57, § 62.

[86] Vorbildlich insoweit etwa *Essers* Fälle und Lösungen zum Schuldrecht (1. Aufl. 1963).

[87] Annähernd „wörtlich" übersetzt: „Eine Person (Kläger) kann von einer andern (Beklagter) genau dann zu einem Zeitpunkt z_3 Herausgabe einer Sache verlangen, wenn es *erstens* einen Zeitpunkt z_1 gibt, der (jedenfalls!) nicht später als z_3 liegt und zu welchem der Kläger den Anspruch auf Herausgabe erworben hat, und wenn es *zweitens* keinen zwischen z_1 und z_3 liegenden (oder sich gar mit z_1 oder z_3 deckenden) Zeitpunkt z_2 gibt, zu welchem der Kläger diesen Anspruch verloren hat." Folgende (elegantere) Übersetzung verdanke ich *E. v. Savigny:* „P_1 hat spätestens zu z_1 gegen p_2 das Recht auf s erworben und von dann an bis z_3 nicht verloren." Das Zusammenfallen von z_1 mit z_3 (folglich auch mit z_2) ist, wie man sieht, in Formel (40) berücksichtigt worden.

(.,..,....,....)") sowie Erwerb aufgrund bereicherungsrechtlicher, deliktischer oder ähnlicher Haftung („Eh⁴ (., ..., ..., ...)"). Mit der Einführung dieser ersten Differenzierung ist zugleich die Notwendigkeit der Einbeziehung einer zweiten verbunden: Wir dürfen nicht vergessen, daß sich möglicherweise nunmehr auch die Gründe für einen Verlust der Berechtigung[88] verschieden gestalten[89] („Vv⁴ (.,..,....,....)" versus „Vh⁴ (.,..,...., ...)"):

(41) „$\forall p_1 \forall p_2 \forall z_3 \forall s\ (Hr^4\ (p_1, p_2, z_3, s) \rightarrow (\exists z_1\ (\neg Fr^2\ (z_3, z_1)$
$\wedge\ Ev^4\ (p_1, p_2, z_1, s) \wedge \neg \exists z_2\ (\neg Fr^2\ (z_2, z_1) \wedge \neg Fr^2\ (z_3, z_2)$
$\wedge\ Vv^4\ (p_1, p_2, z_2, s))) \vee \exists z_1\ (\neg Fr^2\ (z_3, z_1) \wedge Eh^4\ (p_1, p_2, z_1, s)$
$\wedge \neg \exists z_2\ (\neg Fr^2\ (z_2, z_1) \wedge \neg Fr^2\ (z_3, z_2) \wedge Vh^4\ (p_1, p_2, z_2, s))))$"

Ein nächster Schritt würde namentlich in der weiteren Konkretisierung der – bereits im Zusammenhang mit der Unterscheidung der Erwerbsgründe erstmals konkretisierten – Verlustgründe bestehen; beispielsweise Verlust der Berechtigung durch Übergang auf einen Dritten (insbesondere Abtretung) oder aber durch deren sogenannten „Untergang", durch ihr „Erlöschen". Die anläßlich der Diskussion der Ausführungen *Hellers* und *Schreibers* behandelten Vorschriften der §§ 1, 812 Abs. 1 S. 1 BGB büßen ihre Selbständigkeit ein: Der Regelungsgehalt von § 1 BGB, sofern man überhaupt von einem solchen sprechen kann, geht beispielsweise ein in die Konkretisierung von „Ev⁴ (.,..,....,....)" oder auch von „Eh⁴ (.,..,....,....)". § 812 Abs. 1 S. 1 BGB wird zur Detaillierung von „Eh⁴ (.,..,....,....)" verwendet werden müssen. Was insbesondere die Integrierung von § 812 Abs. 1 S. 1 BGB anbelangt, so ist, wie man sieht, von vornherein für das Ausbleiben von Widersprüchen gesorgt. Das Erlöschen oder die Abtretung des mittels Bereicherungsrechts begründeten Anspruchs werden ebenso berücksichtigt („Vh⁴ (.,..,....,....)") wie das mithilfe negativer Tatbestandsmerkmale zu formulierende Nichtentstehen des Anspruchs gemäß § 814 BGB.

5 Zementierungseffekt. Wissenschaftssoziologische Aspekte

Wir befassen uns zum Schluß – anstelle einer Zusammenfassung – mit einigen Gesichtspunkten betreffend die „Wünschbarkeit" einer Axiomatisierung des Rechts.

Des Rechts? Allein der Klarheit halber sei bemerkt, daß eine Axiomatisierung der gesamten positiven Rechtsordnung selbst unter der Voraussetzung, daß man das Abstraktionsniveau der Gesetzessprache allenfalls geringfügig unterschreitet, vorläufig nicht infrage kommt. Ob eine solche Axiomatisierung überhaupt einmal infrage kommt, ist eine zweifellos reizvolle Frage. Gleichwohl könnte es voreilig sein, auf diese Frage schon heute in entweder diesem oder jenem Sinn eine abschließende Antwort geben zu wollen.

Vielleicht tut man besser, auch über die Axiomatisierung nur insoweit zu spre-

---

[88] Hinsichtlich der Einordnung der Verjährung als eines Verlustgrundes siehe die vorzüglichen Ausführungen bei *Rimmelspacher*, Materiellrechtlicher Anspuch und Streitgegenstandsprobleme im Zivilprozeß, 1970, S. 53 ff.

[89] Treffend diesbezüglich *Henckel*, Parteilehre und Streitgegenstand im Zivilprozeß, 1961, S. 260.

chen, als mit dem Sprechen über die axiomatische Methode Versuche ihrer Realisierung korrespondieren. Ist die Realisierung einzelner Gebiete geglückt, so ist zu erwägen, ob sie sich in axiomatisierter Fassung kombinieren lassen usf. Wieweit dieser Prozeß fortgesetzt werden kann oder forgesetzt werden sollte, ist, wie gesagt, cura posterior. Was insbesondere die Frage nach der Wünschbarkeit einer Axiomatisierung rechtlicher Systeme betrifft, so wollen wir uns auf die Wünschbarkeit einer Axiomatisierung eng begrenzter Systeme beschränken. Gegen die Wünschbarkeit einer Axiomatisierung pflegt namentlich die Gefahr einer Zementierung des durch die axiomatische Methode betroffenen Rechtsgebiets eingewendet zu werden. Es genügt, die diesen Einwand widerlegenden, ihn geradezu als abwegig erscheinen lassenden, Eigenschaften der axiomatischen Methode zu resümieren: Mit der Axiomatisierung eines Gebiets geht nicht etwa ein Bekenntnis zur Richtigkeit der das Gebiet abbildenden Sätze Hand in Hand. Man braucht insbesondere die jeweils als Axiome hervorgehobenen Sätze nicht für richtig oder doch für „richtiger" als andere Sätze zu halten (3.2.2.3). Die für die vor-*Hilbert*sche Epoche der Logik vielleicht teilweise zutreffende Konzeption des Axioms als eines sachlich unerschütterlichen Satzes ist überholt. Der Begriff des „Axioms" ist also erstens inhaltlich zu relativieren. Er ist zweitens der formalen Relativierung bedürftig: Gegeben sei eine – nur aus wahren oder auch aus falschen oder sogar nur aus falschen Sätzen bestehende – Menge von Sätzen. Dann sind nicht etwa einige Sätze im vorhinein „grundlegend" in dem Sinn, daß man partout sie und keine andern als Axiome anzusehen hätte. Als Axiomensystem ist vielmehr jeder Inbegriff von Sätzen geeignet, der die Herleitung jedes anderen zum selben Gebiet gehörenden Satzes erlaubt (2.1). Drittens. Sowohl das umgangssprachliche (2.1) als auch das mittels einer künstlichen Objektsprache (2.2.1) formulierte Axiom ist einer Interpretation nicht nur fähig, sondern geradezu bedürftig. Gewisse Interpretationen der einschlägigen Prädikate können natürlich die Inadäquatheit des Systems im Hinblick auf das zu axiomatisierende Gebiet zur Folge haben. Man muß also adäquate Interpretationen zu finden und die logische Struktur des Axiomatensystems diesen Interpretationen gegebenenfalls anzupassen versuchen. Möchte man einige Prädikate trotz typographischer Gleichförmigkeit an verschiedenen Stellen ihres Vorkommens verschieden interpretieren, so genügt es, an die Stelle jeweils eines und nur eines Prädikats entsprechend viele Prädikate zu setzen. Inhaltlich unproblematisch ist der umgekehrte Fall des Vorkommens mehrerer Prädikate trotz Identität ihres Sinnes (3.1.2).

Halten wir daher fest, daß die Anwendung der axiomatischen Methode die Beweglichkeit des zu axiomatisierenden juristischen Systems auf der einen Seite *nicht stört.* Die Beweglichkeit des Systems wird andererseits durch die Anwendung der axiomatischen Methode sogar gesteigert. Die neuere rechtssoziologische Forschung[90] hat ihre Wichtigkeit nicht zuletzt durch ihre Kennzeichnung der richterlichen Entscheidungstätigkeit als eines u. a. durch die *Zugehörigkeit des Entscheidenden zu einer bestimmten sozialen Schicht* charakte-

---

[90] Überzeugend insoweit namentlich *Lautmann,* Soziologie vor den Toren der Jurisprudenz, 1971, S. 75 ff.

risierten Verhaltens bewiesen. Als *„Einbruchsstellen der Mittelschichtswerte* in das Richterurteil" werden – mit Recht – Begriffe wie „Treu und Glauben", „Unzucht" oder „öffentliche Sicherheit" genannt. Weitere Einbruchsstellen finden sich überall dort, wo der Eindruck erweckt wird, es werde aus generellen Rechtssätzen nebst den Beschreibungen individueller Sachverhalte auf konkrete rechtliche Sollensurteile „geschlossen". Derartige Schlüsse halten weder dem Kriterium der vertikalen Vollständigkeit (3.2.2.2) noch dem Kriterium der Beweisvollständigkeit (3.2.2.3) stand. Eine logisch exakte Analyse bringt vielmehr sogleich das Fehlen zusätzlich erforderlicher Prämissen ans Licht. Bereits die Notwendigkeit, diese Prämissen ausdrücklich zu formulieren (man könnte von einem *„Explizierungszwang"* sprechen), macht sie zu einem erheblich besseren Objekt für Kritik. Das Vorkommen stillschweigender Prämissen im Rahmen „allgemeiner Rechtsgedanken" oder gar im Rahmen von Rechtsbegriffen (2.1, 3.2.2.3) hat den Effekt eines diese Prämissen gegen sachliche Diskussion abschirmenden Panzers. Was beispielsweise den immer wieder berufenen Gesichtspunkt der „Rechtssicherheit" angeht, so ist es schwer, wenn nicht gar unzumutbar, in abstracto etwas dagegen zu sagen. Wird Rechtssicherheit demgegenüber in Richtung anwendungsfähiger Rechtssätze konkretisiert[91], dann könnten sich alsbald nicht minder konkrete Bedenken ergeben.

Man wird Prämissen, welche bereits ihre Aufdeckung dem logischen Zwang zur Explizierung verdanken, auf ihre Annehmbarkeit hin zu testen versuchen. Man wird insbesondere fragen, inwieweit sich diese Sätze mit andern, und zwar mit relativ verläßlicheren, Sätzen vertragen. Wiederum wird die Prämisse als Element eines Systems von Axiomen betrachtet, doch diesmal zu einem eher tückischen Zweck; man untersucht sozusagen, ob überhaupt und gegebenenfalls in welchem Maß sich die Prämisse in der ihr zugewiesenen Rolle bewährt.

Den Zwang zur Explizierung bekäme aber auch eine solide Technik der Gesetzgebung zu spüren. Die in diesem Rahmen typischerweise auftretenden Lücken sind Fälle horizontaler Unvollständigkeit (3.2.2.1). Mit der logischen Notwendigkeit zur Vervollständigung ist gerade diesmal in auffallender Weise ein Zwang zu inhaltlicher Ergänzung oder auch inhaltlicher Modifikation verbunden. Einen ähnlich heuristischen Effekt äußert die axiomatische Methode im Zusammenhang mit der Behebung von Rechtssatzkollisionen (4.2, 4.3). Bereits der *Versuch*, und zwar bereits ein *heute vielleicht noch so sehr zum Scheitern verurteilter Versuch* der Axiomatisierung der ersten drei Bücher des BGB, des Wechselrechts oder eines noch begrenzteren Gebiets könnte eine ungeahnte Mannigfaltigkeit neuartiger rechtsdogmatischer Aspekte ergeben[92]. Die Arbeit, die getan werden muß, ist immens. Hat die vorliegende Studie für die Sache, um

---

[91] Beispiel: Verbrauch der Strafklage gegen einen irrig lediglich wegen unbefugten Schießens verurteilten Mörders (nach RGSt. 70, 26 (30 f.)).

[92] Als problematisch könnte sich beispielsweise die von den Verfassern des BGB gewählte Konstruktion der Übertragbarkeit eines identischen Anspruchs trotz Verschiedenheit von Zedent und Zessionar erweisen. – Als weitere problematische Kategorie sei die der Unterlassungspflicht genannt; motivierend für die Kritik dieser Figur (siehe *Rödig*, Die privatrechtliche Pflicht zur Unterlassung, Rechtstheorie, 1972,

die es geht, auch nur einen weiteren Mitarbeiter gewonnen, so hat sie ihre hauptsächliche Absicht erfüllt.

Zusammenfassung

Die Anwendung der axiomatischen Methode stellt nur dem Anschein nach ein für den Juristen ungewöhnliches Verfahren dar. Es handelt sich lediglich darum, ein jeweils aus nachweisbar unendlich vielen Sätzen bestehendes juristisches Gebiet möglichst ökonomisch zu ordnen. Diese Ordnung kommt zustande durch eine Gliederung sämtlicher Sätze in einerseits solche, die vorausgesetzt sein sollen (*Axiome*), sowie andererseits in Sätze, die aus den Axiomen logisch folgen (*Theoreme*). Eine Theorie kann auf verschiedene Weise in Axiome und Theoreme eingeteilt werden. Bereits insoweit ist der Begriff des Axioms zu relativieren. Axiome brauchen ferner nicht etwa inhaltlich unumstößliche Wahrheiten zu sein. Es kann vielmehr zweckmäßig sein, gerade zweifelhafte Aussagen zum Zweck ihrer Kontrolle als Axiome zu behandeln, und zwar im Hinblick darauf, daß sich aus diesen Sätzen möglicherweise unerträgliche Konsequenzen ergeben. Ein weiterer eminent praktischer Aspekt der axiomatischen Methode ist der mit ihrer Anwendung verbundene Zwang zur Explizierung jeweils sämtlicher der für ein bestimmtes Resultat vorausgesetzten Prämissen. Bereits die Explizierung einer Prämisse ist nicht selten Anlaß für ihre Verwerfung. Es kann nach alledem nicht die Rede davon sein, die Axiomatisierung rechtlicher Gebiete führe so etwas wie deren inhaltliche Zementierung herbei.

Die jeweils als Axiome ausgewählten Sätze sollen sich nicht widersprechen (*Widerspruchsfreiheitsprinzip*) sowie den Schluß auf sämtliche Theoreme erlauben (*Vollständigkeitsprinzip*). Sowohl das Widerspruchsfreiheits- als auch das Vollständigkeitsprinzip sind durchaus gängige Anforderungen an Rechtssatzsysteme. Bereits *F. v. Savigny* hat diese Anforderungen ausdrücklich aufgestellt. Es handelt sich wiederum weniger um das Ob der Anwendung der axiomatischen Methode als vielmehr darum, diese Methode, falls man sie anwendet, auch exakt anzuwenden. Gerade im Hinblick auf die Exaktheit der Axiomatisierung kann der Gebrauch einer logischen Kunstsprache zweckmäßig sein. Weder die Kalkülierung noch gar eine Quantifizierung der betreffenden Gebiete sind jedoch Voraussetzungen für deren Axiomatisierung.

Von der Anwendung der axiomatischen Methode kann erstens, wie gesagt, *juristische Methodik* profitieren. Man kann die axiomatische Methode als geradezu *das* Gegenstück begriffsjuristischer Verfahrensweisen bezeichen, nämlich als zum Schließen aus Begriffen oder sonstwie unzulässigen Prämissen. Allerdings hängt auch das Denken „vom Ergebnis her" vor der axiomatischen Methode nicht stand. Namentlich die Prinzipien des Aufbaus der Lösung juristischer Fälle sind unter dem Aspekt der axiomatischen Methode neu zu durchdenken. Anwendungsmöglichkeiten ergeben sich zweitens im Hinblick auf den Einsatz *elektronischer Datenverarbeitung*. Es handelt sich nicht allein um die Herstellung automationsgerechter Gesetzesfassungen; auch im Hinblick auf die Normierung der mit Dokumenten zu belegenden einschlägigen Begriffe dürfte sich deren logische Strukturierung als wertvoll erweisen. Ein nahezu neu zu erschließendes Anwendungsgebiet ist drittens die *Technik der Gesetzgebung*. Die Herausarbeitung allgemeiner Teile sowie die Verwendung von Legaldefinitionen sind quasi-axiomatische Verfahrensweisen. Eine entscheidende Klärung verspricht die axiomatische Methode namentlich in puncto Regel-Ausnahme-Prinzip sowie im Hinblick auf die mit diesem „Prinzip" verwandte Problematik der Konkurrenz von Rechtsinstituten. Zahlreiche Schwierigkeiten fallen schon dadurch hinweg, daß man die herkömmliche Technik der Aneinanderreihung von jeweils grundsätzlichen sowie einschränkenden Paragraphen durch ein System von sich gleich gar nicht widersprechenden Rechtssätzen ersetzt. Die paragraphenweise Symbolisierung von Rechtssätzen, wie man sie teilweise antreffen kann, ist insoweit etwas völlig anderes als ein Beispiel für die Anwendung der axiomatischen Methode.

So leicht es ist, sich im Grundsatz zur axiomatischen Methode zu bekennen, ebenso

Bd. 1, S. 1 ff.) ist nicht zuletzt der *Entwurf eines axiomatischen Systems* für die Theorie der Alternative (Anm. 21, insbes. § 33) gewesen.

schwierig ist ihre Realisierung im Detail. Anders als Schritt für Schritt kommt man nicht vorwärts. Elementare juristische Axiomensysteme sind bereits entworfen worden. Die Durchführbarkeit der Axiomatisierung steht außer Frage. Womit wir uns nunmehr zu beschäftigen haben, das ist die Axiomatisierung einzelner Kodifikate oder einzelner Teile von Kodifikaten. Auch insofern sind schon einige Bemühungen zu verzeichnen.

Summary

The application of the axiomatic method represents only the appearance of a method uncommon for the lawyer. It is simply a matter of classifying as economically as possible a legal area consisting respectively of an infinite number of rules, as can be proven. This classification is accomplished by means of an arrangement of all rules, on the one hand into such rules which should be presumed (axioms), as well as on the other hand into rules which follow logically from the axioms (theorems). A theory can be subdivided into axioms and theorems in different ways. The concept of the axiom must be put in relation to other concepts. Furthermore, axioms do not need to be irrefutable truths with respect to their content. On the contrary, it can be expedient to treat even doubtful statements as axioms for the purpose of their control, i. e., in view of the fact that possibly intolerable consequences would follow from these rules. An additional, eminently practical aspect of the axiomatic method is the compulsion connected with its use for making explicit respectively all of the premises required for a particular result. The making explicit of one premise is already not seldom reason for its rejection. After all, it is not out of the question that the axiomatizing of legal fields would bring about something like the cementing of the substantive aspects.

The rules chosen respectively as axioms should not contradict themselves (*freedom from contradiction principle*) and as well they should permit the deduction of all of the theorems (*principle of completeness*). The freedom from contradiction principle as well as the completeness principle are definitely current requirements for *systems of legal rules. F. v. Savigny* has already expressly set up these requirements. It is not so much a matter of whether the axiomatic method is used, as it is a matter of precisely applying this method in the event that one does use it. Precisely in view of the exactness of the axiomatization, the use of a logical language of art can be expedient. Neither the calculation nor a quantification of the areas concerned are, however, requirements for their axiomatization. First of all, as said, *legal methodics* can profit from application of the axiomatic method. One can label the axiomatic method as nothing short of *the* equivalent of a concept-oriented legal method, namely, for concluding from concepts or premises which in some other way are impermissible. Of course, the reasoning „from the result hither" does not hold up before the axiomatic method. In particular, the principles of developing the solution of legal cases are to be newly thought out under the aspect of the axiomatic method. Secondly, possibilities for application arise in connection with the employment of *electronic data processing*. It is not singly a matter of the production of statutory versions adaptable to data processing, also in view of the standardization of the relevant terms to be exemplified with documents, their logical structuring might prove to be valuable. Thirdly, an area of use that is newly opening the *technology of legislation*. The working out of general parts, as well as the application of legal definitions are quasi-axiomatic processes. The axiomatic method promises a conclusive clarification, particularly in connection with the Rule-Exception-Principle as well as with regard to the problems related to this „Principle", concerning the concurrence of legal institutions. Numerous difficulties are already removed by the fact that one replaces the conventional technology of joining together respectively basic as well as restrictive paragraphs with a system of legal rules which in no way contradict each other. The symbolization of legal rules in paragraph fashion, as one can partially hit upon, is in this respect something completely different than an example for the application of the axiomatic method.

Just as it is easy to declare oneself fundamentally in favor of the axiomatic method, its realization in detail is equally as difficult. One does not advance except in a step-by-step fashion. Elementary legal axiom-systems have already been outlined. The ability to carry out the axiomatization stands beyond question. What we now have to concern ourselves with is the axiomatizing of individual codes or individual parts of codes. In this regard also, there are already several efforts to note.

Ulrich Dammann

Zum Vorschlag eines „Informationsbankensystems"

Übersicht

1. Einleitung: Schwierigkeiten umfassender Informationsplanung

Als die USA 1957 feststellen mußten, daß die Sowjetunion auf dem Gebiet der Weltraumfahrt die Führung übernommen hatte, war eine der wichtigsten wissenschaftspolitischen Konsequenzen eine intensive Hinwendung zu den Problemen der wissenschaftlichen und technischen Information. Ausgangspunkt war die Vermutung, daß gerade auf diesem Gebiet durch veränderte quantitative und strukturelle Verhältnisse in der Informationsproduktion und -verbreitung erhebliche Rationalisierungsreserven entstanden sein müßten, deren Mobilisierung den technologischen Fortschritt entscheidend fördern könnte. Eine im Auftrag des Präsidenten von dessen Science Advisory Committee durchgeführte Untersuchung bestätigte diese Auffassung. Um die rasch wachsenden Informationsquellen effektiv zu nutzen, wurden weitgehende organisatorische

---

[1] Zugleich Besprechung von:
Das Informationsbankensystem. Vorschläge für die Planung und den Aufbau eines allgemeinen arbeitsteiligen Informationsbankensystems für die Bundesrepublik Deutschland. Band I. Bericht der Interministeriellen Arbeitsgruppe beim Bundesministerium des Inneren an die Bundesregierung. Bonn 1971, 158 S., DM 9,80. – Band II. Materialband (Gutachten, Empfehlungen, Stellungnahmen). Bonn 1971, 418 S. DM 45,–. – Band III. Literatur zu den Informationswissenschaften. Bonn 1972, 472 S. DM 54,–. Zusammen DM 85,–.

und finanzielle Forderungen aufgestellt. Unter dem Namen „Weinberg-Report"[2] hat die Studie in der amerikanischen Öffentlichkeit weithin Beachtung gefunden. Wenn auch nicht allen im Weinberg-Report erhobenen Forderungen entsprochen wurde, so hat die USA-Regierung in den folgenden Jahren doch in solchem Umfang Eigeninitiativen und Förderungsmaßnahmen ergriffen, daß das wissenschaftliche und technische Informationswesen in den USA heute allen anderen westlichen Ländern klar überlegen ist[3].

Eine ähnliche Signalwirkung soll nach dem Willen ihrer Verfasser von der kürzlich vorgelegten Studie „Das Informationsbankensystem"[4] ausgehen. Der Titel gibt zugleich das Programm an, das die Verfasser, eine unabhängig arbeitende Arbeitsgruppe von 15 Beamten aus Bundesministerien und -behörden, in einjähriger Arbeit entwickelt haben:

> „Es soll ein System von Informationsbanken aufgebaut werden, das alle Wissensgebiete und Lebensbereiche umfaßt. Das System soll Daten aus der öffentlichen Verwaltung, der Wirtschaft, der Wissenschaft und Technik bereitstellen ... (Es) soll auf dem Prinzip der Arbeitsteilung unter freiwilliger Mitarbeit aller heute an der Informationshandhabung beteiligten Institutionen beruhen, die aber ihre Selbständigkeit behalten müssen[5]."

Organisatorisch soll das System aus Fachinformationsbanken, Stellen für den Zugang zur Information (Benutzung) und einer Dachorganisation zur Übernahme bestimmter Leitungsfunktionen[6] bestehen. Die Informationsspeicherung und -bereitstellung soll mit elektronischen Medien erfolgen. Information wird hier in umfassendem Sinne gemeint: unabhängig von Gegenstand, Herkunft, Darstellungsform, Struktur, Zugänglichkeit usw., sollen grundsätzlich alle Arten von Informationen vom System berücksichtigt werden. Auch auf der Benutzerseite wird ein umfassender Charakter, d. h. ein System für alle Interessenten und möglichst viele Zwecke, angestrebt. Für die Aufbauphase werden organisatorische und finanzielle Modelle vorgeschlagen.

Weit über den Weinberg-Report hinausgehend zielt die Studie letztlich darauf, das Informationswesen auf nationaler Ebene einem koordinierten planerischen Zugriff zu unterwerfen[7].

Um die Schwierigkeiten, auf die ein solch anspruchsvoller Ansatz heute stoßen muß, nicht zu unterschätzen, ist es notwendig, sich bestimmte Momente des gegenwärtigen gesellschaftlichen und wissenschaftlichen Entwicklungsstandes ins Bewußtsein zu rufen. Zwei restriktive Bedingungen sollen hier genannt werden. Die erste liegt im Stand der Planungswissenschaft und -pra-

---

[2] Originaltitel: Science, Government, and Information. The Responsibility of the Technical Community and the Government in the Transfer of Information. The White House 1963. Eine deutsche Übersetzung ist erschienen als Beiheft zu den Nachrichten für Dokumentation Nr. 12.

[3] Vgl. das Gutachten von *Arntz*, Bd. II, S. 50 ff.

[4] Im folgenden beziehen sich Nachweise ohne nähere Angaben auf dieses Werk.

[5] S. XII f.

[6] S. XIV

[7] Von der Planung eines vergleichbaren, wenn auch beschränkteren Projekts namens NIS – Nationales Informationssystem – wird bisher nur aus Japan berichtet, vgl. *Voss*, EDV in Japan – Lehren für die BRD, in: ÖDV 1971, 169.

xis. Die irrationale Planungsphobie der fünfziger Jahre ist erst spät der Erkenntnis gewichen, daß Planung eine notwendige Handlungsform für die Sicherung bzw. Herstellung der materiellen Lebensgrundlagen und der demokratischen Strukturbedingungen ist; so spät jedenfalls, daß unser Erfahrungsschatz in Bezug auf Planung gemessen an den planerischen Bedürfnissen noch immer unterentwickelt ist. Dies gilt vor allem für die Planung komplexer Großsysteme, die naturgemäß die größten theoretischen und praktischen Schwierigkeiten aufweist. Schon deshalb ist der Versuch der Planung der nationalen Information ein Wagnis, das sich des Erfolges nicht sicher sein kann.

Die zweite Belastung liegt im niedrigen Stand der Information und Informationswissenschaften. Er äußert sich in einer unterentwickelten Forschungs- und Ausbildungskapazität in Bezug auf fächerspezifische Lösungen des Informationsproblems ebenso wie im Fehlen moderner informationsbezogener Berufsbilder. Mit dem Defizit an Planung besteht ein enger Zusammenhang. Denn solange nicht veränderte Planungsbedürfnisse qualitativ neue Herausforderungen an die Informationssammlung und -verarbeitung herantragen, solange bleibt der Informationssektor in der Zone naturwüchsiger Entwicklung, wo Beharrung und Partikularinteressen dafür sorgen, daß im wesentlichen alles beim alten bleibt. Deshalb verwundert es nicht, wenn Informationspraxis und -wissenschaften sich in ihrer objektiven Rückständigkeit von der Planung nicht unterscheiden.

Gerade weil die Ausgangsbedingungen eher Kleinmut und Skepsis nahelegen, ist die relative Unbefangenheit, mit der die Arbeitsgruppe ihren Auftrag angegangen hat, zu begrüßen. Wohl in der Erwartung, daß die weitere Diskussion und die Initiierungsphase schon früh genug zu beachtlichen Abstrichen zwingen würden, hat man versucht, zunächst in einer kreativen Phase produktive Vorschläge zu entwickeln. Auch die Verwendung moderner – jedenfalls in der Verwaltung noch wenig verbreiteter – Planungsmethoden wie des brain-storming dient dem Ziel, das Wahrnehmungs- und Problemerkennungsspektrum möglichst zu erweitern.

Dieser kreative Vorlauf hat zu Vorschlägen geführt, die – verglichen mit dem jetzigen Zustand – notwendigerweise utopisch erscheinen müssen und mit Sicherheit eine Reihe an sich vermeidbarer Mißverständnsse und Auseinandersetzungen auslösen werden. Da deren Verlauf aber beherrschbar ist, sollte dieser Nachteil nicht zu hoch veranschlagt werden. Er wird durch die Vorteile mehr als aufgewogen: eine breit angesetzte Vorgabe zwingt zu einer umfassenden Diskussion und begünstigt die Entstehung eines Handlungsrahmens, der die vorhandenen Interdependenzen möglichst vollständig berücksichtigt. Außerdem – und das ist in der gegenwärtigen Situation vielleicht das wichtigste – vermittelt die breite Diskusson die Einsicht, daß das Informationswesen als Ganzes grundsätzlich durchaus ein geeigneter Planungsgegenstand sein kann und stärkt damit das Planungsbewußtsein. Auf welcher Ebene die Gesellschaft ihre Planungen ansetzt, hört auf, eine Frage des vorurteilsträchtigen Meinens zu sein, das ein konservatives Besitzstandsdenken oft nur kärglich verdeckt, und wird mehr und mehr eine Frage des wissenschaftlich-technischen

Entwicklungsstandes einerseits und des offen auszutragenden politischen Gestaltungswillens andererseits.

Man kann nur hoffen, daß der Versuch, durch einen mutig ausgreifenden Vorschlag die Szene aufzureißen und ein planungsfreundliches Klima herzustellen, auch gelingt. Zugleich hätte dann auch das hier angewendete organisatorisch-methodische Planungsmodell einer relativ unabhängigen internen Arbeitsgruppe, deren Vorschläge den Auftraggeber nicht zu binden, und dadurch die Phase der Offenheit verlängern, eine Bewährungsprobe bestanden[8].

2. Methodik der Informationsplanung

Daß der globale Ansatz politisch als richtig eingeschätzt wird, enthebt natürlich nicht der Notwendigkeit, das methodische Vorgehen der Arbeitsgruppe im einzelnen kritisch zu würdigen. Denn die jetzt geforderte inhaltliche Diskussion soll ja mehr sein als Akklamation oder Ablehnung der von der Arbeitsgruppe gemachten Vorschläge. Um die Diskussion für Alternativen zu öffnen, müssen die Vorschläge auf ihre Begründetheit oder Plausibilität geprüft werden. Nur wenn sie in überzeugender Weise abgeleitet sind aus einer zutreffenden Analyse der gegenwärtigen Situation und der sich fortentwickelnden Informationsbedürfnisse, sind sie mehr als science fiction und nur dann lohnt sich eine ins Detail gehende Erörterung.

Leider hat die Arbeitsgruppe in dieser Beziehung einige Wünsche offengelassen. Bei der Darstellung ihres methodischen Vorgehens bleibt sie recht einsilbig[9]. Anstelle einer umfassenden, quantitativ orientierten Bestandsaufnahme hat man bei 42 ausgewählten Institutionen, die unter dem Gesichtspunkt der Datenverarbeitung und der Arbeitsteilung interessant erschienen, Interviews durchgeführt. Außerdem wurden einige für Teilgebiete vorhandene Übersichten herangezogen.

Ergebnis dieser Untersuchung ist ein im Anhang[10] abgedruckter Katalog der „Aktivitäten zur Informationsbereitstellung und -verbreitung" im In- und Ausland, der die sehr heterogenen Ansätze (Dokumentationsstellen, Bibliotheken, Informationssysteme, Rechenzentren, Organisationen usw.) jeweils mit wenigen Sätzen deskriptiv darstellt. Sodann wird nur noch vermerkt, daß trotz der Unvollständigkeit der Ermittlungen „sich doch einige Aussagen von allgemeiner Bedeutung ableiten" ließen, ohne daß allerdings deutlich würde, welcher Art diese Ableitungen sind und welche Gültigkeit ihre Ergebnisse beanspruchen können. In auffälligem Mißverhältnis zur methodischen Schweigsamkeit steht die beredte, im Text auch noch vorangestellte Erklärung[11] oder wohl schon eher Entschuldigung, warum man eine richtige Bestandsaufnahme (EDV-Jargon: „Ist-Aufnahme") *nicht* durchgeführt hat:

---

[8] Vgl. zu den damit verbundenen Erwartungen *Genscher*, Möglichkeiten der Rationalisierung im Informationswesen, in: Bulletin Nr. 160 v. 3. 11. 1971, S. 1700.

[9] Vgl. S. 9 ff.

[10] S. 132 ff.

[11] S. 9.

1. der Auftrag ziele nur auf Planungsvorschläge, nicht auf die Erarbeitung eines durchführungsreifen Systems,

2. bis zum stufenweisen Aufbau des Systems sei eine Ist-Aufnahme schon wieder überholt,

3. es fehle noch ein Gliederungssystem zur Darstellung und Auswertung der Ergebnisse,

4. der Arbeitsgruppe hätten die organisatorischen und personellen Voraussetzungen gefehlt.

Offensichtlich hat die Arbeitsgruppe ihren eigenen Argumenten, die Ist-Aufnahme sei unnötig (Nr. 1) und sinnlos (Nr. 2) doch stark mißtraut, sonst hätte sie die Hinweise auf die methodische Schwierigkeit (Nr. 3) und die fehlenden praktischen Voraussetzungen (Nr. 4) wohl unterlassen. Dieses Mißtrauen ist nur zu berechtigt. Gewiß richtet sich die Detailliertheit einer Ist-Aufnahme nach der Realisierungsnähe des zu entwickelnden Planungsvorschlages. So kann eine Vorstudie über Bedingungen der Informationsplanung oder die Entwicklung theoretischer Modelle ohne Zweifel einer empirischen Grundlegung entbehren. Wer jedoch, wie die Arbeitsgruppe, zu relativ konkreten und sehr weitreichenden Vorschlägen vorstößt und dabei auf eine methodisch kontrollierte Ist-Aufnahme verzichtet, läuft Gefahr, dem Vorwurf unzulänglicher Fundierung nicht viel mehr als seine guten Absichten entgegenhalten zu können. So einhellig der Konsens über die Reformbedürftigkeit des (nahezu) gesamten Informationssektors auch ist — für die Notwendigkeit und Realisierbarkeit durchgängiger Gesamtlösungen läßt sich daraus noch nichts ableiten.

Die durch mangelnde empirische Fundierung und methodische Unausgewiesenheit bedingte geringe Absicherung der Ergebnisse schränkt den Wert der Studie leider erheblich ein. Was bleibt, ist eine durch Stellungnahmen von externen Experten[12] teilweise gestütze konkrete Zukunftsvision einer sachverständigen Beamtengruppe. Die Studie gibt auch nicht an, wo sie den externen Gutachten folgt und wo sie in Widerspruch zu diesen tritt. Ebensowenig wird Diskrepanzen zwischen den einzelnen Gutachten nachgegangen. Die Prüfung, wie stark die Vorschläge durch Expertenmeinungen untermauert sind, bleibt damit das mühselige Geschäft jedes einzelnen Lesers. Wer sich, wie wohl viele, auf die Lektüre des Bandes I beschränkt, wird den Eindruck haben, dies sei die Summe aller zusammengetragenen Auffassungen. Bedauerlich, daß diese mangelnde Transparenz der Darstellung die erwünschte öffentliche Diskussion unnötig erschwert und die Offenheit des Planungsansatzes teilweise wieder zunichte macht.

3. Zielvorstellungen

Die kreativen Schwerpunkte der Studie liegen in Kapitel 3, das die „Zielvorstellungen zu einem Informationsbankensystem" angibt, und Kapitel 4, wo die

---

[12] Die Arbeitsgruppe hat sich von einer Reihe von Wissenschaftlern und Praktikern beraten lassen, vgl. die Liste S. VI. Die meisten Gutachten und Stellungnahmen wurden in Bd. II veröffentlicht.

wesentlichen Funktionsanspekte des Systems erläutert und ein Organisationsvorschlag aufgestellt werden.

Die Arbeitsgruppe hat die Zielvorstellungen zum Teil den Äußerungen der gesellschaftlichen Kräfte abgelauscht, daneben aber offensichtlich auch eigene Gedanken eingebracht. Auf Widerspruchsfreiheit wurde bewußt verzichtet. Zweck des Kataloges ist es, Maßstäbe zu liefern, die zwar „noch keine Beschreibung der Planungskonzeption selbst" sind, aber angeben, „was mit der Planung erreicht werden soll"[13]. Er[14] besteht aus 15 „Leitsätzen", jeweils gegliedert in eine „Forderung", eine „Begründung" und eine „Folgerung".

Leitsatz 1 fordert „allgemeine Verbesserung der Informationsmöglichkeiten", weil die „Entwicklungsmöglichkeiten ... von besserer Information ab(hängen)".

Nach Leitsatz 2 soll dafür „die moderne Technik, insbesondere die elektronische Datenverarbeitung, eingesetzt werden".

Im Leitsatz 3 wird festgestellt, daß es einen für viele Personen und Stellen interessanten „gemeinsamen Bestand von Daten" gebe und gefordert, diesen „mit Hilfe der modernen Technik" und „einem rationellen Austausch" besser zu nutzen.

Das System soll alle Wissensgebiete und Lebensbereiche umspannen (Leitsatz 4), jedoch nur „nach vorbestimmten Regeln" ... „ausgewählte Informationen" speichern, wobei „Objektivität oberstes Gebot" sein soll (Leitsatz 5). Nach Leitsatz 6 sind auch Informationen aus dem Ausland einzubeziehen.

Der Zugang soll benutzerfreundlich gestaltet sein und jedermann offenstehen (Leitsatz 7); auch vertrauliche Informationen sollen einbezogen, jedoch entsprechend geschützt werden (Leitsatz 8). Nach Leitsatz 9 soll zur „Sicherung gegen Entstellung oder Unterdrückung von Informationen" eine nach „verbindliche(n) Richtlinien" arbeitende, „ständige, demokratische, fachlich qualifizierte Kontrolle erfolgen".

Leitsatz 10 legt neben der Beantwortung von Einzelanfragen besonderen Wert auf Profildienst und Aktivinformationen; Leitsatz 11 plädiert für maschinelle Weiterverarbeitung, „wenn es sinnvoll und vertretbar ist"; Leitsatz 12 fordert Flexibilität und laufende Anpassung an den Benutzerbedarf.

Leitsatz 13 ruft „alle Informationsträger und -mittler ... zur freiwilligen Beteiligung" auf, da das System „auf den vorhandenen Aktivitäten aufbauen" müsse. Die Beteiligten sollen ihre Selbständigkeit behalten (Leitsatz 14), jedoch das bisherige unkoordinierte Nebeneinander durch „Arbeitstelung und Zusammenarbeit in gemeinsamen Fragen" ersetzen (Leitsatz 15).

Diese Planungsziele sind gewiß nicht aufregend; weithin handelt es sich eher um eine Aufzählung des Selbstverständlichen, und es wundert deshalb nicht, wenn die Skala der Kritik von „banal" bis „trivial" reicht[15]. Richtig ist, daß mit den Leitsätzen letztlich sehr wenig entschieden wird. Wer unterschriebe nicht die Forderung, durch Technik, Arbeitsteilung, einen ausgebauten Service usw.

---

[13] S. 15
[14] S. 15–23.
[15] In diesem Sinne z. B. Managermagazin 2/71 S. 106.

die Information für alle effektiver und womöglich auch noch billiger zu machen, zumal wenn Privatsphäre und Objektivität gewahrt bleiben? Und wer auf dem großen Informationsmarkt sollte etwas gegen eine freiwillige Mitarbeit haben, wenn seine Selbständigkeit garantiert wird. Tatsächlich machen die Leitsätze es allen recht und tun niemand weh. Die Dimension des Interessenkonflikts ist ausgeblendet. Genau das ist es, was das völlige Fehlen von Entscheidungen kennzeichnet.

Trotzdem trifft die Kritik der „Banalität" nicht voll ins Schwarze. Immerhin liefert die explizite Aufzählung von Zielvorstellungen einen Set von relevaten Beurteilungsmaßstäben, deren grundsätzliche Anerkennung durch die Beteiligten bereits einen ersten, wenn auch noch kleinen Schritt der Konsensbildung darstellen könnte. Dieser Konsens ist politisch-psychologisch um so wichtiger, als sich die Interessen bei der noch ausstehenden Prioritätensetzung schon bald hart im Raume stoßen werden. Entgegen der Auffassung der Arbeitsgruppe kann eine Menge weder theoretisch widerspruchsfreier noch – bei beschränkten Ressourcen – in der Ralisierung miteinander verträglicher Zielvorstellungen jedoch nicht angeben, „was mit der Planung erreicht werden *soll*", sondern nur, was man alles, wenn auch nicht gleichzeitig, tun *kann.*

Solange die Widersprüche nicht ausgeräumt und Prioritäten nicht gesetzt sind, liegt der Wert des Katalogs nicht darin, Ziele festzulegen, sondern anzugeben, welche Dimensionen bei einer Zielbestimmung zu berücksichtigen sind.

Das theoretisch und praktisch-politisch viel anspruchsvollere Problem der Zielgewichtung und der Ausräumung von Zielkonflikten kann zwar in diesem Stadium noch nicht gelöst werden, sollte aber doch als Aufgabe klar beschrieben werden.

4. Systemgrenzen und institutionelle Organisation

Als strukturbestimmende Merkmale des Systems werden die Eigenschaften „allgemein, „arbeitsteilig", „dezentral" und „gegliedert" angesehen[16]. Das Merkmal „allgemein" ist davon das am wenigsten selbstverständliche. Es bezieht sich sowohl auf den Zugang – hier soll es keine Privilegien geben – als auch auf den Inhalt der aufnehmenden Information: unabhängig von der Darstellungsform (schriftlich, ikonisch oder akustisch) sollen alle Informationen berücksichtigt werden, die maschinenlesbar fixiert, zur Weitergabe bestimmt und nicht von völlig untergeordneter Bedeutung sind[17]. Wegen der beschränkten Leistungsfähigkeit der EDV-Technik soll dieser Bereich aber nicht komplett, sondern nur in Form einer Auswahl einbezogen werden.

Auch hier wird, ähnlich wie bei den Zielsetzungen, durch die Art der Darstellung und unter reichlicher Zuhilfenahme graphischer Darstellungen der Eindruck erweckt, es bestünden schon relativ klare Vorstellungen, was sich aber bei näherem Hinsehen als Täuschung herausstellt.

Wenig einleuchtend erscheint schon das Verlangen, die Information müsse

---

[16] S. 25 ff.
[17] S. 28

maschinenlesbar fixiert sein. Daß sie rein physisch nur dann in ein computergestütztes System eingegeben werden kann, ist so trivial, daß dies nicht gemeint sein kann. Im übrigen aber darf die Aufnahme nicht Funktion des recht zufälligen Umstands sein, ob die Information bereits maschinenlesbar erfaßt vorliegt, sondern wird umgekehrt die positive Entscheidung über die Aufnahme dazu führen, daß die notwendigen technischen Schritte vollzogen werden. Jedes andere Verfahren würde der Forderung nach sinnvoller Auswahl und dem Objektivitätsanspruch glatt hohnsprechen. Auch das Merkmal „nicht zur Weitergabe bestimmt" kann eine Abgrenzung nicht leisten, weil neue Kooperationsformen gerade darauf zielen, auch bisher nicht genutzte Austauschchancen wahrzunehmen.

Aber auch abgesehen von diesen Ungereimtheiten ist die Methode, mit der der Bereich der aufzunehmenden Informationen umrissen wird, wenig überzeugend. Das Verfahren krankt daran, daß der relevante Bereich nur negativ, als „Information" insgesamt" minus nicht maschinenlesbar fixierte, minus interne, minus völlig unbedeutende Daten definiert wird, so daß der wenig anschauliche und kaum handhabbare Begriff der „Information insgesamt" doch das Entscheidende bleibt[18]. Schließlich wäre, ob der Gegenstand des Systems nun negativ oder positiv definiert wird, zu fordern, daß ein Planungsvorschlag nicht bei der Angabe abstrakter Merkmale („von allgemeiner Bedeutung" „zur Weitergabe bestimmt" etc.) stehen bleibt, sondern diejenigen Informationsbestände herkömmlicher Art konkret benennt, die in das neue System eingehen sollen. Wie unvollständig eine solche Aufzählung auch bleiben müßte, sie würde doch statt hochabstrakter Begriffsoperationen diejenige greifbare Anschauung bieten, ohne die eine Bewertung des Vorschlags nicht möglich ist.

Sieht man von diesen Mängeln in der Bestimmung des Merkmals „allgemein" ab, so bleibt die zur Beurteilung des Systementwurfs sehr viel wesentlichere Frage, wodurch die Forderung nach einem „allgemeinen" System gerechtfertigt ist. Die Beobachtung, es würden „häufig (Informationen) aus den verschiedensten Wissensgebieten benötigt, die nicht von vornherein festgelegt werden könn(t)en"[19], trifft zwar zu, vermag aber so weittragende Folgerungen keineswegs zu stützen. So scheint die These „je allgemeiner, desto besser" eine stillschweigende und ungeprüfte Ausgangshypothese zu sein.

Bei der Entwicklung eines Vorschlages für die organisatorische Struktur des „Informationsbankensystems"[20] wird für die drei Teilfunktionen Leitung, Verwaltung und Betrieb jeweils geprüft, welche Vor- und Nachteile eine zentrale bzw. dezentrale Wahrnehmmung hätte. Aus den verschiedenen denkbaren Kombinationen ergeben sich eine Reihe von Modellen von „extrem zentral" über „stark" und „gemäßigt zentral" usw. bis hin zu „extrem dezentral". Befürwortet wird eine „gemäßigt dezentrale" Lösung, d. h. ein Modell, das aus einer Vielzahl selbständiger Einzelorganisationen besteht, die zum Zwecke einer ge-

---

[18] Vgl. die Abbildung S. 29.
[19] S. 17 f.
[20] S. 34—39.

ordneten Arbeitsteilung und Zusammenarbeit gewisse Aufgaben der Leitung[21] an eine zentrale Einrichtung (Dachorganisation) delegieren. Die Verwaltungs- und Betriebsfunktionen werden von den Einzelorganisationen wahrgenommen[22].

Hierhin wäre man allerdings auch ohne einen so großen Anlauf gekommen: es ist die schmale Zone, die durch die politischen Realisierungsbedingungen einerseits und die technisch-organisatorischen Minimalvoraussetzungen eines koordinierten Systems definiert ist. Obwohl insofern die Richtung stimmt, bleibt zweifelhaft, ob das Konzept eine sachadäquate Lösung darstellt. Besonders kritisch dürfte die Frage sein, ob die Komplexität der vorgestellten Organisationsmodelle ausreicht, um die stark ausdifferenzierten Strukturen des zu integrierenden Bereichs ohne wesentliche Abstriche in der Leistung und Effektivität einzufangen. Die organisatorische Komplexität der abgehandelten und des vorgeschlagenen Modells bleibt insofern gering, als nur die allgemeinen organisatorischen Funktionen „Leitung", „Verwaltung" und „Betrieb" getrennt unter dem Gesichtspunkt der (De-)Zentralisierung geprüft werden, während andere Differenzierungsebenen außer Betracht bleiben. Dies führt dazu, daß (nur) *ein* Organisationsmuster als optimal ermittelt wird, das dann durchgehend für das ganze System gilt.

Demgegenüber dürfte ein System, das zusätzlich zwischen verschiedenen Fachbereichen, aber auch nach weiteren Kriterien wie Informationsinhalt, Medium, Art, Herkunft usw. differenziert, vermutlich zu einer höheren Gesamtwirksamkeit kommen. Denn die Vor- und Nachteile der Integration hinsichtlich Wirtschaftlichkeit, Effizienz, Transparenz, Störungsfreiheit, Anpassungs- und Differenzierungsfähigkeit usw. dürften in den einzelnen so definierten Teilbereichen recht unterschiedlich zu Buche schlagen und deshalb zu je verschiedenen Zentralisierungs-Optima führen. Es versteht sich von selbst, daß die Konkretisierung eines solchen Modells nur auf der Basis einer detaillierten, Informationsstrukturen und -bedürfnisse präzis erfassenden Analyse erfolgen kann.

Auch hier rächt sich der Verzicht auf eine festere empirische Basis. Die fehlende Anschauung der Verschiedenartigkeit von Materiallage, Bedürfnissen und Techniken verführt zu einem vorzeitigen Übergang von funktioneller Analyse zum Denken in (aufbau)organisatorischen Entwürfen. Damit entsteht die Gefahr, daß sich Organisationsmodelle in der Phantasie und im Handeln der Beteiligten gegenüber den funktionellen Bedürfnissen verselbständigen und in restriktiver Weise auf diese zurückwirken. Mit den zahlreichen Kommissionen, Ausschüssen, Unterausschüssen, Leitstellen, Beiräten, Sekretariaten usw. dürfte die Arbeitsgruppe hier des Guten eher zuviel getan haben.

5. Stellenwert der Datenverarbeitung

Die elektronische Datenverarbeitung, obwohl nur auf wenigen Seiten abgehandelt, spielt für die Konzeption des „Informationsbankensystems" eine entschei-

---

[21] Nähere Präzisierung s. S. 54 f.

[22] S. 37 f.

dende Rolle. Schon die Entstehungsgeschichte des Projekts macht die Verwurzelung in einer technisch dominierten Vorstellungswelt deutlich. So steht am Anfang nicht eine „Weinberg-Erkenntnis", also die konkrete Erfahrung der Unzulänglichkeit bestehender Informations- und Dokumentationseinrichtungen, sondern die vom Innenministerium vorgelegten „EDV-Berichte der Bundesregierung"[23]. Dort ist der Plan eines „Informationsbankensystems" Bestandteil einer umfassenden Automationsstrategie, mit der die Vorteile der Datenverarbeitung für Verwaltung und Regierung nutzbar gemacht werden sollen, freilich auch mit dem Nebenzweck, dem Innenministerium mit dem Vehikel der EDV-Planung und -Koordinierung die einflußreichen Funktionen eines Organisationsamtes der Bundesregierung und eines EDV-Ministeriums hinzuzugewinnen[24].

Von diesen Entstehungsbedingungen hat sich die Studie inhaltlich nicht emanzipieren können. Schon der Titel „„Informationsbankensystem" verrät eine Fixierung auf den technischen Apparat. Aber auch in der Art und Weise, wie die Arbeitsgruppe ihr Problemfeld definiert und abgrenzt, spielt die Dimension des Technischen die beherrschende Rolle. Zwar wird der Datenverarbeitung verbal eine bloß instrumentelle Funktion zugeschrieben, indem sie als „Hilfsmittel" bezeichnet wird[25], das die Tätigkeit der „herkömmlichen Informationsträger und -mittler ... (nur) verbessern und ergänzen" könne[26]. Doch scheint dies mehr eine Beschwichtigungsformel an die Adresse der kommerziellen Informationsunternehmen[27] als der Ausdruck des Technikverständnisses der Arbeitsgruppe zu sein. Denn tatsächlich ist es nichts anderes als die elektronische Datenverarbeitung, was den Aufmerksamkeitshorizont absteckt und die Handlungsperspektiven logisch zusammenhält. So geht die „Datenbank", verstanden als „Einheit aus Computer, den gespeicherten Daten und den Programmen für die maschinelle ... Verarbeitung" bereits in den Begriff des vorgeschlagenen „Informationsbankensystems" mit ein[28]. Damit reduziert sich einerseits das Interesse auf solche Informationen, die der elektronischen Erfassung und Verarbeitung zugänglich sind und avanciert andererseits die EDV zu der allein Richtung und Maß des Fortschrittes im Informationswesen bestimmenden Kraft. Einer so starken Ausrichtung auf das Technische entspricht eine überaus hohe Einschätzung dessen, was die Technik heute oder doch in absehbarer Zeit vermag. So wird aus der Tatsache, daß die Computertechnik es erlaube, große Datenmengen zu speichern und nach Daten mit bestimmten Merkmalen abzusuchen, neue Ordnungssysteme und vielfältige Datenstrukturen zuzulassen, Datenbestände auf dem Stand zu halten und Daten weiterzuverarbeiten, sowie

[23] Erster Bericht BT-Drucks. V/3355 v. 7. 10. 1968, zweiter Bericht BT-Drucks. VI/648 vom 17. 4. 1970.

[24] Vgl. *Genscher*, Elektronische Datenverarbeitung in Verwaltung und Wirtschaft, Rede vor dem RKW, in: Bulletin Nr. 150 vom 16. 10. 1971 S. 1597.

[25] S. 89

[26] S. 16

[27] Vgl. zu deren Interesse das von *Bühnemann* im Auftrag der Verlegervereinigung Rechtsinformatik erstellte Gutachten, Bd. II S. 157 ff.

[28] Vgl. die Begriffsbestimmungen S. 8

aus der Möglichkeit, mit der Datenfernübertragung die räumliche Entfernung zu überwinden, geschlossen, daß „damit ... die stufenweise Realisierung des IBS (Informationsbankensystems) im Prinzip technisch möglich" sei[29].

Ohne im wörtlichen Sinne falsch zu sein, ist diese Aussage im Zusammenhang der Darstellung doch geeignet, Spekulationen zu nähren. Denn der Leser sieht darin mehr als die triviale Feststellung, daß man die EDV für Dokumentations- und Informationszwecke einsetzen kann. Einen weitergehenden Schluß lassen aber die angeführten Prämissen nicht zu. Was aber vor allem zu Fehleinschätzungen verführt, ist die entproblematisierende Art der Darstellung. So werden etwa ein allgemeinverbindliches Austauschformat[30] und eine einheitliche (externe) Dialogsprache[31] propagiert, ohne daß die methodischen Schwierigkeiten und die begrenzte Erfüllbarkeit bzw. die qualitativen Kosten solcher Forderungen angesprochen würden. Auf derselben Linie liegt es, wenn die Feststellung, daß auf dem Gebiet der Kompatibilität trotz längerer Bemühungen nur wenig erreicht worden sei[32], einfach neben den weitgehenden Kompatibilitätsforderungen stehenbleibt, ohne daß der Versuch gemacht wird, die Ursachen der bisherigen Mißerfolge zu analysieren.

Die positive Prognose über die technische Realisierbarkeit stammt fast im Wortlaut aus dem Gutachten „Technische Möglichkeiten und Überlegungen zur Realisierung eines allgemeinen arbeitsteiligen Informationsbankensystems ..." von *Einsele/Knöpfle*[33]. Die Auftraggeber hätten aber merken müssen, daß sie dort im wesentlichen nur auf eine Analyse der verfügbaren Hardware-Elemente gestützt wird, während die mit schwierigsten wissenschaftstheoretischen und linguistischen Problemen belastete Frage der Entwicklung geeigneter Retrieval- und Dialog-Software nur gestreift wird[34]. Ob sich auch auf diesem Sektor operationable Lösungen finden lassen werden, die das Gesamtsystem zusammenhalten können, ist heute noch völlig offen[35]. Gerade die im *Einsele/Knöpfle*-Gutachten enthaltenen Bezugnahmen auf das geplante Bayerische Informationssystem[36] und das Projekt Juristisches Informationssystem des Bundesjustizministers[37] hätten hier zu denken geben müssen. Denn obwohl die genannten Projekte im Vergleich zu dem „Informationsbankensystem" eine um Dimensionen geringere Komplexität besitzen, setzen sie jedes auf seinem Ge-

---

[29] S. 89 f.

[30] S. 92

[31] S. 102

[32] S. 92

[33] Bd. II, S. 237 ff. (238).

[34] Vgl. a.a.O. 3.4

[35] Vgl. etwa das wesentlich reserviertere Gutachten von *Steinbuch/Wacker*, Bd. II, S. 271 ff. (283)

[36] S. 240. Dargestellt in Heft 1 (Bayerisches Informationssystem) und Heft 2 (Analyse zum Datenvolumen und Datenverkehr) der von der Siemens AG/Vertrieb Datentechnik hrsg. Beiträge zur integrierten Datenverarbeitung in der öffentlichen Verwaltung.

[37] S. 247 f. Näheres im 1. Zwischenbericht der Projektgruppe Juristisches Informationssystem, Beilage 5/71 zum BAnz. Nr. 62 vom 31. 3. 1971 sowie im soeben erschienenen Projektbericht Das Juristische Informationssystem — Analyse, Planung, Vorschläge, Bonn 1972, 487 S.

biet neue Maßstäbe und sind in ihrer vollen Realisierung noch keineswegs gesichert[38].

Bei näherem Hinsehen belegt aber auch das Gutachten *Einsele/Knöpfle* nur sehr unvollkommen, daß das „Informationsbankensystem" technisch realisierbar sei. Zum einen enthält es technische Spezifikationen der für die Verwendung in Frage kommenden Hardware-Elemente, wie sie in den Prospekten der Hersteller zu finden sind, zum anderen werden die bereits erwähnten, überwiegend selbst erst geplanten Informationssysteme als strukturell ähnliche Beispiele für Teilsysteme des „Informationsbankensystems" näher dargestellt. Wie nun von diesen Ausgangsbedingungnen auf die prinzipielle Realisierbarkeit geschlossen wird, bleibt leider im dunkeln. Weniger den Gutachtern als den Auftraggebern ist freilich die Frage zu stellen, wie überhaupt eine zuverlässige Aussage zur Frage der Realisierbarkeit gemacht werden soll, solange das Mengengerüst und der Komplexitätsgrad nicht einmal der Größenordnung nach feststehen. Ein frisch-fröhlicher Optimismus scheint jedenfalls unangebracht, wenn selbst EDV-Firmen, die von der Forcierung des Projekts nur profitieren könnten, eher gedämpfte Töne anschlagen[39].

6. Datenschutz

Der universelle Anspruch des Informationsbankensystems führt dazu, daß anders als bei reinen Dokumentationssystemen, die meist nur publiziertes Material aufnehmen, auch das Problem der Vertraulichkeit gelöst werden muß. Die Arbeitsgruppe hat den damit zusammenhängenden Fragen ein eigenes Kapitel von immerhin 12 (von 125) Seiten gewidmet und damit gezeigt, welche Bedeutung sie ihnen beimißt. Leider bleibt der Ertrag dieses aktuellen und für die Rechtsinformatik besonders interessanten Abschnitts hinter den Erwartungen zurück, und zwar sowohl bei den theoretischen Erklärungen als auch bei den praktischen Vorschlägen.

6.1 Theorie des Datenschutzes

Im theoretischen Bereich fallen einige Simplifizierungen auf, die leicht zu praktischen Fehlleistungen führen könnten.

6.1.1 Definition der Privatsphäre und Datenschutzrecht

So wird die Problematik einer Grenzziehung zwischen solchen Informationen, die der Privat- oder Geheimsphäre zugehören und anderen Individualinformationen zwar für schwierig erklärt, aber wohl doch noch unterschätzt, wenn schlicht gefordert wird, der Gesetzgeber solle den schutzwürdigen Bereich näher bestimmen[40]. Auch eine graphische Darstellung[41] verrät die unzurei-

---

[38] Behandelt wird außerdem das bereits operierende Dokumentationssystem der ELDO/ESRO (Europäische Organisation für Raumforschung, Neuilly, DV-Zentrale in Darmstadt), das über 6 regional verteilte Terminals monatlich 400 Anfragen beantwortet.

[39] Vgl. die Stellungnahme am Ende des II. Bandes, insbes. DATEL S. 395, IBM Deutschland S. 400 f., Nixdorf Computer AG. S. 404, Siemens S. 409 ff.

[40] S. 80

[41] S. 81

chende theoretische Erfassung der Privatsphäreproblematik: die Gesamtmenge der Individualinformationen wird durch eine einfache Linie, bezeichnet als „Grenze der Privat- oder Geheimsphäre", in zwei Teilmengen geschieden. Daß eine so einfache Struktur der sozialen Realität der Privatheit gerecht wird, ist in letzter Zeit mehrfach begründet in Zweifel gezogen worden[42]. Selbst wenn man von einer durchschnittlichen subjektiven Einstellung zur Privatsphäre ausgeht und damit eine wesentliche Dimension der Relativität ausgeschaltet hat, bleibt das Faktum bestehen, daß dieselbe Information unter verschiedenen Bedingungen und gegenüber verschiedenen (potentiellen) Kommunikationspartnern, d. h. in verschiedenen sozialen Rollen, bald frei offeriert, bald streng zurückgehalten wird. Ein Bereich beschränkter Kommunikation reicht deshalb von solchen Informationen, die nur in wenigen sozialen Beziehungen — und dort unter dem Konsens der Nichtweitergabe („Siegel der Verschwiegenheit") — hingegeben werden (Rolle des engen Freundes, des Liebespartners, des Familienmitgliedes) bis zu solchen, über die nahezu unbeschränkt kommuniziert wird, jedoch unter Ausnahme bestimmter potentieller Empfänger wie Finanzamt, Polizei, Ehepartner (Rolle des Steuerzahlers, Gesetzesbrechers, ungetreuen Ehegatten). Wie der Begriff der Privatheit auf diesen Sachverhalt der rollenspezifischen Informationszurückhaltung am sinnvollsten anzuwenden ist, bedarf noch weiterer Klärung[43].

Ebenfalls noch offen ist die Frage, welche Konsequenzen die oben beschriebene Struktur der Kommunikationseinschränkungen für den Rechtsbegriff des Datenschutzes hat. Die neuerdings häufig zu hörende These, die „Relativität der Privatsphäre", womit der soeben beschriebene Tatbestand gemeint ist, schließe einen (auch) *materiell* definierten Datenschutzbegriff aus[44], erscheint jedenfalls voreilig. Ihr Fehler liegt in der unausgesprochenen Annahme, zum Schutz einer Kommunikationsordnung mit einer bestimmten Struktur seien Rechtsnormen mit (etwa) gleich komplex strukturiertem Inhalt erforderlich. Was dabei übersehen wird, ist die Tatsache, daß sozial wünschenswerte Kommunikationsbeschränkungen nicht allein und nicht einmal vorwiegend durch rechtliche Mechanismen hergestellt werden. Erst dann, wenn die normalerweise völlig ausreichenden psychologischen, ökonomischen und sonstigen nichtjuristischen Steuerungsmittel die gewünschte Kommunikations- und Informationsstruktur nicht mehr gewährleisten, stellt sich die Frage nach der Notwendigkeit rechtsförmiger Eingriffe. In der Informationsfreiheit des Art. 5 GG findet dieses Prinzip einer freien Kommunikation, das rechtliche Steuerungen nur als Ausnahme akzeptiert, seine verfassungsrechtliche Bestätigung.

---

[42] Vgl. z. B. *Kamlah*, Datenüberwachung und Bundesverfassungsgericht, in: DÖV 1970, 362, *Chr. Mallmann* in: *Schneider*, Datenschutz — Datenüberwachung, Heft 5 oder Beiträge zur integrierten Datenverarbeitung in der öffentlichen Verwaltung, S. 22 ff.

[43] Hierzu von soziologischer Seite *Paul J. Müller* und *H. H. Kuhlmann*, Integrierte Informationsbankensysteme, social book-keeping und Privatheit, vervielf. Manuskript S. 13 ff. (Veröff. vorgesehen in: International Social Science Journal), die Privatheit nicht mehr als Lebensbereich, sondern als „Bereich relativer Informationslosigkeit über Ego" und als Folge „selektiver Informationsweitergabe qua Rolle" interpretieren.

[44] So die in Fußn. 42 genannten.

Diese Ausnahmefunktion des Rechts hat für den Datenschutzbegriff, soweit er auf den Schutz des Persönlichkeitsrechts im Informationssektor zielt, wesentliche Konsequenzen. Das Recht braucht nicht die ganze Feinstruktur der wünschenswerten Informations- und Kommunikationsordnung vorzuzeichnen, sondern kann sich auf die Teilbereiche zurückziehen, die ohne rechtliche Vorgaben nicht zu der gewünschten Stabilisierung in der Lage wären. Diese Bereiche zu ermitteln, bedarf es detaillierter Analysen. Die Veränderungen im Gefolge neuer Informationstechnologien verlangen hier besondere Aufmerksamkeit, weshalb die hohe Aktualität des Datenschutzes durchaus begründet ist. Entgegen der oben zitierten Auffassung kann sich aber auch herausstellen, daß sich trotz der empirisch vorfindlichen Relativität der Privatsphäre das Problem eines strukturgleichen Datenschutz(rechts)begriffs derzeit (noch) nicht stellt, weil schon ein auf einer niedrigeren Komplexitätsstufe stehender und hier noch materiell ausfüllbarer Rechtsgrundsatz genügt. Der Gegenbeweis jedenfalls ist noch nicht überzeugend geführt[45].

6.1.2 Datenschutz und Freiheit der Kommunikation

Eine andere Simplifizierung liegt in der isolierten Betrachtung des rechtlichen Zieles des Datenschutzes. So schlägt die Studie vor, bei der Prüfung, „ob und welche personen- und institutionenbezogene Informationen für das Informationsbankensystem zugelassen werden, ... von dem Grundsatz (auszugehen) ...: so wenig wie möglich – so viel wie nötig“[46]. Darin liegt nicht nur eine Ausflucht in die Leerformel, wie sie vielleicht in Parteiprogrammen als Widersprüche verdeckende Konsensformel ihren Zweck erfüllt[47], die jedoch als Entscheidungsregel schlicht unbrauchbar ist. Vor allem bedeutet die Nichterwähnung anderer Faktoren, die diesem Grundsatz widersprechen, eine unzulässige Verabsolutierung des Privatsphäredenkens.

Woran die Studie vorbeigeht, ist das Spannungsverhältnis zwischen dem Schutz der Privatsphäre einerseits und dem Prinzip der freien Kommunikation andererseits. Dieser Gegensatz ist kein bloß faktischer, sondern besteht auch auf der Ebene des Rechts, das sowohl die Menschenwürde und die freie Entfaltung der Persönlichkeit als auch die Informationsfreiheit als höchste Werte anerkennt. Der Kompromiß kann nicht in der Weise ausfallen, daß in dem Bereich, wo Informationen von Individuen handeln, das Privatheitsinteresse der einzelnen generell dem Informationsinteresse vorgeht. Denn die demokratische Gesellschaft kann die Frage, ob und was über ihre Teile kommuniziert wird, nicht in das Belieben der Betroffenen stellen. Sie muß die Möglichkeit haben, ihre Probleme auch am symptomatischen Einzelfall zu erörtern, ganz abgesehen von der Notwendigkeit der Diskussion über Individuen, die, etwa aufgrund politischer oder ökonomischer Macht, als solche gesellschaftliche

---

[45] Vgl. auch *Meyer-Hentschel*, Datenverarbeitung und Schutz des Individuums, in: Staats- und Kommunalverwaltung 1971, 264 ff. (265).

[46] S. 79

[47] So heißt es z. B. im Abschnitt Wirtschafts- u. Sozialordnung des Godesberger Programms „Wettbewerb soweit wie möglich – Planung soweit wie nötig!“, Grundsatzprogramm der SPD, Bonn 1959, S. 14.

Probleme darstellen. Ein Dualismus von positivem und negativem Informationsinteresse besteht demnach unvermindert auch im Bereich der Individualinformation. Seine Auflösung wird überzeugend nur auf dem Hintergrund einer Gesellschaftstheorie gelingen, in der die individuellen und gesellschaftlichen Lebensfunktionen verschiedenen Aktions-, Kommunikations- und Reflexionsräumen mit je unterschiedlicher Öffentlichkeit bzw. Privatheit zugeordnet werden. Dabei wird in demokratischen, das heißt auf Machtlegitimation vom Volke her und auf gesellschaftlich organisierte Machtkontrolle gerichteten Gesellschaften der Öffentlichkeitsgrad von Information und Kommunikation in charakteristischer Weise abhängig sein von der gesellschaftlichen Funktion der thematisierten Aktionen oder Fakten: als Gemeinschaft, die ihre Probleme nach Möglichkeit kommunikativ zu regeln versucht, kann sie auf die offene Behandlung derjenigen Informationen nicht verzichten, die *funktional* eine Teilnahme am gesellschaftlichen Entscheidungsprozeß darstellen oder die *inhaltlich* Gegenstände betreffen, die für die Gesellschaft objektiv problematisch und deshalb behandlungsbedürftig sind.

6.1.3 Datenschutz und Institutionen

Der unproblematisierte Wunsch nach möglichst viel Datenschutz äußert sich auch in der durchgängigen *Gleichsetzung* von „personen- und institutionenbezogenen Informationen“[48]. Daran ist zwar richtig, daß neben menschlichen Individuen auch Institutionen, verstanden als Inbegriff von Personenzusammenschlüssen und juristischen Personen ein berechtigtes Interesse an der Beschränkung der Information und Kommunikation über ihre individuellen Verhältnisse haben[49]. Diese nur grundsätzliche Gleichheit sollte aber nicht zu einer psychologisierenden Gleichsetzung von Personen und Institutionen als Subjekt des Datenschutzes führen[50]. Personengemeinschaften und juristische Personen wie Unternehmen, Behörden usw. sind soziale Zweckschöpfungen, die ihrer Zusammensetzung, ihren Zwecken und Wirkungen nach in aller Regel bereits stark auf die Gesellschaft bezogen sind und im mehr oder weniger öffentlichen Raume handeln. Eine menschliche Psyche, wie sie Schutzobjekt und Subjekt der Grundrechte ist, ist hier nicht vorhanden. Schon die Anwendung des Begriffs „Privatsphäre“ muß deshalb in die Irre führen. Der Umfang des Vertraulichkeitsschutzes von Institutionen kann wegen des prinzipiellen sozialen und rechtlichen Unterschiedes nicht durch Analogien zum Privatsphäreschutz des Individuums gewonnen werden. Seine Bestimmung, durch Verfassungsrecht kaum determiniert, ist vielmehr Gegenstand freier politischer Entscheidung und wird sich an den Funktionserwartungen der Gesellschaft gegenüber ihren Institutionen zu orientieren haben. Schon im geltenden Recht

---

[48] Vgl. die Datenschutzdefinition S. 75 und passim

[49] Z. B. zur internen Willensbildung oder zur Erhaltung wirtschaftlich wertvoller Informationsvorsprünge (Geschäftsgeheimnisse etc.). Für inländische juristische Personen gelten die Grundrechte nach Art. 19 III GG, „soweit sie ihrem Wesen nach auf diese anwendbar sind“.

[50] Zu diesem Thema vgl. Westin, Der Mensch und seine Privatsphäre, in: IBM-Nachrichten Heft 201, 189 ff., Heft 202, 289 ff. (289 f.).

läßt sich der *Privatheit* des Individuums prototypisch eher die *Publizität* der Institutionen, etwa der öffentlich-rechtlichen Körperschaften, der Parteien und der Kapitalgesellschaften gegenüberstellen. Der neue Begriff des Datenschutzes verweist auf die Notwendigkeit, die Verhältnisse dem entwickelten Stand der Informationstechnik anzupassen, sollte aber nicht dazu herhalten, elementare gesellschaftliche und rechtliche Unterschiede einzuebnen.

6.1.4 Begriffsbildung im Datenschutz

Eine letzte Bemerkung zur theoretischen Behandlung des Datenschutzes gilt der Terminologie. Die Arbeitsgruppe hat — an sich lobenswert — den Sacherörterungen einige Begriffsbestimmungen vorangestellt[51]. Hier hätte man erwartet, daß sich die Studie entweder dem vorherrschenden Sprachgebrauch anschließt oder, soweit dies nicht zweckmäßig erscheint, die Gründe für das Abgehen darlegt. Stattdessen hat sie eine ganz unübliche Begriffssystematik als allgemeine Konvention ausgegeben („Unter dem Begriff Datenschutz versteht man ...") und damit einen nicht unerheblichen Beitrag zur weiteren Begriffsverwirrung geleistet[52]. „Datensicherung", im allgemeinen als Funktion der Datenverarbeitung als technisch-organisatorischem Prozeß (ohne begriffliche Bindung an Rechtswerte) verstanden, ordnet sie voll dem Begriff des Datenschutzes unter. Zum Datenschutz im engeren Sinne zählt sie den Schutz derjenigen, auf die die Daten sich beziehen[53] nicht nur durch Einhaltung der *Vertraulichkeit*, sondern durch Schutz vor jeglichem „*Mißbrauch* der Daten" (also z. B. wohl auch vor unzulässiger statistischer Auswertung) und ferner „den Schutz vor Entstellung und Unterdrückung von Daten (Manipulation) im Interesse der Benutzer". Sollen Begriffe das analytische Verständnis von komplexen Vorgängen fördern, so erscheint die hier vorgenommene enge Zusammenfassung strukturell ganz verschiedenartiger sozialer Erwartungen an die Informationsverarbeitung wenig sinnvoll: vetrauliche Handhabung bedeutet für eine semantisch definierte Menge von Informationen (das geschützte Rechtssubjekt gehört zur Referenz) einen Anspruch auf Einschränkung informationeller Aktivitäten wie Ermittlung, Speicherung und Weitergabe; Manipulationsausschluß bedeutet für eine vom Systemumfang vorgegebene, also nicht semantisch definierte Menge von Informationen einen inhaltlichen Anspruch (vollständige und richtige Information). Vereinfacht geht es einmal um das „Ob", das andere Mal um das „Was" der Information. Dem entsprechen verschiedene soziopolitische Konfliktlagen, verschiedene rechtsdogmatische Anknüpfungspunkte und verschiedene praktische organisatorisch-technische Realisierungsversuche. Solche Differenzen sollten auch auf der sprachlichen Ebene deutlich werden.

---

[51] S. 75 f.

[52] Auch sonst ist die Terminologie manchmal eigenwillig. So glaubt man, aus den international gebräuchlichen Begriffen „Datenbank" und „Informationssytem" eine „Informationsbank" machen zu müssen, „um deutlich zu machen, daß (sie) ... der Information dienen". Es scheint aber eher darum gegangen zu sein, den terminologischen Weg für einen neuen und griffigen Arbeitstitel, nämlich das „Informationsbankensystem" zu ebnen (vgl. S. 8).

[53] Im Text unvollständig: „der durch Daten beschriebenen Subjekte", s. S. 75

6.2 Realisierung des Datenschutzes

Zur praktischen Lösung des Datenschutzproblems im Rahmen des „Informationsbankensystems" enthält die Studie folgende Vorschläge. Die Entscheidung über „die Aufnahme, Speicherung, Weitergabe und sonstige Nutzung von personen- und institutionsbezogenen Informationen" soll „für jeweils klar definierte Bestände" in der Form „ausdrücklicher Genehmigung" durch die „Leitungsgremien" getroffen werden[54]. Der Begriff „Leitungsgremium" kommt zwar im vorgeschlagenen Organisationsmodell nicht vor – dort gibt es „Leitstellen" als Leitungsorgane der Fachinformationsbanken sowie auf der obersten Ebene eine „Deutsche Kommission für das Informationsbankensystem"[55] –, scheint aber eben diese Leitungsorgane des Systems zu meinen. Ob gerade dort der Datenschutz am besten aufgehoben wäre, ist einigermaßen fraglich. Zunächst wird es Sache derjenigen sein, die über die infragekommenden Informationsbestände und -quellen verfügen, entsprechend ihrer Verantwortung gegenüber ihren Datenlieferanten sowie anderen Betroffenen dem System nur solche Informationen anzubieten, die deren legitime Interessen nicht verletzen. Innerhalb des dann verbliebenen Angebots wird für eine weitere datenschutzorientierte Auswahl durch die Organe des Systems nur noch wenig Raum sein. Aber auch wenn man davon ausgeht, daß den am System beteiligten Datenzulieferern keine eigene Vorauswahl zusteht – der Text ist insoweit nicht eindeutig –, wären die Organe der aufnehmenden Stelle aufgrund der Interessenlage nicht die optimalen Datenschützer: zumindest an der Aufnahme und Speicherung bestünde ein vitales Eigeninteresse.

„In Einzelfällen könnte" nach Auffassung der Arbeitsgruppe außerdem „die ausdrückliche Zustimmung der Betroffenen verlangt werden"[56]. Die Idee, dem einzelnen im Informationsbereich stärkere Selbtsbestimmungsrechte einzuräumen, ist zwar einer der Kernpunkte der Datenschutzdebatte, das Fehlen konkreterer Hinweise auf den Anwendungsbereich und das Verfahren solcher Zustimmungen zeigt aber bereits, daß die Hauptschwierigkeit im Entwickeln praktikabler Modelle liegen wird.

Auch die weiteren Vorschläge zur Verwirklichung des Datenschutzes wirken noch recht improvisiert und unausgewogen. So wird die (Datenbank-)methodische Problematik eines Auskunftsanspruchs des einzelnen über ihn betreffende Daten nicht erkannt, während die kleinlich-banale Frage einer mißbräuchlichen Dauerwiederholung des Auskunftsrechtes an erster Stelle rangiert. Von den Funktionen der neben unabhängigen staatlichen Überwachungsstellen vorgeschlagenen „Datenschutzstellen" innerhalb des Informationsbankensystems erfährt man nur, daß sie die Gehmigungen zu registrieren und im übrigen „ihre Aufgaben wahrzunehmen" hätten[57]. Und etwas verwirrend wirkt auch der Vorschlag, durch Richtlinien über die Anonymisierung festzulegen, „daß die Personen (!) ... unkenntlich zu machen" seien[58].

---

[54] S. 79
[55] S. 51 ff.
[56] S. 79
[57] S. 83
[58] S. 80

7. Politische Probleme der Informationsplanung

Die Realisierung eines Systems im vorgeschlagenen Umfang würde die bestehende Informationslandschaft tiefgreifend verändern. Mit großer Wahrscheinlichkeit würden neue Informationsangebote zu veränderten Formen der Informationsnutzung führen. Da Information das Medium der sozialen Kommunikation und diese Voraussetzung sozialen Handelns ist, werden veränderte Formen des Informationsumschlages notwendig auch Einfluß auf das Denken und Handeln im gesellschaftlichen Rahmen haben. Wenn auch Qualität und Quantität solcher Einflüsse wissenschaftlich noch wenig erforscht sind, so sollten sie doch nicht unterschätzt werden. So wie erst die Buchdruckerkunst die Aufklärung ermöglicht hat – um das klassische Beispiel für die Auswirkung technischer Fortschritte auf die sozio-kulturelle Entwicklung zu zitieren –, so könnte auch die nun anstehende Beschleunigung und Qualifizierung des Informationsumschlages zu gesamtgesellschaftlich spürbaren Auswirkungen führen. Daß die Planungs- und Steuerungsentscheidungen ganz enorme politische Bedeutung haben werden, steht jedenfalls außer Zweifel. Zum ersten Mal würde eine einzelne Institution auf einem großen Gebiet der Information ein Monopol oder doch eine „marktbeherrschende Stellung" erhalten und damit die Möglichkeit eröffnet, durch einige wenige Entscheidungen in bestehende Informationsstrukturen nachhaltig einzugreifen. Die politische Bedeutung dieses Sachverhalts wird auch dadurch, daß die zentrale Institution nicht unmittelbar der Regierung untergeordnet, sondern – ähnlich den Rundfunkanstalten – rechtlich verselbständigt und mit einem pluralistisch zusammengesetzten Entscheidungsgremium ausgestattet wäre[59], nicht wesentlich geschmälert.

7.1 Informationsauswahl als rechtliches und politisches Entscheidungsproblem

Eine der politisch brisantesten Aufgaben ist die Auswahl der in das System aufzunehmenden Informationen. Davon geht auch die Studie aus, wenn sie die Auswahlproblematik im Zusammenhang mit den Gefahren der Monopolbildung, der Abhängigkeit der Benutzer und der Schwierigkeit von „Gegenkontrolle(n)" anspricht und empfiehlt, „diese Problematik sollte in ihrer vollen Bedeutung erkannt werden"[60]. Bei der Problemlösung kommt sie selbst allerdings über einige theoretisch und politisch unbefriedigende Bemerkungen nicht hinaus. Bereits mit der systematischen Einordnung in das Kapitel Datenschutz deutet sich eine Verkürzung der politischen Perspektive an. In der Tat wird dann auch das Problem der Steuerung der Aufnahme von Informationen in das System radikal auf seine juristische Dimension reduziert: es seien hier „Ermessensentscheidungen" zu treffen; den „Ermessenspielraum" gelte es durch Vorgabe genauer Auswahlkriterien und Richtlinien „soweit wie möglich zu verkleinern und einzugrenzen"; ihn ganz zu beseitigen, sei nicht möglich; „deshalb müss(t)en an die Objektivität der Entscheidung hohe Ansprüche gestellt werden"; daß

[59] S. 56 ff.

[60] S. 83

„niemand ... durch entstellte oder unvollständige Informationen benachteiligt" werde, sei auch ein Gebot des „Gleichheitsgrundsatzes"[61].

Der entscheidende Mangel dieses Lösungsansatzes liegt darin, daß er eine Ebene zu tief ansetzt. Die Abhängigkeit des Abnehmers von einem monopolistischen Angebot wird nicht dadurch zum *allgemein* interessierenden Problem, daß in die *Feinstruktur* des Angebots vereinzelte, auf Unvermögen oder manipulativer Absicht beruhende subjektive Beurteilungsmomente eingehen – wenn auch dieses Problem ohne Zweifel existiert –, sondern durch die politischen Implikationen allgemeiner Steuerungsentscheidungen, die festlegen, welche Gebiete mit welchen Informationsquellen bedient werden. Juristische Entscheidungslehren greifen auf dieser Ebene leer: für die Prioritätensetzung etwa zwischen Mediävistik und Literatursoziologie läßt sich weder aus der Ermessenslehre noch aus dem Gleichheitssatz etwas gewinnen.

7.2 Bedarf und politische Priorität als Kriterien für Steuerungsentscheidungen

Zur Frage, welche anderen Kriterien für die allgemeineren Steuerungsentscheidungen maßgebend sein sollen, werden an anderer Stelle zwar einige Ausführungen gemacht, allerdings ohne die politischen Aspekte zur Sprache zu bringen[62]. Danach soll „wichtigstes Kriterium für die Datenauswahl ... die Befriedigung des Benutzerbedarfs" sein, wobei die Bedarfsanalyse eine ständige Aufgabe sei.

Ohne Zweifel ist damit der geeignete Steuermechanismus genannt. Es wäre aber eine Illusion zu glauben, daß mit der grundsätzlichen Entscheidung für Bedarfssteuerung die politischen Probleme gelöst seien. So werden die bestehenden methodischen Unzulänglichkeiten in der Ermittlung und Beurteilung von Informationsbedürfnissen dazu führen, daß die Ergebnisse wesentlich auch davon abhängen, *wie* und *von wem* der Bedarf festgestellt wird. Nicht ganz selbstverständlich ist auch die Frage, auf *wessen* Bedarf es eigentlich ankommt. Hinter dem unmittelbaren Benutzer können durchaus anders gerichtete und ebenso legitime Interessen stehen, etwa das Interesse der Patienten bzw. ihrer Krankenversicherungen an der Information der Medikamente verschreibenden Ärzte über das preisgünstigste unter einer Vielzahl gleichwirksamer Präparate oder das Interesse der Gesellschaft an der raschen Verbreitung von Informationen über umweltfreundliche Technologien auch wenn diejenigen, die diese Informationen nutzen sollen, noch keinen Bedarf gemeldet haben.

Schließlich stößt die Bedarfssteuerung auf eine prinzipielle Grenze, die mit der Struktur des Bedarfsbegriffes zusammenhängt. Der vorhandene Informationsbedarf kann zwar in fast beliebig feiner Strukturierung empirisch ermittelt und beschrieben werden, doch läßt sich daraus für Verteilung der beschränkten Resourcen nur relativ wenig ableiten. Am ehesten denkbar ist noch die bedarfsgerechte interne Ausrichtung eines geschlossenen Interessengebiets, weil hier an die von den (potentiellen) Benutzern gemeldeten Prioritäten angeknüpft

---

[61] S. 83

[62] S. 99 f., zur Aufbauphase s. auch S. 115

werden kann. Dagegen fehlt zwischen den von verschiedenen Personen auf unterschiedlichen Gebieten gemeldeten Bedürfnissen jede Vergleichbarkeit, so daß das Bedarfskriterium für die Prioritätenentscheidungen zwischen verschiedenen Sachbereichen fast völlig ausfällt. Insbesondere in diesem – politisch wichtigen – Komplex muß deshalb eine zusätzliche *Bewertung* der unterschiedlichen Informationsinteressen durchgeführt werden. Diese Bewertung ist nach Inhalt und Folgen genuin politisch. Sie betrifft zugleich die hinter den Informationsinteressen liegenden sozialen Interessen. Ihre gesamtpolitische Funktion ergibt sich aus dem engen Zusammenhang von Information und Macht, wie er in Gesellschaften besteht, die sich primär kommunikativ organisieren.

Damit wird deutlich, daß auch eine am Bedarf orientierte Aufbausteuerung um erhebliche politische Entscheidungen nicht herumkommt. Obwohl diese Problematik in der Studie nicht expliziert wird, sind doch die daraus folgenden Konsequenzen für die Organisation der Entscheidungsprozesse z. T. gezogen. So wird für die obersten Beschlußorgane jeweils eine gemischte Zusammensetzung aus (professionellen) Fachleuten und Vertretern der „Öffentlichkeit", der „Benutzer" und aus „Politik und Gesellschaft" vorgeschlagen[63]. Die richtige Verteilung der Gewichte wird angesichts des breiten fachlichen und strukturellen Spektrums des Systems wohl kaum einheitlich ausfallen können. Für die Praxis nicht minder wichtig als die Zusammensetzung ist es, daß die unmittelbar oder mittelbar interessierten gesellschaftlichen Gruppierungen lernen, ihre Bedürfnisse zu erkennen, zu artikulieren und an das System heranzutragen. Auch über diesen Lern- und Vermittlungsprozeß, der mehr ist als „Benutzerschulung", werden noch Gedanken anzustellen und Erfahrungen zu sammeln sein.

7.3 Grenzen politischer Dispositionsfreiheit

Die vorangegangenen Bemerkungen über den politischen Charakter bestimmter Entscheidungen im Rahmen des Aufbaues eines umfassenden Informationssystems bedeuten andererseits nicht, daß eine völlige politische Dispositionsfreiheit bestünde. Welche Interessen welcher gesellschaftlicher Gruppen in welchem Maße durch das System befriedigt werden können, ist – in unterschiedlichem Umfang – auch von einer Reihe von Rahmenbedingungen abhängig, so von dem technischen und methodischen Entwicklungsstand der Datenverarbeitung, den strukturellen Verhältnissen des jeweils betroffenen Informationssektors, der Art und dem Umfang der jeweiligen Informationsbedürfnisse und den jeweiligen ökonomischen und sozialpsychologischen Gegebenheiten, um nur einige der wichtigsten Faktoren zu nennen.

7.3.1 Technische Randbedingung: Methodik der Datenverarbeitung

So folgt aus dem methodischen Grundprinzip der Datenverarbeitung, jede gestellte Aufgabe durch eine Rückführung auf formale Operationen mit Zeichenreihen zu lösen, daß Probleme qualitativ um so besser bewältigt werden können, je mehr sie in formalen Abläufen bestehen bzw. je besser sie in solcher

---

[63] S. 51 f., 59 f.

Form nachvollzogen, d. h. abgebildet werden können. Wie weit das der Fall ist, hängt einerseits von der Beschaffenheit der Information ab, also z. B. von der äußeren Struktur der Dokumente und von den Eigenschaften und der Verwendungsweise der jeweiligen Sprache, andererseits davon, ob sich die Informationswünsche so artikulieren lassen, daß formale Beziehungen zwischen der Frage und den gesuchten Informationen bestehen. So kommen Gebiete mit streng normierter Sprache und bereits standardisiertem Nachrichtenverkehr, wie etwa Medizin und Statistik, strukturell der Automation eher entgegen als die Inhaltserschließung literarischer oder philosophischer Texte oder die Sprachübersetzung.

7.3.2 Ökonomische Randbedingungen: Mengengerüst und Geschäftswert

Ökonomische Randbedingungen ergeben sich vor allem aus dem „Mengengerüst“ eines Anwendungsgebietes, also aus der Menge der zu erfassenden und zu speichernden Informationen, dem Umfang notwendiger Fortschreibung, den quantitativen Anforderungen an Verarbeitung, Ausgabe und Fernübertragung usw., aber natürlich auch aus dem wirtschaftlichen Nutzen der Automationseffekte wie Beschleunigung, Qualitätssteigerung, erhöhter Sicherheit usw. Aus der Natur der Sache fügen sich solche ökonomischen Faktoren noch am ehesten politischer Korrektur. Ihre Hebel sind einerseits entsprechend gezielte Subventionen, andererseits nach politischen und sozialen Gesichtspunkten gestaffelte Tarife oder Gebühren.

In praxi bestehen aber auch hier Zwänge, die den Entscheidungsspielraum einengen. So wird aus dem Wunsch, mit den begrenzten öffentlichen Mitteln möglichst viel zu erreichen, immer die Tendenz zur Bevorzugung solcher Bereiche erwachsen, die die größten ökonomischen Vorteile bringen und sich deshalb am ehesten selbst finanzieren können. Nun liegt es auf der Hand, daß der Wert von Informationen, die der Verbesserung von Entscheidungen dienen, mit dem „Geschäftswert“ steigt. Dies könnte dazu führen, daß Rationalisierung, wie schon bisher auf den meisten Gebieten, auch im Bereich der Information mehr oder weniger ein Privileg der Großen und Reichen bleibt und beispielsweise eine Datenbank über Werkstoffe vor einer solchen über Berufskrankheiten den Vorzug erhält.

7.3.3 Soziologische und psychologische Randbedingungen: Interesse und Vorinformation des Benutzers

Schließlich können auch soziologische und psychologische Randbedingungen für Erfolg oder Mißerfolg von Informationssystemen entscheidend sein. Daß diese an sich triviale Tatsache den EDV-Planern erst in neuerer Zeit voll ins Bewußtsein gedrungen ist (meist unter den Stichworten „Benutzerforschung“, „Benutzerbedürfnisse“, „benutzerfreundliche Gestaltung“[64]), wird darauf zurückzuführen sein, daß erst solche Systeme, die mehr sind als eine bloße Umsetzung vorhandener Informationsstrukturen in elektronische Medien, diejenige

[64] Dazu ausführlich *Bühnemann*, DVR 1972, Heft 1, S. 79 ff.

Veränderungsqualität erreichen, die zur Beachtung psycho-sozialer Beziehungen und Bedingungen zwingen.

Zwei Bereiche sind hier grundsätzlich zu unterscheiden: die Frage der Auswirkungen von Informationssystemen auf das soziale Umfeld, also etwa die Frage der innerbetrieblichen Folgeprobleme aus der Einebnung des Informationsgefälles bei Einführung eines Managementinformationssystems, und die Frage der psychologischen Ausgangsbedingungen bei den potentiellen Benutzern, also etwa die Frage nach motivationalen und intellektuellen Voraussetzungen für den sinnvollen Gebrauch eines Systems. Während sich die möglichen Auswirkungen der Prognose weitgehend entziehen, läßt sich aus allgemeinen Aussagen über Interessen und Fähigkeiten der potentiellen Benutzer mit relativ großer Sicherheit auf deren künftiges Verhalten gegenüber bestimmten Systemen schließen.

So wird man davon auszugehen haben, daß die Angebote automatisierter Informationssysteme zwar vorhandenes Interesse aktivieren, aber wohl kaum neues Interesse erzeugen können. Gegenüber dem Fernsehen, dem diese Wirkung häufig zugeschrieben wird, fehlt die neue Qualität der Präsentation; die bloße Veränderung der Selektionstechnik hat vergleichsweise geringe Stimulationskraft. Das System muß aber auf seiten seiner Benutzer nicht nur ein grundsätzliches Interesse voraussetzen, es stellt auch ganz bestimmte intellektuelle und wissensmäßige Anforderungen.

Wie bei der zwischenmenschlichen Kommunikation ist auch bei der Mensch-Maschine-Kommunikation das Vorhandensein einer ganzen Reihe von Vorinformationen unerläßliche Bedingung erfolgreicher Kommunikation. Erst diese Vorinformationen setzen den Empfänger einer Nachricht in Stand, diese sinnvoll zu interpretieren, d. h. deren Informationsgehalt zu erschließen. Die nähere Erforschung der Zusammenhänge von Vorinformation, Information und Verständigungsprozeß wird von einer ganzen Reihe von Wissenschaften, wie Psychologie, Erkenntnistheorie, Sprachphilosophie, Linguistik, Kommunikations- und Informationstheorie von verschiedenen Ansätzen her betrieben. Ihre Bedeutung für Planung und Praxis von Informationssystemen wird bereits aus der (verkürzten) Darstellung einiger dieser Abhängigkeiten deutlich.

Vorinformationen sind z. B. notwendig über den Kommunikationspartner und seine Art zu kommunizieren. So muß der Benutzer einiges über das System wissen, um einschätzen zu können, auf welchen Gebieten er Leistungen von welcher Qualität erwarten kann. Weiter muß er die „Sprache" des Systems kennen, um verständliche Anweisungen geben und seinerseits die Antworten verstehen zu können, d. h. er muß die Benutzersprache beherrschen. Die darin liegende praktische Einschränkung der Benutzbarkeit läßt sich zwar durch Vereinfachung und eine didaktisch durchdachte Präsentation (Lernprogramme) teilweise aufheben, jenseits eines bestimmten Punktes läßt sich weitere Vereinfachung jedoch nur noch durch eine Drosselung der Systemleistungen erkaufen, womit freilich der Sinn des Ganzen verfehlt würde.

Die Notwendigkeit von Vorinformationen ergibt sich schließlich aus dem Gegenstand. Wer in einem Wissensgebiet nicht eine gewsse Minimalorientierung schon besitzt, dem nutzen auch die perfektesten Informationsmittel nichts. Nicht nur, daß die Unkenntnis von Sprachkonventionen, die von der Umgangssprache abweichen, den Suchenden auf Irrwege führt, ihm fehlt vor allem diejenige Sachkenntnis, die erst zur Stellung vernünftiger Fragen befähigt. Das fachliche Vorwissen wird eine um so größere Rolle spielen, je mehr sich die Sprache eines Faches von der Umgangssprache entfernt hat und je komplizierter die Fragen in ihrer logischen Struktur sind. Auch hier kann das System dem Benutzer zwar entgegenkommen, indem es besondere Suchhilfen, etwa in der Form von Begriffserklärungen und -netzen, anbietet. Der Anspruch jedoch, von jedem Bewußtseins- und Kenntnisstand aus in didaktisch kontrollierter Weise zu den gesuchten Fachfragen hinzuführen, liefe auf eine universelle Lehrmaschine hinaus und ist auf absehbare Zeit unerfüllbar.

Der Entlastung des Benutzers von den Anforderungen der Informationssuche dient auch das Beratungspersonal, das an den Informationsvermittlungsstellen in den Suchprozeß eingeschaltet ist. Der Schwerpunkt dieser Entlastung betrifft die Systemkenntnis, sei es daß der Benutzer angeleitet wird, sei es daß die Bedienung der Terminals allein durch den Beratungsdienst erfolgt. Die fachliche Beratung, d. h. die Hilfe bei der Ermittlung und umgangs- bzw. fachsprachlichen Präzisierung des Informationswunsches, könnte zwar durch stärkere fachliche Spezialisierung der Beratungskräfte gegenüber dem gegenwärtigen Zustand intensiviert werden, sie läßt sich aber schon aus Kapazitätsgründen nicht zu einem universellen Bildungssystem oder Nachhilfesystem auf Privatlehrerbasis erweitern. Aus all dem ergibt sich, daß Informationssysteme durch entsprechenden Personalaufwand ihre Benutzer zwar von systemspezifischen Anforderungen entlasten können; ein wesentlicher Beitrag zur Stimulation neuen Interesses und zum Erlernen sinnvoller Systemnutzung ist dagegen nicht zu erwarten.

7.4 Informationssysteme und „Informierte Gesellschaft“

Die im vergangenen Abschnitt genannten, die Planungsfreiheit einschränkenden Faktoren haben wesentlichen Einfluß auf die Erwartungen und Hoffnungen, die man einem umfassenden Informationssystem entgegenbringen kann, und bestimmen insofern auch die generelle politische Einschätzung eines solchen Projekts.

Das methodische Prinzip der Datenverarbeitung stellt unter allen Informationsaufgaben eine Rangordnung danach her, wie leicht sie sich durch die Datenverarbeitung realisieren lassen. Ob eine solche Ordnung zugleich signifikante Rangunterschiede zwischen Aufgaben enthalten wird, die verschiedenen gesellschaftlichen Interessen zugute kommen, oder ob sie eine politische Zufallsverteilung aufweisen wird, kann gegenwärtig noch nicht beurteilt werden.

Ökonomische Faktoren begünstigen, wie dargelegt, die vorrangige Bedienung solcher Bereiche, in denen über Gegenstände von hohem wirtschaftlichen Wert entschieden wird. Dies führt tendenziell zu einer Bevorzugung des wirtschaftlichen Sektors vor dem kulturellen, der großen und reichen staatlichen oder privaten Institutionen samt ihren Beratern und Hilfsunternehmen vor den kleinen und armen sowie der Entscheidungszentren vor der Peripherie. Das Prinzip des hohen Geschäftswertes wird zwar durch das Prinzip der großen Zahl, das politisch mitunter in umgekehrter Richtung wirkt, überlagert, bleibt aber doch dominant. Im Gegensatz zum Bereich der sog. kommerziellen Datenverarbeitung, wozu auch die Massen- und Routinearbeiten des öffentlichen Bereichs zählen, führen bei Dokumentations- oder Auskunftssystemen hohe Fallzahlen allein nicht zur Rentabilität einer Anwendung. Zwar bedeutet eine hohe Anfragefrequenz eine bessere Nutzung der Datenbasis, d. h. der Aufbereitungs- und Speicherkosten, doch steigen die bedeutenden fallbezogenen Verarbeitungs- und Übertragungskosten fast proportional mit der Fallzahl, so daß sich die Kosten pro Anfrage nur bis zu einem bestimmten Minimum senken lassen. Diese Minimalkosten dürften zumeist bereits in einer Größenordnung liegen, die zur Beachtung des Nutzwertes zwingt.

Von erheblicher Bedeutung für die in Informationssysteme zu setzenden Hoffnungen sind auch die erwähnten Anforderungen der Systeme und der in der Kommunikation mit ihnen zu beachtenden Prinzipien, d. h. vor allem die Notwendigkeit systemspezifischer und sachlich-fachlicher Vorinformationen. Diese Bedingungen wirken in zweifacher Weise selektiv: das notwendige Sachwissen findet sich eher beim Fachmann als bei einem Laien und die Fähigkeit zum Eindringen in fremde Sachgebiete sowie zum Erlernen relativ komplizierter Bedienungsregeln (Benutzersprache) steigt mit Intelligenz und Sprachbeherrschung, d. h. im großen und ganzen mit der Schulbildung des Benutzers.

Diese Präferenzen stehen mit bestimmten Zukunftserwartungen, die mitunter in die Datenverarbeitung gesetzt werden, im Widerspruch. Es handelt sich dabei vor allem um die Vorstellung, technische Neuerungen wie Datenbanken, Fernverarbeitung usw. bis hin zur „Information aus der Steckdose" führten mehr oder weniger zwangsläufig zu einer qualitativ veränderten gesellschaftlichen Informationsstruktur, die sich in einer besseren Informiertheit aller Glieder der Gesellschaft ausdrücke. Dies bedeute nicht nur eine höhere Lebensqualität des einzelnen, sondern sei auch ein entscheidender Beitrag zur Herstellung der bildungssoziologischen Voraussetzungen für allgemeine und gleiche Teilhabe an den öffentlichen Entscheidungsprozessen, also für materielle Demokratie. In der Formel der „Informierten Gesellschaft", die Kritiker dem *Erhard*schen Konzept einer „Formierten Gesellschaft" Mitte der sechziger Jahre entgegensetzten, kommt diese politische Zielrichtung deutlich zum Ausdruck[65]. In dieser Form[66] und mit diesem Verständnis[67] hat sie als Leitsatz Nummer 1 auch Eingang in die Studie gefunden.

Die Vorstellung, verbesserte Informationsangebote könnten die soziale Basis der Demokratie festigen und verbreitern, hat nur dann Sinn, wenn man die in der heutigen Gesellschaft verbreitete politische Abstinenz als Folge mangeln-

---

[65] Vgl. *Steinbuch*, Die Informierte Gesellschaft, Taschenbuchausg. 1968, insbes. S. 242, ders., Falsch Programmiert, Taschenbuchausg. 1970, S. 100 f.

[66] S. 15

[67] S. 16 „... zur Verbesserung seiner (des Bürgers) ... Voraussetzungen ... bei der Mitwirkung an der demokratischen Willensbildung"

der Informationsangebote interpretiert. Freilich hat dieser Erklärungsversuch so wenig Plausibilität, daß er selbst von den Verfechtern technologischer Demokratisierung nicht vorgetragen wird. Ihr steht entgegen, daß die Entpolitisierung zusammenfällt mit einer starken Ausweitung und Ausdifferenzierung des Angebots im Bereich öffentlicher und privater Informationsmedien. Auch hat sich gezeigt, daß selbst in kritischer Absicht vorgetragene Information nicht vor der Gefahr gefeit ist, schlicht konsumiert zu werden. Das Problem, wie sich Wissens- oder Bildungsinteressen wecken und steuern lassen, ist weithin ungelöste Aufgabe pädagogischer Forschung. Alle Erfahrungen sprechen aber dafür, daß Lösungsansätze zunächst in der Dynamik sozialer Prozesse zu suchen sind und erst in dritter, vierter Linie im Bereich der Informationstechnik.

Selbst in diesem engen Rahmen werden Datenverarbeitung und Datenbank nach den obigen Ausführungen nur eine geringe Rolle spielen. Speziell die hohen Ansprüche an die Benutzer schließen den Einsatz bei den Zielgruppen aus, die im Mittelpunkt der Bemühung um politische Aufklärung und Emanzipation stehen. In gewisser Weise kann das Konzept der Information durch Datenbanken sogar mit den Zielen politischer Aufklärung in Konflikt geraten: insofern die Datenbank das Informationsgefälle zwischen Wissenden und Unwissenden verstärkt, läuft sie dem egalisierenden Anspruch mancher Demokratiemodelle zuwider.

Für das Projekt „Informationsbankensystem" hat die Feststellung, daß das Datenbankkonzept zur politischen Massenaufklärung nichts beizutragen hat, zweierlei Folgen. Zum einen ist der Vorwurf der Mitwirkung an technokratischer Ideologiebildung zu erheben, die verhängnisvolle gesellschaftspolitische Folgen haben kann: das Problem demokratischer Willensbildung der Datenbank zu überantworten, bedeutet Ablenkung von den tatsächlichen Hindernissen, die einer weiteren Demokratisierung im Wege stehen. Zum anderen ergibt sich eine schärfere Einschätzung der voraussichtlichen praktischen Auswirkungen des Systems: seine Stärke liegt in der verbesserten Information derer, die gewohnt sind, mit Information umzugehen, d. h. vor allem in der professionellen Information. Damit ist das Projekt keineswegs hinfällig, denn auch dieser Bereich hat große gesellschaftliche Bedeutung. Der wissenschaftliche Fortschritt, der sinnvolle Umgang mit den natürlichen Resourcen und die wirtschaftliche Durchführung administrativer Aufgaben können durch verbesserte Information erheblich gefördert werden. Doch ist mit dieser Akzentverschiebung in der Zielrichtung auch eine Veränderung der Legitimationsbasis verbunden: Ob das System errichtet werden soll, ist nicht mehr eine Frage der politischen Bewertung seines Emanzipations- und Demokratisierungspotentials, sondern ergibt sich aus einer ökonomischen Kosten-Nutzen-Rechnung.

8. Schluß: Gesamtbeurteilung

Trotz dieser Präzisierung der gesellschaftspolitischen Erwartungen fällt eine Gesamtbeurteilung des Vorschlages außerordentlich schwer. Sicher ist jedoch, daß im Zentrum der Bewertung die Begründetheit des Universalitätsanspruchs stehen muß. Ihr soll deshalb nochmals nachgegangen werden.

Hinter der Vorstellung eines wirklich umfassenden Informationssystems steht mehr als nur der Wunsch nach einem bequemen Supermarkt der Informationen, wo sich alle Bedürfnisse „unter einem Dach" erfüllen lassen. Die gewaltige Faszination, die von dem Modell ausgeht, ist nur aus der historisch-philosophischen Tradition erklärbar, an die es bewußt oder unbewußt anknüpft: die enzyklopädische Bewegung der französischen Aufklärung. Die Enzyklopädie, d. h. die Zusammenfassung des gesamten Wissens der Zeit in einem Druckwerk, war dort nicht nur Ausdruck des *philosophisch* begründeten Anspruchs auf die rationale, sprich wissenschaftliche Erfassung und Durchdringung der Welt nach einer einheitlichen Methode, sondern war zugleich Instrument praktischer Aufklärung mit dem Ziel *politischer* Emanzipation.

Beide Momente finden sich in der Idee eines universellen Informationssystems wieder, ohne freilich heute noch vergleichbare philosophische und politische Funktionen zu haben. Die ungeheure wissenschaftliche Ausdifferenzierung, wie sich in der Form schnell fortschreitender Arbeitsteilung und einem enormen Anwachsen des Wissensstoffes äußert, hat das Leitbild des universell Gebildeten oder doch Ansprechbaren ebenso obsolet werden lassen, wie den Versuch, auf der Summe des Wissens aufbauender Welterklärungen. Der neuen elektronischen Enzyklopädie fehlt deshalb die philosophische Untermauerung. Da ihr, wie oben[68] dargelegt, auch die politisch-emanzipative Funktion abgeht, muß ihre Begründung von woanders her erfolgen.

Die heute gültige, ökonomisch-pragmatische Begründung, die in der Beschleunigung und Qualifizierung der Informationsbereitstellung für die verschiedensten gesellschaftlichen Teilbereiche gesehen wird, spricht nicht mehr eo ipso für *umfassende* Systeme. Auch die zahlreichen, gegenwärtig besonders aktuellen interdisziplinären Forschungsgebiete sind dafür kein zwingendes Argument. Die konkrete Bedarfsanalyse kann zwar die Notwendigkeit der Integration bestimmter Informationsfelder ergeben, der Sinn einer Totalintegration liegt aber keineswegs auf der Hand.

Erweist sich damit der Vorschlag eines universellen Informationssystems mit einem Teil seiner (unausgesprochenen) Begründung als geistegeschichtlich verspätet, so gilt für seine technisch-methodischen Implikationen zumindest teilweise das Gegenteil. In einer Entwicklungsphase der EDV-Anwendung, in der die Grenzen des Machbaren und der Wirtschaftlichkeit sehr deutlich hervortreten und bei Praktikern zu „Enttäuschung und Skepsis[69]" und zu einer drastischen Zurücknahme der Erwartungen[70] geführt haben, stößt der Vorschlag des „Informationsbankensystems" zu einem neuen Erwartungsmaximum vor. Er äußert sozusagen heute die gestern gehegten übertriebenen Hoffnungen auf die

---

[68] Unter 7.4

[69] So *M. A. Charguéraud* (Präsident der Diebold Europe SA), Der Computer muß entzaubert werden, in: Data Exchange 1972, Mai, S. 26

[70] So im privaten Bereich bzgl. der MIS, im öffentlichen hinsichtlich der integrierten Datenverarbeitung. Exemplarisch ist auch der Rückzug beim Projekt Juristisches Informationssystem vom (Fragen beantwortenden) Informationssystem auf die reine Dokumentation.

Computer von übermorgen und ist insofern verspätet und verfrüht zugleich. Nicht zuletzt darin wird es liegen, wenn der Beifall in der EDV-Fachwelt begrenzt bleiben wird[71].

Die Kritik nach den Maßstäben der heutigen Anwendungspraxis spielt freilich dann keine große Rolle mehr, wenn man den Vorschlag allein unter langfristigen Aspekten betrachtet. Allerdings müßte man dann auch Abschied nehmen von der Vorstellung, schon 1973/74[72] könnten die zentralen Organe auf der Grundlage von bis dahin zu erlassenden Bundesgesetzen[73] geschaffen werden. Damit ist zugleich die Richtung angedeutet, in welcher der Vorschlag insgesamt so weiter behandelt werden könnte, daß seine positiven Aspekte zum Tragen kommen. Aktuell ist nicht der Beginn des organisatorischen Aufbaus eines bundesweiten Systems, sondern die systematische Sammlung von feingegliederten Erfahrungen über den Bedarf und die methodischen Möglichkeiten übergreifender Informationssysteme. Aus finanziellen wie auch aus sachlichen Gründen dürfte dabei die entsprechende Ausrichtung und Auswertung laufender Vorhaben Vorrang haben vor der Inangriffnahme völlig neuer Projekte. Wohin die Ergebnisse dann führen werden, vermag heute noch niemand zu sagen. Wichtig ist es aber, den Prozeß in Bewegung zu setzen. Hierauf eindringlich hingewiesen zu haben, ist das nicht bestreitbare Verdienst der Studie.

Zusammenfassung

Der Beitrag versucht eine Würdigung des von einer interministeriellen Arbeitsgruppe gemachten Vorschlags eines universellen Informationssystems.

Das Verdienst der Studie liegt darin, die öffentliche Aufmerksamkeit auf die Notwendigkeit umfassender Rationalisierung im Bereich von Information und Dokumentation hinzulenken. Das methodische Vorgehen sowie einige theoretische Annahmen und Voraussetzungen geben jedoch Anlaß zur Kritik. So erscheint es wenig sinnvoll, ohne gründliche Analyse konkrete Vorschläge zu Umfang, Struktur und organisatorischem Unterbau des Systems zu machen. Insbesondere der Universalitätsanspruch ist (noch) nicht hinreichend begründet. Die Komplexität der erörterten Organisationsmodelle dürfte sich als nicht ausreichend erweisen.

Der Vernachlässigung methodischer und wissenschafts-theoretischer Probleme entspricht ein stark technisch orientiertes Denken.

Die praktischen Vorschläge zur Lösung der Datenschutzprobleme werden kritisiert, ebenso der zugrundegelegte Datenschutzbegriff.

Der (primär) politische Charakter der Entscheidungen im Bereich der Systemsteuerung, insbesondere der Informationsauswahl, tritt nicht deutlich genug hervor. Die Analyse der technischen, ökonomischen, soziologischen und psychologischen Randbedingungen, welche die Freiheit der Systemgestaltung einschränken, führt zu der Erkenntnis, daß — entgegen technokratischen Ideologien — universelle Informationssysteme zur politischen Aufklärung der Masse und damit zur materiellen Demokratisierung nur wenig beizutragen vermögen. Ihr Schwergewicht liegt vielmehr im Bereich der professionellen Information, was zu einer modifizierten politischen Einschätzung führen muß.

---

[71] Vgl. die Bemerkungen von *Eckert* auf dem Steuerkongreß 1971, in: Steuerkongreß-Report 1971, S. 304

[72] Vgl. den Zeitplan S. 125

[73] Vgl. S. 87, 118 f.; auch auf die Notwendigkeit vorheriger Änderung der Kompetenzvorschriften des Grundgesetzes wird hingewiesen.

Summary

The contribution tries to give an assessment of a proposal for an universal information system made by an interministerial work group.

The merits of the study are to have drawn public attention to the necessity of extensive rationalization in the area of information and documentation. The methodical approach as well as some of the theoretical assumptions and hypotheses, however, give rise to criticism. E. g., it does not seem very meaningful, to make concrete proposals about scope, structure and organizatorial set-up of the system without first thoroughly analysing the existing system and information needs. The claim for universality in particular has not (yet) been sufficiently founded. The complexity of the discussed models of organization may prove not to be sufficient.

The neglect of methodical and theoretical (theory of language and philosophy of science) problems is matched by a way of thinking oriented along purely technical concepts. The practical proposals for solving the problems of protection of privacy are criticized as well as the underlying definition of privacy.

The (primarily) political character of the solutions proposed in the area of the systems design and management, particularly as concerns the selection of information, is not sufficiently pointed out.

The analysis of the technical, economic, sociological and psychological marginal conditions, which limit the freedom of shaping the system, leads to the realization that — contrary to technocratic ideologies — comprehensive information systems contribute only little to the political enlightenment of the masses and thus to substantial democratization. The main effect lies in the area of professional information, which leads to a different view of the political significance of the system.

Andrea Hasselkuß — Claus-Jürgen Kaminski

Sozialdaten in einem Informationssystem für den Rechtsanwender[1]

I. Einleitung

Als mit der Entwicklung leistungsfähiger EDV-Anlagen Überlegungen angestellt wurden, mit Hilfe der EDV Dokumentationssysteme für den juristischen Bereich zu entwickeln, tauchte auch bald die Erwartung auf[2], daß man über die typischen juristischen Dokumente hinaus (etwa Gesetze und Verordnungen, Verwaltungsvorschriften, juristische Monographien, Zeitschriften und Kommentare) dem Rechtsanwender weitere Informationen zur Verfügung stellen könnte. Diese Informationen wurden als Sozialdaten bezeichnet[3]. Eine nähere Bestimmung dieses Begriffes ist bislang nicht erfolgt. Sie war auch insofern praktisch nicht erforderlich, als in keinem Projekt eines juristischen Dokumentationssystems eine Aufnahme derartiger Daten vorgesehen ist[4].

Die Komplexität der Sozialdatenproblematik läßt jedoch schon jetzt eine Befassung mit diesen Problemen sinnvoll erscheinen. Zum einen besteht die Gefahr, daß die Möglichkeit, Sozialdaten bereitzustellen, als Rechtfertigung für die Inkaufnahme von etwaigen, mit der Einführung eines elektronischen juristi-

---

[1] Der Terminus „Informationssystem" wird im Folgenden umfassend und nicht beschränkt auf Informationssysteme mit elektronischer Unterstützung verwendet. Zum Begriff des Informationssystems vgl.: Das Juristische Informationssystem; Analyse, Planung, Vorschläge. Bericht der Projektgruppe aus Mitgliedern des Bundesministeriums der Justiz, der Gesellschaft für Mathematik und Datenverarbeitung und der C-E-I-R an den Bundesminister der Justiz, Januar 1972 (im folgenden Schlußbericht genannt) unter 2.6, vgl. auch *Fiedler,* Automatisierung im Recht und juristische Informatik, JuS 1970, S. 604 f.

[2] *Spiros Simitis,* Informationskrise des Rechts und Datenverarbeitung, Karlsruhe 1970, S. 87; *Fiedler/Klug/Simitis*, Vorbericht über eine juristische Datenbank, Gießen/Köln 1969; *Fiedler,* Verhandlungen des 48. Deutschen Juristentages, Sitzungsbericht T 24.

[3] *Bürck,* Aktuelle Probleme der geplanten juristischen Bundesdatenbank, Der Betrieb 1972, S. 324; *Dammann,* Juristische Dokumentationssysteme und Rechtsentwicklung, ZRP 1971 S. 290; *Fiedler* a.a.O. JuS 1970, S. 604; *Steinmüller*, Rechtsinformatik, Elektronische Datenverarbeitung und Recht, JR 1971 S. 4. Teilweise werden neben „Sozialdaten" noch andere Daten erwähnt; so spricht *Bühnemann,* Benutzerbedürfnisse und juristische Datenbanken, DVR 1972 S. 84 von „rechtlich relevanten Sozial- und Wirtschaftsdaten", vgl. auch *Bühnemann,* Die Stellung der rechts- und staatswissenschaftlichen Verlage zu und im Rahmen eines Informationsbankensystems, in: Das Informationsbankensystem Bd. II, Bonn 1971, S. 172 f.

[4] So ist selbst in dem aufwendigsten Modell, das von der Projektgruppe Juristisches Informationssystem im 1. Zwischenbericht (Beilage zum Bundesanzeiger Nr. 62 vom 31. 3. 1971) skizziert wird, dem Modell I, nicht an eine Aufnahme von Sozialdaten gedacht. Auch im Schlußbericht (Anm. 1) wird die Aufnahme von Sozialdaten zwar als wünschenswert dargestellt, aber noch nicht konkret geplant (Schlußbericht 3.4.1.1).

schen Informationssystems verbundenen Nachteilen benutzt wird, weil die durch die Speicherung von Sozialdaten erreichbare größere Wirklichkeitsnähe von juristischen Entscheidungen andere Nachteile derartiger Systeme wieder wettmachen könne[5].

Zum anderen ist vor einer Speicherung von Sozialdaten, wie unten näher erläutert werden wird, eine Analyse juristischen Entscheidungsverhaltens erforderlich. Da diese Analyse, an der bereits, wenn auch bisher mit nicht sehr großem Erfolg, gearbeitet wird[6], langwierig ist und sie in ihrer Methode und Fragestellung gerade auch von der Sozialdatenproblematik beeinflußt werden sollte, ergibt sich daraus die Notwendigkeit der Behandlung dieses Komplexes.

Die folgenden Überlegungen beschränken sich allein auf den Bereich eines Informationssystems für den Rechtsanwender, also besonders den Richter, aber auch den Rechtsanwalt, Verwaltungsbeamten und Privatpersonen. Sozialdaten für ein der Normsetzung dienendes Informationssystem, die hier nicht behandelt werden sollen, können weitere und teilweise andere Fragen aufwerfen.

Im Folgenden soll zunächst kurz die Aufgabe von Sozialdaten in einem Informationssystem skizziert werden (II), anschließend soll der Begriff „Sozialdaten" bestimmt werden (III). Darauf folgt eine, allerdings nicht abschließende, Darstellung von Gruppen von Sozialdaten (IV), an die sich eine Erörterung grundsätzlicher Probleme bei der Aufnahme von Sozialdaten in ein Informationssystem anschließt (V). Endlich werden daraus Folgerungen für weitere Forschungen gezogen (VI).

II. Aufgabe der Sozialdaten

Die postulierte Aufnahme von Sozialdaten in ein solches Informationssystem soll im wesentlichen zwei Funktionen erfüllen:

1. Zum einen soll sie dazu dienen, vom Rechtsanwender bei der Entscheidungs-

---

[5] Z. B. die Gefahr einer Strukturverschiebung im Verfassungsgefüge (vgl. z. B. *Fiedler*, a.a.O. JuS 1970, S. 607). Vgl. dazu auch die von *Zielinski*, Juristische Bundesdatenbank als rechtspolitisches Problem, JZ 1971, S. 409 ff. aufgezeigten rechtspolitischen Implikationen des von der Projektgruppe Juristisches Informationssystem im 1. Zwischenbericht (Anm. 4) favorisierten Modells II. Eingehend behandelt *Dammann*, Juristische Dokumentationssysteme und Rechtsentwicklung, ZRP 1971 S. 287 ff. die Frage der Abhängigkeit der Rechtsentwicklung von Informationssystemen.

[6] Bisher lag der Akzent dieser Untersuchungen auf den sozialpsychologischen Bedingungen des Entscheidungsverhaltens, vgl. *Kaupen*, Die Hüter von Recht und Ordnung, Neuwied 1969; *Dahrendorf*, Zur Soziologie des Richters, DRiZ 1965 S. 5 ff.; *Berra*, Im Paragraphenturm, Berlin/Neuwied 1966, S. 21 ff. Die bei *Weiss*, Die Theorie der richterlichen Entscheidungstätigkeit in den Vereinigten Staaten von Amerika, Frankfurt 1971, sowie die bei *Rottleutner*, Zur Soziologie richterlichen Handelns, KJ 1970, S. 283 ff., 1971, S. 60 ff. zitierten amerikanischen Untersuchungen versuchen demgegenüber bereits, eine Prognose richterlicher Entscheidungen zu erstellen. Für die Sozialdatenforschung wären dagegen informationswissenschaftliche Untersuchungen besonders wichtig, die Aussagen über die Verknüpfung von Informationen durch den Rechtsanwender erlauben. Erste, wenn auch wenig überzeugende Ansätze hierzu werden im Schlußbericht (Anm. 1) 3.3.3.2 gemacht.

findung tatsächlich verwendete Sozialdaten auf ihre Richtigkeit zu überprüfen und die entsprechenden Daten in wissenschaftlich erhärteter Form zur Verfügung zu stellen[7].

Damit werden zum einen bisher schon benutzte, aber inhaltlich unrichtige Sozialdaten korrigiert[8]. Zum anderen wird damit ermöglicht, das Recht schnell an geänderte tatsächliche Verhältnisse anzupassen[9].

2. Darüber hinaus besteht die Möglichkeit, durch die Verwendung von zusätzlichen, bisher nicht benutzten Sozialdaten die Rechtsfindung rationaler zu gestalten[10]. Das entspricht der Tendenz der modernen Rechtswissenschaft, von einer stärkeren Einbeziehung der Ergebnisse der Sozialwissenschaften in die Rechtswissenschaft auch größere Rationalität zu erwarten.

III. Der Begriff „Sozialdaten"

1. Bisherige Verwendung

Der Begriff „Sozialdaten" erscheint erst in der neueren juristischen Literatur im Zusammenhang mit elektronischen Informationssystemen[11].

Eine allgemeingültige und befriedigende Definition dieses Begriffs besteht bisher nicht. Sozialdaten werden etwa als „entscheidungserhebliche statistische Informationen"[12] oder als „empirisch ermittelbare Beschreibungsmerkmale einer sozialen und ökonomischen Situation"[13] beschrieben. *Steinmüller*[14] fügt — allerdings für Sozialdaten im parlamentarischen Informationssystem — den weiteren Aspekt hinzu, daß es sich um Informationen über rechtspolitisch relevante Sachverhalte handeln muß. Im Schlußbericht[15] werden unter Sozialdaten Daten verstanden, die „empirisch ermittelbare Beschreibungselemente einer juristischen, sozialen und ökonomischen Situation sind und Grundlage juristi-

---

[7] *Bürck* a.a.O. (Anm. 3).

[8] Beispielsweise könnte das bei *Kaiser*, Verkehrsdelinquenz und Generalprävention, Tübingen 1970, S. 401 ff., referierte Ergebnis einer Untersuchung des Justizministeriums von Baden-Württemberg, daß in Amtsgerichtsbezirken, in denen bei Trunkenheitsdelikten harte Strafen verhängt werden, die Wiederholungsgefahr genau so hoch ist wie in solchen mit milder Strafpraxis, zu einer Änderung der Strafpraxis führen.

[9] Dieser Aspekt wird im Schlußbericht (Anm. 1) unter 3.1.1 im Rahmen der Zielanalyse des Juristischen Informationssystems als „Rechtsinnovation" bezeichnet.

[10] So könnte etwa die von *Klotz*, Die rechtstatsächliche und rechtspolitische Bedeutung der Vorschriften über die Anlage von Mündelgeld, Berlin 1966, S. 72 ff. beschriebene Rechtspraxis, bei der Frage der Wirtschaftlichkeit von Vermögensanlagen von Mündelgeld nicht auf wirtschaftliche Kriterien abzustellen, da dies für die Gerichte die Gefahr einer Haftung mit sich bringt, durch die Bereitstellung von Sozialdaten über Gewinn und Risiko verschiedener Vermögensanlagen verändert werden.

[11] *Haft*, Elektronische Datenverarbeitung im Recht, Berlin 1970 S. 84; *Simitis*, Informationskrise (Anm. 2) S. 87, *Simitis*, Automation in der Rechtsordnung — Möglichkeiten und Grenzen, Karlsruhe 1967, S. 8 f.; *Steinmüller* u. a., EDV und Recht, Einführung in die Rechtsinformatik, Berlin 1970, S. 67; vgl. noch Anm. 3.

[12] *Haft* a.a.O. (Anm. 11) S. 84.

[13] *Simitis*, Automation (Anm. 11) S. 8 f.

[14] a.a.O. (Anm. 11) S. 67.

[15] (Anm. 1) unter 7.3.2.

scher Entscheidungen sein können. Sie sollen zugleich den sozialen Bezug des Rechts im allgemeinen und im konkreten Einzelfall beschreiben."

Die Begrenzung der Sozialdaten auf statistische Daten ist u. E. nicht ohne weiteres einleuchtend. Es ist nicht auszuschließen, daß für die Rechtsfindung relevante soziale Wirklichkeit nicht allein durch statistische Daten beschreibbar ist: Allgemeine Sätze etwa der Psychologie und Soziologie, die nicht statistischer Art sind, wenn sie auch Interpretation statistischer Erhebungen sein können, dürften ebenso relevant für juristische Entscheidungen sein. Schlüsse aus statistischen Daten besonders komplizierter Sachverhalte können nur von Fachleuten gezogen werden; der Rechtsanwender ist hier also auf Interpretation angewiesen, allein das statistische Material nützt ihm nichts. Auch Einzelfallinformation kann u. U. entscheidungserheblich sein, wenn z. B. dokumentiert wird, daß ein bestimmtes Ereignis bereits einmal eingetreten ist.

Simitis' Umschreibung wiederum erscheint nicht spezifisch genug, da sie den Zweck der Sozialdaten nicht explizit enthält und nicht klar werden läßt, daß diese Daten unter dem Aspekt der Verwendung im Rechtsanwendungsprozeß zusammengefaßt werden.

2. Eigene Begriffsbildung

An den Begriff Sozialdaten sollen drei Anforderungen gestellt werden:

1. er sollte unter dem Gesichtspunkt der Brauchbarkeit für juristische Informationssysteme bestimmt werden;
2. er sollte unabhängig von jedem bestehenden oder projektierten Informationssystem sein. Jede Einengung auf ein bestimmtes Modell eines Informationssystems würde, da jedes Modell eines Informationssystems einem rechtstheoretischen Modell entspricht[16], eine Beschneidung der Diskussion alternativer rechtstheoretischer Modelle bedeuten[17].
3. Der Begriff sollte möglichst wenig durch ein Vorverständnis des Bereichs und der Bedeutung der Sozialdaten eingeengt werden. Die Einschränkungen und Begrenzungen des Begriffs sollten sich aus dem oben unter II. skizzierten Zweck ihrer Bereitstellung ergeben.

Ausgangspunkt unserer Überlegungen ist, daß der Begriff „Sozialdaten" zum Zwecke der Entwicklung eines Informationssystems definiert werden soll, das dem Entscheidungsfindungsprozeß von Rechtsanwendern zu dienen bestimmt ist. Dieser Prozeß ist ein Informationsverarbeitungsprozeß[18]. Der Rechtsanwender ist ein informationsverarbeitendes System, das Informationen empfängt (u. a. über den Sachverhalt, Rechtsnormen, über Prozeßbeteiligte), diese Informationen verknüpft und neue Informationen abgibt (etwa: Die Rechtslage ist ...; die Tatsachen sind ...; die Entscheidung des Gerichts wird sein ...).

---

[16] *Steinmüller* u. a., EDV und Recht (Anm. 11) S. 50.

[17] Auf diese Gefahr weist *Dammann* a.a.O. (Anm. 3) S. 287 im Zusammenhang mit der Modellbildung hin.

[18] Zur Bedeutung informationstheoretischer bzw. informationswissenschaftlicher Begriffe für das Recht vgl. *Steinmüller* u. a., EDV und Recht (Anm. 11) S. 25.

Aufgabe eines Informationssystems für den Rechtsanwender ist es, diesem die zu diesem Informationsverarbeitungsprozeß erforderlichen Ausgangsinformationen zu geben. An derartigen Informationen lassen sich grob unterscheiden:

1. normative Informationen (Gesetze, Rechtssätze und ihre Konkretisierung durch Entscheidungen, Literatur, Materialien usw.)[19]
2. nicht normative Informationen
3. Informationen darüber, wie die Informationen der anderen Gruppen miteinander zu verknüpfen sind; man könnte sie Methodeninformationen nennen. Diese Gruppe ist den anderen nicht gleichgeordnet, sondern enthält Metainformationen.

Die hier zu untersuchende Gruppe rechtlich relevanter Informationen, die unter dem Begriff Sozialdaten zusammengefaßt werden soll, enthält jedenfalls nichtnormative Informationen i. S. von 2. und nur solche. Ob die Menge der Sozialdaten identisch ist mit diesen nichtnormativen Informationen oder als Teilmenge unter einem noch festzulegenden Gesichtspunkt ausgegrenzt werden kann, kann und darf vorab nicht entschieden werden, soll der Begriff den oben (II.) beschriebenen umfassenden Funktionen innerhalb der Rechtsanwendung gerecht werden. Wir definieren Sozialdaten daher hier als „nicht normative und nicht methodische Informationen, die der Rechtsanwender verarbeitet".

Diese sehr weite und auch nicht speziell auf „soziale" Zusammenhänge beschränkte Definition soll der weiteren Untersuchung zugrunde gelegt werden, die versuchen soll, die Gruppe dieser Daten im Hinblick auf den Entscheidungsprozeß des Rechtsanwenders zu strukturieren.

Gegen diese Begriffsbestimmung könnten mehrere Einwände erhoben werden.

2.1. Der wesentlichste Einwand mag sein, daß der Begriff wegen seiner Weite und Unbestimmtheit ungeeignet sei.

Ein Informationssystem sollte im Idealfall alle für den Entscheidungsprozeß erforderlichen Informationen enthalten. Geht man realistischer davon aus, daß eine Vollständigkeit der Informationen praktisch nicht erreichbar ist, so sollten die für den Entscheidungsprozeß relevantesten Informationen im System enthalten sein. Um diese zu bestimmen, ist eine genaue Analyse juristischen Entscheidungsverhaltens erforderlich[20]. Eine ohne diese Analyse vorgenommene engere Begriffsbestimmung von „Sozialdaten" würde bestimmte Informationssysteme aus der Menge aller denkbaren präjudizieren und damit Informationen

---

[19] In etwa entspricht das den Dokumenten, an deren Aufnahme im Rahmen des Juristischen Informationssystems der Projektgruppe gedacht ist. Ein Teil davon soll jedoch nach Ansicht der Projektgruppe allein anderen EDV-Vorhaben wie dem des Deutschen Bundestages vorbehalten bleiben, vgl. Schlußbericht (Anm. 1) 3.4.1.1 unter d).

[20] Auch die Projektgruppe hält im Schlußbericht (Anm. 1) (unter 3.4.1.1) zur Bestimmung der Informationen, die ein juristisches Informationssystem enthalten sollte, eine Analyse juristischer Entscheidung, Regelung, Argumentation und Planung an sich für erforderlich, verfolgt diesen Gedanken aber nicht weiter, sondern geht in ihren Vorschlägen pragmatisch davon aus, den bisherigen Zustand — wenn auch effektiviert — beizubehalten (3.1.4.4). Das ist bei den Sozialdaten aber nicht möglich, da durch ihre Aufnahme gerade auch die heutige Praxis verändert werden soll.

ausschließen, von denen mangels eingehender Analyse noch nicht gesagt werden kann, daß sie für den Entscheidungsprozeß nicht oder nicht besonders relevant sind oder sein sollten. Damit würde der gewünschte Effekt der Vergrößerung der Rationalität der Rechtsfindung durch Verwendung wissenschaftlich erhärteter und bewußt eingeführter Sozialdaten nicht oder doch nur zufällig erreicht werden. Der erhebliche Aufwand, den eine Einbeziehung von Sozialdaten in ein Informationssystem mit sich bringt, ließe sich dann nicht mehr rechtfertigen.

Die demnach für die Präzisierung des Sozialdatenbegriffs erforderliche Theorie der juristischen Entscheidungsfindung gibt es bisher nicht.

Die juristische Methodenlehre gibt nur einen weiten Rahmen ab, innerhalb dessen die juristische Entscheidung liegen kann. Darüber, wie die Entscheidungsfindung innerhalb dieses Rahmens aussieht, kann sie zur Zeit keine Aussage mehr treffen.

Die Rechtssoziologie hat, soweit sie sich konkret mit den Einflüssen der Rechtswirklichkeit auf die juristische Entscheidungsfindung befaßt, wie etwa in der Richtersoziologie[21], nur einzelne Punkte herausgegriffen, die Einfluß auf die Entscheidung haben. Von einer umfassenden und dabei vielleicht sogar quantitative Methoden benutzenden Theorie kann noch nicht gesprochen werden[22].

Das bedeutet, daß heute noch niemand — auch nicht in Umrissen — angeben kann, welche Informationen tatsächlich in den Entscheidungsfindungsprozeß eingehen und welchen Einfluß dabei einzelne Informationen auf den gesamten Prozeß haben.

Aus diesem Grund ist vorläufig eine sehr allgemein gefaßte Begriffsbestimmung der Sozialdaten erforderlich, will man nicht die grundsätzliche Problemstellung ausklammern, daß nämlich dem Rechtsanwender die Information bereitgestellt werden muß, die tatsächlich entscheidend für die Rechtsfindung ist und es auch sein soll.

Bei einer späteren Verwirklichung der Aufnahme von Sozialdaten in ein elektronisches Informationssystem wird es selbstverständlich erforderlich sein, den hier mit der Bezeichnung „Sozialdaten" belegten Informationsbereich zu strukturieren und eventuell auch aufgrund der Entscheidungsfindungsanalyse

---

[21] Vgl. etwa *Kaupen*, Die Hüter von Recht und Ordnung, Neuwied 1969; *Weyrauch*, Zum Gesellschaftsbild des Juristen, Karlsruhe 1964; vgl. auch Anm. 6 und 22.

[22] Vgl. *Rottleutner*, Zur Soziologie richterlichen Handelns, KJ 1970, S. 283 ff., 1971 S. 60 ff. Eine methodologische Grundlegung der empirischen Analyse richterlichen Entscheidungsverhaltens versucht *Eikenberg*, Voraussetzungen und Schwierigkeiten der empirischen Erforschung richterlicher Entscheidungsgrundlagen, in: Die Funktion des Rechts in der modernen Gesellschaft, Jahrbuch für Rechtssoziologie und Rechtstheorie Bd. 1, Bielefeld 1970 S. 361 ff. *Lautmann* stellt im gleichen Band in seinem Beitrag: „Rolle und Entscheidung des Richters — ein soziologischer Problemkatalog" rollen- und entscheidungsmäßige Einflüsse auf das Richterurteil dar. Dort auch weitere Nachweise zur Richtersoziologie; vgl. zu den verschiedenen Ansatzmöglichkeiten für eine juristische Entscheidungsanalyse oben Anm. 6.

den Begriff einzuengen[23]. Vorläufig allerdings sollte der Begriff so weit gefaßt werden, wie hier vorgeschlagen wird.

2.2. Der zweite wesentliche Einwand mag sein, daß die Bezeichnung als „Sozialdaten" auf einen gesellschaftsbezogenen Aspekt hinweist und es deshalb sinnvoll sei, den Begriff durch eine gesellschaftliche Komponente einzugrenzen, während von unserer Begriffsbestimmung z. B. auch für die Rechtsanwendung relevante physikalische Daten umfaßt werden.

Dem stehen zwei praktische Gründe entgegen, die für eine Einbeziehung auch anderer Daten sprechen. Zum einen ist es schwierig, ohne Beziehung zum Kontext, in dem das Datum verwendet wird, zwischen „gesellschaftlichen" und „nicht gesellschaftlichen" Daten abzugrenzen, da fast jedes Datum in bestimmten Zusammenhängen „gesellschaftlich" sein kann. Ob ein Datum in dem einen oder anderen Zusammenhang juristisch relevant wird, läßt sich nicht ohne weiteres feststellen.

Zum anderen scheint sich der Begriff „Sozialdaten" zur Kennzeichnung der Daten, die in einem juristischen Informationssystem im Gegensatz zu den hier als normativ bezeichneten Daten nicht enthalten sind, eingebürgert zu haben, ohne daß dabei daran gedacht wurde, daß neben Daten des „sozialen" Bereichs, die wohl auch die wichtigste Gruppe ausmachen, auch andere Daten, die vielleicht als „Realdaten" bezeichnet werden könnten, entscheidungsrelevant sein können. Um die Problematik der Bereitstellung sämtlicher entscheidungserheblichen Daten nicht von vornherein einzuengen, sollte man deshalb zunächst bei dem Begriff bleiben, zu dem diese Problematik assoziiert wird. Unter dem Aspekt, beim Rechtsanwender durch Bereitstellung solcher Informationen zusätzliches Problembewußtsein zu wecken und Rationalität besonders in Bezug auf gesellschaftliche Vorgänge zu fördern, werden jedoch sicherlich von der Soziologie, der Psychologie und entsprechenden interdisziplinären Wissenschaften gewonnene Informationen eine entscheidende Rolle spielen.

2.3. Schließlich ist noch der Einwand möglich, der Begriff sei deshalb zu weit, weil er keine Unterscheidung trifft zwischen den Daten, die erst während des konkreten Rechtsanwendungsprozesses zu ermitteln sind, und solchen, die schon vorher bekannt sind, also zwischen den Daten des zu entscheidenden Einzelfalls und allgemeineren Daten.

Eine feste Grenzziehung zwischen diesen Daten ist jedoch nicht oder doch nur – allerdings sehr grob – im Rahmen der Abgrenzung „statistisch" – „ nicht statistisch" möglich. Diese Unterscheidung kann jedoch, worauf schon oben hingewiesen wurde, für die Abgrenzung der Sozialdaten nicht ohne weiteres als sinnvoll angesehen werden.

IV. Gruppen der Sozialdaten

Im Folgenden sollen einige Gruppen von Daten aufgezählt werden, die mit großer Wahrscheinlichkeit in den Bereich der Sozialdaten fallen und wohl auch

[23] Erste Vorschläge für eine solche Strukturierung vgl. unten IV.

von einiger Bedeutung für den Rechtsfindungsprozeß sein dürften. Diese Aufzählung ist unvollständig und in ihrer Systematik willkürlich. Sie kann jedoch dazu dienen, anhand dieser Gruppen Eingrenzungen des Sozialdatenbereichs für praktische Arbeiten vorzunehmen und Teilmengen der Sozialdaten auf ihre praktische Handhabung (Nutzen, Erhebungsaufwand u. ä.) zu untersuchen.

Eine Unterteilung kann getroffen werden zwischen Sozialdaten, die zur Konkretisierung einer Norm erforderlich sind, und solchen, die der Sachverhaltsfeststellung dienen.

1. Sozialdaten zur Normkonkretisierung

1.1. Zunächst ist an Daten zu denken, die allgemein über das Gebiet, auf dem die Entscheidung zu fällen ist, Informationen enthalten, etwa über die Situation auf dem Wohnungsmarkt, wenn eine mietrechtliche Frage zur Entscheidung ansteht[24]. Es ist allerdings schwierig, diese Sozialdaten von solchen eindeutig abzugrenzen, die zur Konkretisierung einer einzelnen Norm bedeutsam sind. Da sie jedoch nicht auf eine spezielle Fragestellung zugeschnitten sind, sondern wegen ihrer Allgemeinheit in einer erheblich größeren Anzahl von Fällen relevant werden, kann vermutet werden, daß sie häufiger als Sozialdaten zu spezielleren Fragen Verwendung finden. Auch dürfte es möglich sein, schon mit relativ wenig und leicht beschaffbarem Material einen allgemeinen Überblick über den Hintergrund einer rechtlichen Entscheidung zu geben. Ein Bild von der Situation auf dem Sektor des Mietrechts könnte etwa durch Stellungnahmen des Mieterbundes, des Haus- und Grundbesitzervereins, von Psychologen, Soziologen aus ihrem Erfahrungswissen gegeben werden. Je oberflächlicher und allgemeiner allerdings die Beschreibung ist, desto zweifelhafter ist natürlich der Wert für den Rechtsanwender.

1.2. Die Daten, die für die Normkonkretisierung relevant sind, können weiter unterteilt werden danach, ob sie auf der Tatbestandsseite der Norm oder auf der Rechtsfolgenseite erheblich sind.

1.2.1. Von einer traditionellen juristischen Betrachtungsweise drängt sich erst einmal die Gruppe der Sozialdaten auf, die zur Auslegung des Tatbestandes einer Norm verwendet werden und bei denen sich die Notwendigkeit der Berücksichtigung aus den Tatbestandsvoraussetzungen einer Norm ergibt.

Dabei gibt es Abstufungen in der Unmittelbarkeit, mit der in der Norm auf die Sozialdaten hingewiesen wird.

1.2.1.1. Es gibt Normen, in denen ein bestimmtes soziales Verhalten ausdrücklich zur Norm erhoben wird (etwa die Verkehrssitte, §§ 151, 157, 242 BGB, die Handelsbräuche in § 346 HGB). Hier ist die Funktion und die Notwendigkeit der Verwendung von Sozialdaten offensichtlich, ihre Abgrenzung von norma-

---

[24] Als Beispiel kann auch der von *Feest* zu § 218 StGB aufgestellte Fragenkatalog dienen, vgl. *Feest*, Idee einer Kommentierung des Strafgesetzbuches in sozialwissenschaftlicher Absicht, KJ 1970, S. 457 ff.

tiven Daten allerdings vom theoretischen Standpunkt problematisch und nur intuitiv aus dem Sinn der hier getroffenen Unterscheidung verständlich.

1.2.1.2. Weniger unmittelbar werden Sozialdaten etwa in § 1811 BGB angesprochen, wenn in dieser Vorschrift eine wirtschaftliche Vermögensverwaltung gefordert wird. Dort ist der normative Charakter tatsächlicher Gegebenheiten schon nicht mehr ganz so deutlich, da die Beantwortung der Frage, wann eine wirtschaftliche Vermögensverwaltung gegeben ist, das Ergebnis der Kenntnis wirtschaftlicher Fakten, aber auch einer Wertentscheidung ist, nämlich bei welchem Verhältnis zwischen durchschnittlichem Ertrag und Risiko eine Anlage noch wirtschaftlich genannt werden kann[25].

Derartige Sozialdaten sind denen zu 1.2.1.1. sehr ähnlich, denn auch hier werden bestimmte, durch sozialwissenschaftliche Daten beschreibbare Zustände im Sozialbereich (hier: Vermögensanlagen) zur Norm erhoben.

Es können aber Sozialdaten festgestellt werden, die noch sehr viel mittelbarer durch eine Norm angesprochen werden und die erst durch eine weitergehende, konkretisierende Auslegung der Norm relevant werden. So ergibt sich erst aus der Auslegung des § 823 BGB, welcher festlegt, daß nur der adäquat verursachte, d. h. nicht völlig ungewöhnliche Schaden zu ersetzen ist[26], die Notwendigkeit, Daten über die Häufigkeit des Eintritts bestimmter Folgen bei bestimmten Handlungen zu verwenden. Ähnlich werden bei der Auslegung des § 181 BGB Sozialdaten relevant, die die Gefährdung von Gläubigern einer GmbH beim Selbstkontrahieren des geschäftsführenden Alleingesellschafters betreffen, ohne daß dieser Aspekt ausdrücklich in § 181 BGB angesprochen wird[27].

1.2.2. Entsprechend den die Tatbestandsseite konkretisierenden Sozialdaten gibt es solche, die für die Rechtsfolgenseite bedeutsam sind. Sozialdaten dieser Art werden z. B. bei Ermessensentscheidungen im Verwaltungsrecht, bei der Strafzumessung im Strafrecht[28], aber auch im Zivilrecht, etwa bei der Frage, ob bei Wegfall der Geschäftsgrundlage der Vertrag angepaßt oder aufgehoben werden soll, benötigt.

1.3. Von den Daten zu 1.2. können eventuell solche Daten ausgegrenzt werden, die dem Rechtsanwender Hinweise auf die tatsächlichen Folgen der verschiedenen möglichen Entscheidungen liefen[29]. Zu denken ist dabei etwa an die Prognose über den Einfluß verschiedener strafrechtlicher Maßnahmen auf einen Straftäter oder an kriminalpoitische oder allgemein rechtspolitische Erwägungen bei der Normanwendung. Gerade bei diesen Daten scheint die Bereitstellung in wissenschaftlich erhärteter Form besonders notwendig, weil es für den

---

[25] Vgl. *Klotz* a.a.O. (Anm. 10) S. 97 ff.

[26] Vgl. z. B. BGHZ 41, S. 123.

[27] Vgl. BGH NJW 71, S. 1355.

[28] So auch *Simitis*, Informationskrise (Anm. 2) S. 87.

[29] Diese Sozialdaten sind im Rahmen der 7. Operation in dem im Schlußbericht (Anm. 1) unter 3.3.3.4 dargestellten „operationalen Problemlösungsmodell der Praxis" erforderlich.

Rechtsanwender als sozialwissenschaftlichen Laien, wie sich aus unzähligen nicht eingetroffenen Zukunftsprognosen von Strafrichtern über die Wirksamkeit der ausgesprochenen Strafe belegen läßt, schwer sein dürfte, das Zusammenspiel der für die zukünftige Entwicklung entscheidenden Faktoren zu bestimmen.

1.4. Als weitere Gruppe kann man unter den normkonkretisierenden Sozialdaten solche unterscheiden, die die für die Rechtssetzung entscheidenden tatsächlichen Verhältnisse im Zeitpunkt der Schaffung einer Norm oder eines Rechtsinstituts bzw. in einem anderen, für die Auslegung wichtigen Zeitpunkt beschreiben. (Ein solcher anderer Zeitpunkt wäre z. B. dann relevant, wenn eine Norm Reaktion auf einen zu regelnden Zustand ist, der schon im Zeitpunkt ihres Erlasses nicht mehr tatsächlich bestand.)

Derartige historische Daten werden besonders im Zusammenhang mit einem Bedeutungswandel von Rechtsnormen[30] benötigt, da eventuell mit Änderung der Rechtswirklichkeit auch eine Veränderung der Auslegung in Tatbestand und Rechtsfolge erforderlich werden kann und die neue Auslegung ihre Legitimation erst aus der Änderung der Verhältnisse erfährt[31].

Bei den historischen Daten kann es wiederum je nach der angewandten juristischen Methode entweder auf die Tatsachen ankommen, die dem (historischen) Gesetzgeber bekannt waren[32] oder weitergehend auf alle, die heute für den Normsetzer entscheidend wären.

2. Sozialdaten zur Sachverhaltsfeststellung

Daneben sind für den Rechtsanwendungsprozeß Sozialdaten erforderlich, die zur Sachverhaltsfeststellung dienen. Dabei lassen sich zwei Gruppen unterscheiden:

2.1. Die erste Gruppe bilden allgemeine, einen Zustand beschreibende Daten. Etwa für die Frage, ob einschneidende Maßnahmen der Exekutive zur Reinhaltung der Luft, wie z. B. ein Autofahrverbot bei bestimmten Wetterlagen nach § 1 der nordrhein-westfälischen Verordnung über Verkehrsbeschränkung bei austauscharmen Wetterlagen[33] ergriffen werden können, wären relevante Sozialdaten die Anzahl der Fahrzeuge, die Abgasmenge pro Fahrzeug, die Gefährlichkeit bestimmter Abgasanteile in der Luft u. a. m. . . .

2.2. Daneben verwendet der Rechtsanwender zur Tatsachenfeststellung Theorien und Erfahrungssätze über Tatsachenzusammenhänge der allgemeinen

---

[30] Vgl. dazu *Larenz*, Methodenlehre der Rechtswissenschaft, 2. Aufl. Berlin/Heidelberg/New York 1969, S. 330 ff.

[31] *Larenz* a.a.O. (Anm. 30) S. 333 f.

[32] Als Konsequenz einer historisch-subjektiven Methode der Gesetzesauslegung, vgl. etwa *Enneccerus/Nipperdey*, Allgemeiner Teil des Bürgerlichen Rechts, 15. Aufl. Tübingen 1960, § 54 II.

[33] SmogVO NRW vom 2. 12. 64 (GVBl NRW S. 356) in der Fassung vom 6. 10. 69 (GVBl NRW S. 709).

Art: „Wenn Tatsache A vorliegt, dann liegt auch Tatsache B vor". Es werden aus dem Vorliegen bestimmter Tatsachen in Verbindung mit – wirklichen oder angeblichen – Gesetzmäßigkeitsbeziehungen Schlüsse auf das Vorliegen anderer, entscheidungserheblicher Tatsachen gezogen. Als Beispiel kann aus der strafgerichtlichen Praxis der fragwürdige „Erfahrungssatz" angeführt werden[34], daß einschlägige Vorstrafen die Wahrscheinlichkeit dafür erhöhten, daß der Angeklagte die ihm zur Last gelegte Tat begangen habe. Mag speziell dieser Satz auch sehr fragwürdig sein, so treten doch derartige Theorien bei fast allen Entscheidungen, bei denen erst der Tatbestand, über den zu entscheiden ist, ermittelt werden muß, in großer Zahl auf[35]. Teilweise werden diese Annahmen explizit gemacht und sogar institutionell anerkannt. Der prima-facie-Beweis des Zivilrechts[36], aber auch jeder andere Indizienbeweis ist dafür ein Beispiel. Jedoch braucht sich der Rechtsanwender nicht immer – und deshalb lassen sich Umfang und Bedeutung solcher Sätze und Theorien nicht ohne umfassende empirische Forschung bestimmen – ihrer Verwendung bewußt zu sein. Etwa bei der Vernehmung eines Angeklagten oder Zeugen werden betreffend die Wahl der Fragen oder die Art der Befragung (offene oder geschlossene Fragen, Verhalten des Befragers) Hypothesen gemacht, die dem Rechtsanwender nur selten bekannt sein dürften[37].

Der weite Rahmen der möglichen Fallgestaltungen und damit auch der verwendeten Theorien läßt die Wahrscheinlichkeit, daß ein umfassendes, solche Sozialdaten bereitstellendes Informationssystem einmal entwickelt wird, als sehr gering erscheinen. Es könnte jedoch versucht werden, anhand der Informationen, die am häufigsten Anstöße zur Bildung solcher Theorien und allgemeinen Sätze geben, Daten zu ermitteln, die in einem großen Teil der Rechtsfälle verwendet werden können.

Beispielsweise werden in jedem praktischen Rechtsstreit Geschlecht, Alter, Wohnort und Beruf der beteiligten Personen ermittelt. Es stellt sich dabei die Frage, ob nicht derartige Daten, von denen der Beruf wohl eine besondere Rolle spielt, schon Ausgangspunkt für eine Reihe von Annahmen und Theorien dieser Art sind, die, da oft nicht wissenschaftlich erhärtet, den Charakter von Vorurteilen haben. So läßt etwa der Beruf Schlüsse auf die Sozialisation und Bildung der Prozeßbeteiligten zu, was einerseits zu Vorurteilen, andererseits zu nützlichen Informationen führt, nämlich z. B. Schlüsse zuläßt auf ihr Verhalten in einer komplizierten Situation, die Gegenstand des Verfahrens ist.

Derartige Schlüsse können durch Sozialdaten relativiert werden, die anknüpfend an elementare Informationen wie z. B. den Beruf ausgegeben werden. Da in den wenigsten Fällen ein Anknüpfen an nur wenige Ausgangsdaten befriedigende Einschlägigkeit der ausgegebenen Daten und Theorien zur Folge

---

[34] *Opp* (Zur Anwendbarkeit der Soziologie im Strafprozeß, KJ 1970, S. 383 ff.) stellt einen solchen Schluß bei der Analyse eies Strafprozesses fest.

[35] Vgl. dazu die Prozeßanalyse bei *Opp* a.a.O. (Anm. 34).

[36] Vgl. *Baumbach/Lauterbach*, Zivilprozeßordnung, 30. Aufl. München und Berlin 1970, Anhang zu § 282 III.

[37] *Opp* a.a.O. (Anm. 34) S. 338 f.

haben dürfte, kann man daran denken, Fälle auf bestimmte Merkmale automatisch zu untersuchen, die ein „Profil" des Falles unter dem Gesichtspunkt der Sozialdaten bilden[38]. Entsprechend der Bejahung oder Verneinung dieser Merkmale könnten vergleichbare Fälle, vor allem aber auch Theorien der oben beschriebenen Art, Hypothesen über mögliche Zusammenhänge u. ä. geliefert werden. So könnten z. B. Begehungsweise eines Delikts, Beruf, Geschlecht und Sozialisationsdaten des Beschuldigten, Art seiner Einlassungen und zahlreiche weitere Faktoren, deren Auswahl Kriminologen überlassen bleiben muß, in Relation gesetzt Anstoß zu wissenschaftlich begründeten Aussagen über die Wahrscheinlichkeit geben, daß gerade ein Mann bzw. eine Frau wie der oder die Beschuldigte eine Handlung wie die zu beurteilende in der bestimmten Situation vorgenommen haben könnte.

3. Erhebungsmethoden der Sozialdaten

Eine Untergliederung der Sozialdaten ist weiterhin denkbar unter dem Gesichtspunkt der Methode ihrer Erhebung.

3.1. Eine mögliche Unterscheidung ist die nach statistischen und nicht statistischen Daten. Die statistischen Daten könnten weiter nach der Form ihrer Aufbereitung differenziert werden.

3.2. Weiter kann man Sozialdaten, die aufgrund direkter Beobachtung ermittelt werden können[39], von solchen unterscheiden, die komplex operationell definiert werden müssen[40, 41]. Eine scharfe Abgrenzung dürfte aber schwierig sein, da theoretisch jedes Datum operationell definiert werden muß, es sich also nur um quantitative Unterschiede handelt.

3.3. Schließlich ist noch eine Unterteilung der Sozialdaten nach dem Maß ihrer Komplexität möglich. Besonders komplexe Daten wären etwa die meisten Sozialindikatoren. Dabei handelt sich um meßbare Merkmale, aus denen abgelesen werden kann, inwieweit ein vorgegebenes Ziel tatsächlich verwirklicht worden ist[42]. Beispiel dafür ist die Bestimmung der Preissteigerung durch den repräsentativen Warenkorb des Statistischen Bundesamtes. Sozialindikatoren in einem juristischen Informationssystem können dem Rechtsanwender z. B. Auskunft darüber geben, ob eine rechtspolitische Zielsetzung mit einer bestimmten Normauslegung erreicht werden kann.

---

[38] Zur formalen und automatischen Fallanalyse, die ja ebensogut Sozialdaten des Falls wie juristisch-dogmatische oder andere Merkmale betreffen kann, vgl. *Haft*, Überblick über das Gebiet der Rechtsinformatik, JA 1972, S. 272 f.

[39] Von *Opp* werden sie „beobachtbare Ereignisse" genannt, vgl. *Opp*, Methodologie der Sozialwissenschaften, Reinbek 1970, S. 132.

[40] Dazu ausführlich *Opp*, Methodologie (Anm. 39) S. 130 ff. m. w. N.; *Albert*, H., Stichwort „Definition" in: Wörterbuch der Soziologie, Hrsg. von *Bernsdorf*, Stuttgart 1969, S. 174.

[41] S. dazu noch unten IV.3.1.

[42] Vgl. *Fehl*, Informationssysteme, Verwaltungsrationalisierung und die Stadtplaner, Bonn 1971, S. 64 f.

V. Allgemeine Probleme bei der Aufnahme von Sozialdaten in ein juristisches Informationssystem

1. Oben ist die These aufgestellt worden, daß sich die Auswahl der in ein juristisches Informationssystem aufzunehmenden Sozialdaten an *dem* juristischen Entscheidungsfindungsprozeß orientieren müsse. Probleme tauchen bei dieser Vorgehensweise dann auf, falls es *den* juristischen Entscheidungsfindungsprozeß gar nicht geben sollte, sondern mehrere Typen eines derartigen Vorganges bestehen oder gar jeder einzelne Entscheidungsfindungsvorgang singulär, einzigartig ist. Dazu sollen einige Hypothesen aufgestellt werden, die uns einigermaßen wahrscheinlich erscheinen, ohne daß sie hier bewiesen werden können.

1.1. Zunächst einmal ergeben sich Unterschiede des Entscheidungsfindungsprozesses aus der unterschiedlichen Zielsetzung verschiedener Rechtsanwender. Abweichungen in der Zielbestimmung bestehen schon zwischen Entscheidenden in verschiedenen Funktionen. Beispielhaft und sehr pauschal kann man etwa aufgliedern: Der Rechtsanwalt: Sein Ziel, nach dem er seine Handlungen bestimmt, ist der gerichtliche oder außergerichtliche Sieg seiner Partei. Ganz pauschal gesprochen richtet er seine Handlungen danach ein, wie diese das Gericht in seiner Entscheidung beeinflussen können. Der Instanzrichter: Sein Ziel besteht einmal im Herstellen individueller Gerechtigkeit und dann mehr oder weniger in der Berufungs- oder Revisionssicherheit seiner Entscheidung (etwa aus Karrieregründen[43] oder um dem letztlich doch Unterliegenden Kosten zu ersparen[44]). Beim Revisionsrichter fehlt die letztere Komponente. Als zusätzliches Ziel tritt dann vielleicht hinzu, Rechtssicherheit und — allgemeiner — Gerechtigkeit durch sein Präjudiz herzustellen und rechtspolitisch relevant zu werden. Das Wesentliche wird hier schon deutlich, nämlich daß derartige unterschiedliche Zielsetzungen zu einem wohl sehr unterschiedlichen Informationsbedarf führen. Es ist daher zu vermuten, daß diejenigen Informationen, die verschiedene Rechtsanwender von einem idealen juristischen Informationssystem[45] erhalten müssen, voneinander stark abweichen.

Für den Rechtsanwalt sind etwa in einem Abtreibungsprozeß Informationen über das Entscheidungsverhalten des Richters und über die Stellen, an denen bestimmte dem Richter mitgeteilte Informationen den Prozeßverlauf positiv für seinen Klienten gestalten könnten, wichtiger als Informationen etwa über die allgemeine Einschätzung der Strafwürdigkeit der Abtreibung in der Bevölkerung, welche wiederum für den Richter wesentlicher sein dürfte. Aus alledem ergibt sich die Erkenntnis, daß es nicht *ein* juristisches Informationsbedürfnis, das *die* Sozialdaten erfordert, gibt, sondern grundsätzlich mindestens eben so

---

[43] Vgl. *Berra* a.a.O. (Anm. 6) S. 33.

[44] Vgl. *Schneider*, Recht und Gesetz, München 1967, S. 23 ff.

[45] Dafür, welches Informationssystem als ideal angesehen wird, ist entscheidend, ob man das aktuelle, empirisch ermittelte Informationsbedürfnis oder ein idealtypisches zugrunde legt, wobei noch entschieden werden muß, woraus dieses ideale Rollenbild der einzelnen Rechtsanwender abgeleitet wird. Nach unserer Zweckbestimmung (II.2.) kann jedenfalls das aktuelle Bedürfnis allein nicht ausschlaggebend sein.

viele, wie es Benutzergruppen gibt[46]. Jeder Kompromiß auf die Befriedigung des Informationsbedürfnisses einer Gruppe – etwa die des Richters – führt zu einer Benachteiligung der anderen Rechtsanwender und damit zu einer Veränderung des Rechtsanwendungsprozesses als Ganzem.

1.2. Weit wichtiger und problematischer scheint uns aber zu sein, ob die Rechtsanwender tatsächlich – auch soweit sie gleiche Funktionen wahrnehmen und gleiche Ziele verfolgen – gleichartige Informationen benötigen. Dagegen sprechen wesentliche Gesichtspunkte.

In der juristischen Literatur und Rechtsprechung besteht eine fast unbegrenzte Menge an Streitfragen. Deren Ursache kann in verschiedenen Ebenen liegen.

1.2.1. Zunächst einmal könnte sie in einer unterschiedlichen Wahl der expliziten Methode liegen, z. B. in der unterschiedlichen Einschätzung der Bedeutung des Willens des historischen Gesetzgebers für die Auslegung: Etwa auf der einen Seite Festhalten am Willen des historischen Gesetzgebers[47], auf der anderen Seite die Auffasung, der Gesetzgeber habe sich des Gesetzes entäußert und maßgebend sei der in der Gesetzesvorschrift zum Ausdruck kommende objektivierte Wille des Gesetzgebers[48]. Daß derartige Unterschiede in der Methodenwahl nur von begrenzter Bedeutung sind, ist schon öfters nachgewiesen worden[49].

1.2.2. Unterschiedliche Ergebnisse könnten auch auf Lückenhaftigkeit der verwendeten Informationen beruhen. Es ist aber unwahrscheinlich, daß allein ein Informationsmanko die unterschiedlichen Entscheidungen hervorbringt. Zumindest bei länger bestehenden Streitfragen kann man annehmen, daß der Informationsstand der Rechtsanwender etwa der gleiche ist.

1.2.3. Einleuchtender ist, daß die Informationsauswahl und -bewertung aufgrund eines Vorverständnisses des Rechtsanwenders erfolgt und entsprechend diesem Vorverständnis verschiedene Entscheidungen erzeugt werden.

Beipielsweise wäre das Vorverständnis dafür entscheidend, ob man bei der Frage der Zulässigkeit der tarifvertraglichen Differenzierungsklauseln Gesichtspunkte wie das Gerechtigkeitsempfinden[50] oder den gegen die negative Koalitionsfreiheit verstoßenden Zwang zum Beitritt in die Gewerkschaft[51] für entscheidend hält, oder andererseits etwa die Auswirkungen eines Verbots der Differenzierungsklauseln auf die Mitgliederzahl der Gewerkschaften und damit

---

[46] Davon geht auch der Schlußbericht (Anm. 1) – allerdings unter Zugrundelegung eines Dokumentationssystems ohne Sozialdaten – aus (3.3.4.1 a. E.). Vgl. auch *Bühnemann*, DVR 1972 (Anm. 3) S. 88 ff.

[47] Vgl. z. B. *Enneccerus/Nipperdey* a.a.O. (Anm. 32) § 54 II.

[48] So BVerfGE 1, S. 299 (312).

[49] Etwa für das Bundesverfassungsgericht *Hesse*, Grundzüge des Verfassungsrechts der Bundesrepublik Deutschland, 4. Aufl. Karlsruhe 1970, S. 22 ff., insbes. S. 24; für das Verfassungsrecht insgesamt *Müller*, Juristische Methodik, Berlin 1971, S. 20 ff.

[50] BAG AP Nr. 13 zu Art. 9 GG.

[51] *Söllner*, Arbeitsrecht, Stuttgart, Berlin, Köln 1969, S. 49.

eine eventuelle Schwächung der Interessenvertretung der Arbeitnehmer als entscheidungserheblich erachtet.

Ein weiteres Beispiel wäre etwa die Strafzumessung. Welche Gesichtspunkte entscheidend sind, hängt über die vagen Begriffe des § 13 Abs. 2 StGB hinaus weitgehend von der Einstellung des Richters zu den Strafzwecken ab. Je nach dem individuellen Vorverständnis, das bestimmte Gesichtspunkte als relevant erscheinen läßt, benötigt der Rechtsanwender ganz bestimmte Informationen. Das hat zur Folge, daß Sozialdatenbanken, die selbst wieder Bestandteile eines Modells des geltenden Rechts sind, zwangsläufig nicht neutral sein können, sondern in diesem Sinne Ausdruck und Folge bestimmter „Rechtstheorien“ sein müssen[52].

Dem kann man auch nicht dadurch entgehen, daß man sich – von der praktischen Realisierbarkeit einmal ganz abgesehen – eine Sozialdatenbank vorstellt, die eine Vereinigung sämtlicher Informationen, die die Gesamtheit aller Rechtsanwender benötigt, enthält. Da nämlich, wie unten noch genauer ausgeführt wird, Voraussetzung für eine erfolgversprechende Verwendung dieser Daten die Aufbereitung und in gewissem Maße automatische Bereitstellung der Sozialdaten ist, müssen solche, vom einzelnen Benutzer unabhängige Verfahren den möglichen Vorteil einer derart umfassenden Sozialdatenbank wieder hinfällig machen.

Festzuhalten ist, daß juristische Informationssysteme notwendig nur eine oder jedenfalls eine begrenzte Anzahl von „Rechtstheorien“ berücksichtigen können. Daraus ist nicht zu folgern, daß ein sinnvolles juristisches Informationssystem mit Hilfe der EDV nicht möglich wäre. Auch heute ist das bestehende juristische Informationssystem, das u. a. etwa Bibliotheken mit ihren Katalogen, Lehrbücher und Entscheidungsammlungen mit ihren Querverbindungen umfaßt, nicht neutral. Man denke etwa an die starke Unterrepräsentation sozialwissenschaftlicher Literatur in juristischen Bibliotheken.

Eine Veränderung des Informationssystems – allerdings auch seine Aufrechterhaltung bei wechselnden Erkenntnissen – muß jedoch genauso wie andere Rechtsänderungen im verfassungsmäßigen Wege legitimiert werden, besonders wenn sie so einschneidend ist wie die hier in Frage stehende. Voraussetzung dazu ist, daß geplante Veränderungen mit allen ihren Konsequenzen untersucht und offengelegt werden und daß auch die durch diese Veränderung ausgeschlossenen Alternativen dargestellt und diskutiert werden.

2. Wenn die Bereitstellung von Sozialdaten zur größeren Rationalität der Rechtsanwendung führen soll, so muß gewährleistet sein, daß bereitgestellte

---

[52] Das entspricht der informationswissenschaftlichen Annahme, daß jedes Informationssystem jemandes Informationssystem ist, vgl. *Kunz/Rittel*, Die Informationswissenschaften, Heidelberg, Berkeley 1969, S. 49. Zum Modellbegriff vgl. *Klaus*, Wörterbuch der Kybernetik Bd. 2, Frankfurt, Hamburg 1969, S. 41 ff.

Daten auch verwendet werden und dem Anwender tatsächlich etwas Neues sagen, seinen Wissens- und Problembewußtseinsstand erweitern[53].

Ganz grob kann man zwei Möglichkeiten gegenüberstellen, wie der Rechtsanwender sich Informationen aus dem System beschaffen kann:

2.1. Er kann ausdrücklich nach bestimmten Sozialdaten fragen, etwa nach der Zahl der jährlich vorgenommenen Abtreibungen oder Übertretungen einer bestimmten Norm. Die Unzulänglichkeit dieser Methode liegt auf der Hand. Sie setzt voraus, daß der Rechtsanwender in der Lage ist, die relevanten Fragen selbst zu ermitteln und in der richtigen Form zu stellen. Dazu ist der normale Jurist heute nicht befähigt. Ihm fehlt das Problembewußtsein für die Anwendung anderer Wissenschaften, etwa der Soziologie, Wirtschaftswissenschaft oder Psychologie[54]. Eine weitere Schwierigkeit entsteht durch Sprachbarrieren zwischen den einzelnen Wissenschaftssprachen; selbst wenn das Problembewußtsein vorhanden ist, muß der Fragesteller sich der Fachtermini bedienen, oder es muß ein noch umfangreicherer Thesaurus als ohnehin notwendig entwickelt werden[55], was neue Probleme schafft, die über die der Erforschung von Synonymie-Relationen zwischen Elementen juristischer Texte hinausgehen, weil die Struktur der verschiedenen Wissenschaftssprachen wohl schwerer vergleichbar ist[56].

2.2. Die andere Möglichkeit besteht darin, Sozialdaten mit Normdaten automatisch zu verknüpfen. Automatisch heißt hier, daß der Benutzer nicht ausdrücklich nach bestimmten Sozialdaten fragen muß; die Verknüpfung kann aber durch einen menschlichen Bearbeiter – etwa bei der Eingabe – erfolgen. Das würde bedeuten, daß der Rechtsanwender, der eine eine normative Information betreffende Frage stellt, damit gleichzeitig die im Zusammenhang mit dieser Information bedeutsamen Sozialdaten erhält. Wird z. B. eine Frage im Zusammenhang mit einer Eigenabtreibung gestellt, so könnte etwa der von Feest[57] aufgestellte Informationenkatalog oder ein Teil dieses Kataloges mitgeliefert werden. Die Zuordnung kann ebenfalls anhand von Fallprofilen[58] erfolgen.

Die Vorteile dieser Möglichkeit sind sofort einsichtig. Hier hängen die erlangten Informationen nicht von der Fähigkeit des einzelnen Rechtsanwenders ab, entsprechende Fragen zu stellen. Allerdings ist immer noch die Bereitschaft und die Fähigkeit des Rechtsanwenders erforderlich, diese Informationen auch

---

[53] Entsprechendes ergibt sich auch aus dem informationswissenschaftlichen Begriff „Information", der Wissensveränderung beim Informationsempfänger beinhaltet, vgl. *Kunz/Rittel* a.a.O. (Anm. 52) S. 35 ff., insbes. S. 37.

[54] Vgl. *Opp* a.a.O. (Anm. 34) S. 383.

[55] Vgl. dazu *Rolland*, Grundriß eines Thesaurus als funktionsfähiges Hilfsmittel für Indexierung und Recherche, München-Pullach, Berlin 1971, S. 24 f.

[56] Zur Struktur von Fachsprachen vgl. *Brinckmann*, Juristische Fachsprache und Umgangssprache, Vorüberlegungen für eine Formalisierung der Rechtssprache, ÖVD 1972, S. 60 ff.; vgl. auch *Bühnemann* DVR 1972 (Anm. 3), S. 90.

[57] a.a.O. (Anm. 24) S. 457 ff.

[58] S. o. Anm. 38.

zu verwerten. Auf jeden Fall aber könnten derart mitgelieferte Informationen einen Anstoß darstellen, sie auch zu berücksichtigen. Die „Motivationsschwelle" könnte eventuell – wie weit das wirklich zutrifft, könnten nur empirische Untersuchungen klären – überschritten werden.

Die automatische Verknüpfung von nicht normativen mit normativen Informationen ist allerdings nur beschränkt und nur für bestimmte Gruppen von Sozialdaten möglich. Sie ist nur so weit möglich, als es sich um Sozialdaten handelt, die für bestimmte, einigermaßen eng umrissene Probleme typisch sind und bei deren Vorliegen vom Rechtsanwender nach wiederum bestimmten, typischen Norminformationen gefragt wird. Darunter fällt zum Beispiel nicht der Bereich der Sozialdaten, die über allgemeines Prozeßverhalten, also z. B. über die Reaktion der Befragten bestimmter Intelligenz auf bestimmte Fragetypen, Auskunft geben.

Ein optimales System würde also aus einer Verbindung der beiden Bereitstellungsmöglichkeiten bestehen, wobei die Verknüpfung von Sozialdaten mit Normdaten so weit wie möglich hergestellt werden sollte. Daneben müßte natürlich die Möglichkeit gegeben sein, auch derart verknüpfte Sozialdaten durch eine spezielle Anfrage zu erhalten.

2.3. Eine automatische Verknüpfung von Sozialdaten könnte auch in der Weise erfolgen, daß auf Einzelfragen nach Sozialdaten, die für bestimmte Problembereiche typisch sind, keine Einzelantworten gegeben werden, sondern andere, im Zusammenhang mit solchen Daten regelmäßig auch relevante Daten vorsichtshalber mit ausgegeben werden. Auch auf diese Weise wäre es eventuell möglich, ein fehlendes Problembewußtsein des Rechtsanwenders auszugleichen.

3. Probleme ergeben sich weiter bei der Ermittlung von Sozialdaten.

3.1. Relativ unproblematisch ist die Erfassung der Daten, die Sachverhalte beschreiben, die einen direkten empirischen Bezug haben, bei denen also das Phänomen, das die Daten beschreiben, direkt beobachtet werden kann[59]. Beispiel kann hier sein die Größe einer Gruppe (soweit die Identifizierung eindeutig ist), die Anzahl von Verkehrsunfällen an einem bestimmten Ort in einem bestimmten Zeitraum.

Bei diesen Sozialdaten braucht der Bearbeiter lediglich zu zählen oder, allgemeiner, zu messen.

3.2. Schwieriger dagegen wird es bei den Sozialdaten, die ein Phänomen beschreiben, das nicht unmittelbar beobachtbar ist, sondern das durch eine komplexe operationelle Definition beschrieben werden muß[60]. Auf das Vorliegen derartiger Sachverhalte kann nur durch Beobachtung der in der Definition bestimmten Hilfsphänomene geschlossen werden.

Entscheidend ist bei der operationellen Definition die Frage, durch welche

---

[59] S. o. Anm. 39.
[60] S. o. Anm. 40.

Hilfsphänomene die eine, wirklich interesserende Größe bestimmt wird. Auf das darzustellende Phänomen „Betriebsklima" in einem Betrieb kann etwa geschlossen werden von Äußerungen des subjektiven Eindrucks der Betroffenen, von der Häufigkeit der Krankmeldungen, von dem Anteil der psychomatischen Krankheiten an den gesamten Krankheiten, von der Unfallhäufigkeit, der durchschnittlichen Dauer der Betriebszugehörigkeit oder noch anderen Faktoren. Legt man mehrere dieser Faktoren zugrunde, so ist das Problem der Gewichtung zu lösen.

Zuständig für die Definition solcher Phänomene, soweit sie für den Rechtsfindungsprozeß eines Gerichts erforderlich sind, ist nach dem herkömmlichen Verständnis das entscheidende Gericht: seine Aufgabe ist es, die Entscheidungsprämissen zu bestimmen und die zu berücksichtigenden Tatsachen und ihre Gewichtung festzulegen. Da die Aufstellung einer solchen expliziten und oft wohl recht komplizierten operationellen Definition durch ein Gericht jedoch kaum möglich sein dürfte, bleibt als andere Möglichkeit, dem Rechtsanwender das benötigte Sozialdatum aufgrund einer möglichst weit anerkannten operationellen Definition anzugeben und ihm gleichzeitig diese Definition mitzuteilen. Anhand dieser könnte er dann entscheiden, ob dieses Sozialdatum für ihn verwendbar ist.

Es steht aber zu befürchten, daß der Rechtsanwender diese Möglichkeit gar nicht ausschöpfen wird. Er wird versucht sein, kritiklos das ihm etwa für das „Betriebsklima" gegebene Sozialdatum zu übernehmen.

Sozialdaten, die durch eine komplexe operationelle Definition bestimmt werden, werden vom Rechtsanwender sehr häufig verwendet. Gerade mit der Einbeziehung von sozialwissenschaftlichen Erkenntnissen in den Rechtsfindungsprozeß wird ihre Zahl weiter steigen. Das ergibt sich schon daraus, daß der Rechtsanwender, dem eine große Menge an einzelnen Informationen zur Verfügung gestellt wird, nicht mehr in der Lage sein wird, diese sinnvoll zu verarbeiten. Es ist anzunehmen, daß der Rechtsanwender als informationsverarbeitendes System nur Aufgaben mit einem bestimmten Komplexitätsgrad bewältigen kann. Damit müssen die Einzelinformationen aggregiert auf eine höhere Stufe und damit komplex operationell definiert zur Verfügung gestellt werden. Auch hier stellt sich das Problem der Legitimation einer nicht durch den Rechtsanwender – speziell den Richter – selbst getroffenen Datenauswahl. Auch bisher mußte sich zwar der Richter teilweise auf fremde Hilfe verlassen, ohne sie kontrollieren zu können, so etwa bei der Heranziehung von Sachverständigen. Die formale Möglichkeit des Richters, dem Sachverständigengutachten nicht zu folgen, soll hier außer Betracht bleiben: zu einer inhaltlichen Kontrolle jedenfalls befähigt ihn seine Ausbildung nicht. Besonders im Bereich des Warenzeichen-, Urheber- und Wettbewerbsrechts wurden von Gerichten auch verschiedentlich Meinungsforschungsinstitute damit beauftragt, Sozialdaten zu ermitteln[61].

---

[61] Vgl. *Noelle-Neumann/Schramm*, Umfrageforschung in der Rechtspraxis, Möglichkeiten und Grenzen, Weinheim 1961, insbes. S. 15 ff.

Die Diskussion der Sozialdaten in einem juristischen Informationssystem sollte jedoch Anlaß geben, diese Problematik, die sich dann noch verschärfen wird, erneut zu behandeln und sie in eine Theorie der Legitimation judiziellen Entscheidens einzubauen.

VI. Schlußfolgerungen

Als Ergebnis ist festzustellen, daß einer Aufnahme von Sozialdaten in ein elektronisches Informationssystem für den Rechtsanwender umfangreiche Untersuchungen in mehreren Richtungen vorausgehen müssen, will man den damit angestrebten Zweck erreichen.

Zielvorstellung ist, daß durch die Aufnahme von Sozialdaten in ein Informationssystem zum einen die im Entscheidungsprozeß verwendeten Sozialdaten den Tatsachen entsprechen, wobei die besondere Bedeutung in der dadurch begünstigten schnelleren Anpassung des Rechts an veränderte Verhältnisse liegt, und zum anderen durch die Einführung zusätzlicher Sozialdaten in den Entscheidungsprozeß die Rationalität der Entscheidung vergrößert wird.

Um dieses Ziel zu erreichen, wären folgende Untersuchungen erforderlich:

1. Im Rahmen einer Analyse juristischen Entscheidungsverhaltens, die unter Berücksichtigung der Sozialdatenproblematik zu erfolgen hätte, wäre der Bereich an nichtnormativen Daten festzustellen, der für die Entscheidungsfindung relevant ist.
2. Darauf aufbauend wäre nach Differenzierungs- und Strukturierungsgesichtspunkten zu suchen, die es erlauben, Teilmengen dieser Daten wegen ihrer besonderen Struktur oder juristischen Relevanz als besonders speicherungswürdig auszusondern.
3. Daneben ist in rechtstheoretischer Hinsicht zu untersuchen, welche Implikationen bestimmte Informationssysteme für das Rechtssystem als Ganzes und für seine Teilsysteme haben. Diese Implikationen müssen zu der Zielsetzung eines Sozialdaten enthaltenden Informationssystems in Beziehung gesetzt werden.
4. Ein weiterer Forschungskomplex betrifft die Frage, wie die Daten aufbereitet und zur Verfügung gestellt werden sollen. Diese mit der Analyse juristischer Entscheidung zusammenhängende Frage ist entscheidend für den tatsächlichen Erfolg des Informationssystems. Bei der Untersuchung dieser Frage sind etwaige Wandlungen in der Juristenausbildung (z. B. eine Vergrößerung der sozialwissenschaftlichen Kenntnisse) zu berücksichtigen.
5. Erst im Anschluß an diese vorgenannten Untersuchungen ist die Frage der technischen Realisierbarkeit solcher Informationssysteme zu stellen. Rücksichtnahme auf Wirtschaftlichkeitserwägungen (Kosten-Nutzen-Analyse) kann ebenfalls zu Einschränkungen der realisierbaren Informationssysteme führen.

Jede dieser Untersuchungen wird zu einer Reduzierung der realisierbaren und nach rechtspolitischen Zielvorstellungen anstrebbaren Informationssysteme führen.

Mit diesen Untersuchungen und den auf ihnen beruhenden Entscheidungen werden zugleich auch (rechts-)politische Entscheidungen getroffen; es ist deshalb zu überlegen, wie die Entscheidung für ein bestimmtes Informationssystem inhaltlich demokratisch legitimiert werden kann und welche verfahrensmäßigen Wege dazu eingeschlagen werden sollten.

Zusammenfassung

Die Aufnahme von Sozialdaten in ein Informationssystem für den Rechtsanwender soll insbesondere der Überprüfung bereits verwendeter Sozialdaten und der Erhöhung der Rationalität des Rechtsanwendungsprozesses durch Einbeziehung weiterer, das Problembewußtsein fördernder Daten dienen. Von dieser Zielbestimmung ausgehend, erfolgt eine vorläufige – da noch nicht durch empirische Untersuchungen des Entscheidungsfindungsprozesses abgesicherte – Begriffsbestimmung der Sozialdaten. Als Sozialdaten werden vorläufig alle nicht normativen und nicht methodischen Informationen, die im Rechtsanwendungsprozeß erheblich sind, bezeichnet.

Weiter wird eine Systematisierung dieser Daten nach dem systematischen Ort ihrer Verwendung, nach ihrer Erfassung und dem Maß ihrer Komplexität unternommen. Schließlich folgt die Erörterung dreier mit der Aufnahme von Sozialdaten in ein elektronisches Informationssystem zusammenhängender Problemkreise, nämlich der Verschiedenheit der Informationsbedürfnisse der Rechtsanwender, der automatischen Bereitstellung von Sozialdaten sowie der richterlichen Freiheit zur Bestimmung und Gewichtung seiner nichtnormativen Entscheidungsgrundlagen. Als Schlußfolgerung wird, da jede Festlegung auf ein Modell eines – Sozialdaten enthaltenden – Informationssystems eine Entscheidung für ein rechtstheoretisches Modell beinhaltet, die Forderung nach vorheriger eingehender Analyse des juristischen Entscheidungsfindungsprozesses und demokratischer inhaltlicher Legitimation eines solchen Modells erhoben.

Summary

The inclusion of social data into an information system for those practicing the law shall serve, in particular, to verify social data already in use and to increase the rationality of law application by using further data which promote a problem consciousness. Starting from this goal the article attempts to make a definition of what social data are, which is a preliminary definition since it has not been confirmed yet by an empirial analysis of the decision-making process. Social data are preliminarily defined as all nonnormative and non-methodical information which is relevant whithin a decision-making process.

Further, the article categorizes those data depending on their place of use within the system, the gathering of the material, and their degree of complexity. This is followed by a discussion of three problem areas connected with the recording of social data by an electronic information system, that is, the differences between the information required by the various persons applying the law, the automatic providing of social data, as well as judicial discretion in the process of determining and assessing non-normative bases of decisions. Since the choice of any information-system containing social data also implies the choice of a certain legal doctrine, the authors, in their conclusion, set forth the demand of a comprehensive prior analysis of the legal decision-making process and the substantive democratic legitimacy of such a model.

Hans Brinckmann, János S. Petöfi, Hannes Rieser

Paraphrasen Juristischer Texte II
Bericht über und Bemerkungen zu einem interdisziplinären Rundgespräch [1]

1. Darstellung des Arbeitsprogramms

1.1 Die interdisziplinäre Arbeitsgruppe „Analyse der juristischen Sprache" war im Laufe des zweiten Darmstädter Rundgesprächs „Paraphrasen juristischer Texte I" zu dem Ergebnis gekommen, daß die Verwendung von Paraphrasen in der juristischen Argumentation und Subsumtion eine zentrale Rolle einnimmt. Im Anschluß daran wurde die theoretische Rekonstruktion dieser Paraphrasenrelationen als wichtiger Teilbereich einer umfassend konzipierten und rational motivierten Rechtstheorie bestimmt.[2]

Als Voraussetzung einer solchen theoretischen Rekonstruktion hat die Analyse der Semantik juristischer Texte zu gelten, d. h. es muß bestimmt werden, welche Bedeutungen Terme besitzen, die in der juristischen Fachsprache verwendet werden, und durch welche Bedeutungskomponenten sich solche Terme von den korrespondierenden Ausdrücken der Umgangssprache unterscheiden. Zur Klärung der Frage, welche grammatischen, d. h. syntaktischen und semantischen Komponenten die Abgrenzung der juristischen Sprache von der Umgangssprache zulassen, müssen linguistische Beschreibungstechniken herangezogen werden: die Analyse der Semantik juristischer Terme kann zunächst sinnvoll mit sprachanalytischen, d. h. logisch-semantischen Verfahren betrieben werden. Diese heuristische Stufe, die zu intersubjektiv bestätigbaren Ergebnissen führen soll, bildet eine notwendige Voraussetzung für eine Teiltheorie der juristischen Texte. Sie ermöglicht Aussagen darüber, welche Grammatiktheorien der theoretischen Linguistik für eine Teiltheorie der juristischen Texte brauchbar sind und wie diese Grammatiktheorien modifiziert werden müssen, damit sie spezifischen juristischen Interessen genügen.

Die Mitarbeiter des dritten Darmstädter Rundgesprächs „Paraphrasen juristischer Texte II" hatten sich aufgrund wissenschaftspraktischer Überlegungen dazu entschlossen, der heuristischen Analyse den Text (die Rechtsnorm § 8 Abs. 3 Satz 1 der StVO a. F.) zugrundezulegen:

${}_{J}S_{1}{}^{0}$ *Beim Einbiegen in eine andere Straße ist nach rechts ein enger, nach links ein weiter Bogen auszuführen.*

Dieser Text, die Kommentare, die sich als Kommentare zur Straßenverkehrsordnung bezeichnen, und weitere Texte, die in diesen Kommentaren zitiert werden, sollten das Ausgangskorpus der Analyse bilden. Dieses Ausgangskorpus ist nicht nur für die Bestimmung der Semantik der Terme der gewählten Rechtsnorm von Bedeutung, sondern auch für die Bestimmung ihrer möglichen syntaktisch-semantischen Paraphrasen.

---

[1] Das dritte Rundgespräch der interdisziplinären Arbeitsgruppe „Analyse der juristischen Sprache" fand vom 11. bis 13. Mai 1972 in Darmstadt statt. Der Deutschen Forschungsgemeinschaft sei für ihre Unterstützung gedankt.
Die Ergebnisse des ersten Darmstädter Rundgesprächs (Arbeitspapiere und Diskussionsbeiträge) sind dokumentiert in: *Dieter Rave, Hans Brinckmann, Klaus Grimmer* (eds.): Logische Struktur von Normensystemen am Beispiel der Rechtsordnung, Darmstadt 1971; cf. dazu auch den Bericht von *Peter Hartmann*: Ein juristisches Rundgespräch über Normlogik. In: Linguistische Berichte 11 (1971), p. 61. Die Ergebnisse des zweiten Darmstädter Rundgesprächs sind abgedruckt in: *Dieter Rave, Hans Brinckmann, Klaus Grimmer* (eds.): Paraphrasen juristischer Texte, Darmstadt 1971; cf. dazu auch den Bericht von *Hans Brinckmann* und *Hannes Rieser*: Paraphrasen juristischer Texte. Bericht über und Bemerkungen zu einem interdisziplinären Rundgespräch. In: Rechtstheorie, 3. Bd., Heft 1 (1972), p. 83 bis p. 89.

[2] Cf. dazu *Dieter Rave, Hans Brinckmann, Klaus Grimmer* (eds.): Paraphrasen juristischer Texte, Darmstadt 1971, p. 5, p. 103 bis p. 152, besonders p. 141 bis p. 147.

1.2 Die Lexikonelemente (*beim Einbiegen in, andere Straße, ist auszuführen, nach rechts, nach links, enger Bogen, weiter Bogen*) sollten untersucht werden

a) in bezug auf die semantischen Relationen der Synonymie, Hyperonymie, Hyponymie, Inkompatibilität, Antonymie, Komplementarität und Konversibilität, die sie zu den anderen Lexikonelementen des Korpus aufweisen,

b) in bezug auf ihre logisch-semantische Charakterisierung, d. h. ob sie in einer prädikatenlogisch orientierten Beschreibungssprache als ein-, zwei- oder n-stellige Relationen dargestellt werden können/müssen,

c) in bezug auf ihre axiomatische und ontologische Charakterisierung, d. h. jedes Lexikonelement sollte durch eine Menge solcher semantischer Merkmale definiert werden, die seine korrekte Referentialisierung (= die eindeutige Zuordnung zu einer Klasse von Gegenständen bzw. Relationen im Bereich der Objekte) ermöglichen.

1.3 Die am Rundgespräch beteiligten Linguisten sollten Grammatikmodelle entwickeln, die es erlauben, normative Sätze und Texte abzuleiten. Sie sollten an einem Beispiel zeigen, welche Bedingungen eine Grammatiktheorie zu erfüllen hat, wenn sie alle und nur die richtig gebildeten normativen Sätze (Texte) einer Rechtsordnung erzeugen will. Als Überprüfungsinstanz für die Bestätigbarkeit der abgeleiteten Satz- bzw. Textmengen sollten die juristischen Mitarbeiter des Kolloquiums fungieren.

Als Test für die empirische Adäquatheit der vorgeschlagenen Grammatikmodelle sollte das Paraphrasenkriterium gelten: Eine Grammatik G ist empirisch adäquat, wenn sie in der Lage ist, zu einem beliebigen gegebenen normativen Satz oder zu einem Satz, der einen Sachverhalt beschreibt, eben diesen Satz und alle und nur die für einen kompetenten Sprecher der juristischen Fachsprache akzeptablen synonymen und hyperonymen Sätze zu erzeugen. Diese Satzmengen sollen entscheidbar sein, d. h. die Grammatik G soll idealiter von jedem vorgelegten Satz in endlich vielen Schritten bestimmen können, ob er ein Satz der von G erzeugten Satzmenge ist oder nicht.

1.4 Zur vorgegebenen Rechtsnorm sollte eine prädikatenlogische Normalform erstellt werden. Es sollte überprüft werden, ob die logisch zulässigen Transformationen der Normalform nach Rückübersetzung in die Objektsprache zulässige Paraphrasen der Rechtsnorm liefern.

1.5 Die Diskussion der Arbeitspapiere[3] sollte Aussagen darüber ermöglichen, ob es die geleisteten Untersuchungen erlauben, spezifisch rechtliche Probleme zu behandeln. Gleichzeitig sollte überprüft werden, ob das linguistische Instrumentarium den Teilnehmern der

---

[3] Folgende Arbeitspapiere wurden im Verlauf des von *Dieter Rave* (Darmstadt) geleiteten Rundgesprächs diskutiert: *Hans Brinckmann* (Darmstadt): „Andere Straße"; Matrix der semantischen Merkmale zum Referenzbereich „Straße". *Bernt Bühnemann* (Hamburg): Die Lexikonelemente „eng" und „weit". *Hans-Jürgen Garstka* (Regensburg): Linguistische Analyse von § 31, I, S. 1, 1. Halbsatz, Ehegesetz. *Klaus Grimmer* (Darmstadt): „Ist ... auszuführen". *Michael Gropp* (Berlin): „Andere Straße". *Andrea Hasselkuss* und *Claus-Jürgen Kaminski* (Bonn): Das Lexikonelement „Bogen". *Eckhart Heinz* (Bonn): Text und Paraphrase. Zur Entwicklung einer Theorie der Sprache. *Wolfgang Kilian* (Frankfurt): Der Rechtsbegriff „ist ... auszuführen" als linguistisches Lexikonelement. *Gerd Künzel* (Münster): Analyse der Lexikonelemente „rechts" und „links". *Gerhard Otte* (Bielefeld): Untersuchung der Lexikonelemente „eng" und „weit". *János S. Petöfi* (Konstanz): Juristische Texte und eine Textgrammatik mit linear nicht festgelegter ‚Text-Basis'. *Adalbert Podlech* (Heidelberg): Analyse des Ausdrucks „Beim Einbiegen in". *Hannes Rieser* (Konstanz): Zur syntaktisch-semantischen Analyse eines Rechtssatzes. *Jürgen Rödig* (Köln): Bildung einer prädikatenlogischen Normalform für § 8 Abs. 3 S. 1 StVO a. F. sowie für einschlägige Paraphrasen. *Bernhard Schlink* (Heidelberg): Die Lexikonelemente „nach rechts" und „nach links".

Die von *Petöfi* und *Rieser* vorgelegten Arbeitspapiere basieren auf einer umfangreicheren Arbeit zur textgrammatischen Theoriebildung; cf. dazu *T. A. Van Dijk, J. Ihwe, J. S. Petöfi, H. Rieser:* Zur Bestimmung narrativer Strukturen auf der Grundlage von Textgrammatiken (= Papiere zur Textlinguistik/Papers in Textlinguistics 1), Hamburg: Buske 1972. Referate und Diskussionen des dritten Darmstädter Rundgesprächs sollen als Tagungsberichte demnächst veröffentlicht werden. Eine Dokumentation über die bisherige Zusammenarbeit zwischen Linguisten und Juristen wird von *Hartmann* und *Rieser* vorbereitet. Sie erscheint in einem Band Angewandte Textlinguistik (= Papiere zur Textlinguistik/Papers in Textlinguistics 2), Hamburg: Buske 1972.

Arbeitsgruppe bereits in einem solchen Maße zugänglich ist, daß eine effektive Fortführung der interdisziplinären Zusammenarbeit als möglich, sinnvoll und nützlich betrachtet werden kann.

2. Zur Leistungsfähigkeit der vorgelegten theoretischen Ansätze

2.1 *Rieser* untersuchte in seiner Vorlage einige formale Eigenschaften eines Grammatikmodells im Hinblick auf die vollständige Ableitbarkeit einer juristischen Teilsprache. Aus praktischen Gründen bediente er sich dabei nicht einer text-, sondern einer satzgrammatischen Argumentation.

Diesem Vorgehen lag die Hypothese zugrunde, daß Textgrammatiken, die nach dem Modell eines bestimmten Satzgrammatiktyps aufgebaut sind, die formalen Eigenschaften eben dieses Satzgrammatiktyps aufweisen.

Diese Hypothese kann wie folgt spezifiziert und zu einem Evaluationskriterium für die empirische Relevanz von Textgrammatiken gemacht werden:

a1 G_i sei eine Satzgrammatik mit einer Menge formaler Eigenschaften $F(G_i)$.

a2 G_i erzeuge eine Satzmenge (eine theoretische Sprache) $L_d{}^1$.

a3 $L_d{}^1$ sei auf $L_d{}^0$, die korrespondierende Objektsprache abbildbar.

a4 $L_d{}^1$ sei in bezug auf $L_d{}^0$ nicht vollständig, d. h. es gelte $[L_d{}^1]^0 \subset L_d{}^0$. $[L_d{}^1]^0$ sei das Abbild von $L_d{}^1$ in $L_d{}^0$.

a5 $[L_d{}^1]^0 \subset L_d{}^0$ sei ein Kriterium für die empirische Inadäquatheit von G_i.

a6 Die empirische Inadäquatheit von G_i sei auf eine Menge formaler Eigenschaften $R(G_i)$ rückführbar, wobei $R(G_i) \subset F(G_i)$.

a1' TEG_i sei eine zu G_i korrespondierende Textgrammatik mit $F(TEG_i)$, derart, daß zwischen G_i und TEG_i ein partieller syntaktischer Isomorphismus besteht oder G_i eine Teilgrammatik von TEG_i ist, $G_i \subset TEG_i$; dann gilt entsprechend:

a2' TEG_i erzeugt eine theoretische Sprache $L_d{}^1$.

a3' $L_d{}^1$ ist auf $L_d{}^0$ abbildbar.

a4' $L_d{}^1$ ist in bezug auf $L_d{}^0$ nicht vollständig, d. h. es gilt $[L_d{}^1]^0 \subset L_d{}^0$. $[L_d{}^1]^0$ sei das Abbild von $L_d{}^1$ in $L_d{}^0$.

a5' $[L_d{}^1]^0 \subset L_d{}^0$ ist ein Kriterium für die empirische Inadäquatheit von TEG_i.

a6' Die empirische Inadäquatheit von TEG_i ist auf eine Menge formaler Eigenschaften $R(TEG_i)$ rückführbar, wobei $R(TEG_i) \subset F(TEG_i)$.

Wenn TEG_i keine G_i ergänzenden und/oder korrigierenden Regeln enthält, dann folgt daraus: Der Nachweis der empirischen Inadäquatheit kann über G_i geführt und nach TEG_i verallgemeinert werden.

Zunächst wurde eine G_i aufgebaut, die u. a. einen Satz $S_1{}^1 \in L_d{}^1$ erzeugt, der der gegebenen Rechtsnorm ${}_jS_1{}^0$ entspricht; gleichzeitig stellte sich heraus, daß G_i aufgrund der Rekursivität in $F(G_i)$ Sätze erzeugt, die nur die Konstituenten von ${}_jS_1{}^0$, aber in beliebiger Wiederholung enthalten, ebenso Sätze, die zu ${}_jS_1{}^0$ kontradiktorisch sind, z. B.:

$S_1{}^1$ *beim einbiegen in eine andere straße ist nach links ein enger nach rechts ein weiter bogen auszuführen*

Daraus folgt, daß eine zu G_i korrespondierende ${}_jG_i$ konstruiert werden muß, die keine rekursiven Regeln enthält. Außerdem muß sie spezifische Bedingungen erfüllen (wenn solche Bedingungen überhaupt formulierbar sind), so daß *links* und *weit* und *rechts* und *eng* plus *ist . . . auszuführen* aufeinander bezogen werden können. Eine von ${}_jG_i$ erzeugte theoretische Sprache sei mit ${}_jL_d{}^1$ benannt. ${}_jL_d{}^1$ ist die der Menge der objektsprachlichen Rechtsnormen korrespondierende theoretische Sprache. Es gilt ${}_jG_i \subset G_i$ und ${}_jL_d{}^1 \subset L_d{}^1$. ${}_jL_d{}^0$ enthält zudem eine Reihe spezifischer semantischer Eigenschaften, da die Verwendung von ${}_jS_1$ zeigt, daß ein Term wie *Straße* nur auf bestimmte Objekte angewandt wird. Daraus folgt, daß ein Semantem wie STRASSE durch eine Menge definierender Merkmale ersetzt werden muß, wenn der theoretische Satz ${}_jS_1{}^1$ eine dem objektsprachlichen Satz ${}_jS_1{}^0$ adäquate semantische Interpretation erhalten soll.

Die Teilsprache ${}_jL_d{}^1$ ist daher bestimmt durch:

1. eine Menge spezifischer syntaktischer Regeln,
2. eine Menge von den syntaktischen Regeln zugeordneten Selektionsindizes,

3. eine Menge von Anwendbarkeitsbedingungen für syntaktische Regeln,
4. ein Lexikon, dessen Elemente
   a) spezifische Merkmale intensionaler Art enthalten, nämlich die Angabe aller Synonyma, Hyperonyma, Antonyma etc.,
   b) Angaben über die Rückführbarkeit komplexer auf einfache Semanteme (= Axiomatisierung des Lexikons),
   c) spezifische Merkmale extensionaler Art, die die Zuordnung der Terme zu sprachlichen und nichtsprachlichen Sachverhalten, also ihre korrekte (eindeutige) Referentialisierung, garantieren,
5. spezifische Angaben zur Pragmatik, d. h. es muß klar sein, welche Institutionen sich mit welchem Interesse mithilfe von $_{j}\mathcal{L}_{d}{}^{0}$ an welche Adressaten wenden.

Durch eine so aufgebaute $_{j}G_{1}$ kann mithilfe von entsprechenden Ableitungsbedingungen eine Teilsprache $_{j}\mathcal{L}_{d}{}^{1'}$ erzeugt werden, die nur aus Sätzen besteht, die zu $_{j}S_{1}{}^{1}$ synonym sind. Analog dazu kann zu $_{j}S_{1}{}^{1}$ eine Teilsprache $_{j}\mathcal{L}_{d}{}^{1''}$ generiert werden, die nur aus der Menge aller zu $_{j}S_{1}{}^{1}$ hyperonymen Sätze besteht. Es stellte sich aber heraus, daß, aufgrund von $R(_{j}G_{1})$, $_{j}\mathcal{L}_{d}{}^{1'}$ und $_{j}\mathcal{L}_{d}{}^{1''}$ zwar entscheidbare, aber in bezug auf $_{j}\mathcal{L}_{d}{}^{0}$ nicht vollständige Teilsprachen von $_{j}\mathcal{L}_{d}{}^{1}$ sind.

Die Nicht-Vollständigkeit von $_{j}G_{1}$ erweist sich als ein entscheidender Nachteil, der darauf zurückgeführt werden muß, daß $_{j}G_{1}$ eine nicht-transformationelle kontextfreie Phrasenstrukturgrammatik ist. Daher ist es im gegenwärtigen Stand der Entwicklung von $_{j}G_{1}$ nicht möglich,

$_{j}S_{1}{}^{0}$ *beim Einbiegen in eine andere Straße ist nach rechts ein enger, nach links ein weiter Bogen auszuführen*

und

$_{j}S_{r}{}^{0}$ *jeder, der mit einem Fahrrad in eine andere Straße einbiegt, muß nach rechts einen engen, nach links dagegen einen weiten Bogen machen*

transformationell aufeinander zu beziehen, d. h. mithilfe von $_{j}G_{1}$ die syntaktisch-semantischen Relationen zwischen den entsprechenden theoretischen Sätzen $_{j}S_{1}{}^{1}$ und $_{j}S_{r}{}^{1}$ zu bestimmen. Daraus folgt, daß entsprechende Aussagen für eine $_{j}TEG_{1}$ gelten, die durch die Annahmen a1' bis a6' bestimmt ist.

Um abschätzen zu können, wie ein optimaler Grammatiktyp $_{j}G_{k}$ auszusehen hätte, der eine vollständige theoretische Sprache $_{j}\mathcal{L}_{d}{}^{1}$ erzeugen und daher als Modell für eine adäquate $_{j}TEG_{k}$ funktionieren kann, wurde eine intuitive, logisch-semantische Analyse von $_{j}S_{1}{}^{0}$ versucht. Diese Analyse wurde aufgebaut wie folgt:

Erklärung der verwendeten Symbole:

x	ein Individuenbereich, dem das Prädikat *adressat des gesetzes* zugeordnet werden kann,
y	ein Individuenbereich, dem das Prädikat *fahrzeug* im Sinne des Gesetzes zugeordnet werden kann,
u, z	Individuenbereiche, denen das Prädikat *straße* im Sinne des Gesetzes zugeordnet werden kann,
v	ein Individuenbereich, dem das Prädikat *bogen* zugeordnet werden kann,

adressat, ausführen, bogen, einbiegen, fahren, fahrzeug, links, straße, rechts, eng, weit sind Prädikate erster Stufe,

T^0	Zeitintervall, in dem der Rechtssatz $_{j}S_{1}{}^{0}$ gilt,
T^1, T^2	beliebige Zeitintervalle, die in T^0 liegen,
$\langle t_1{}^1, \ldots, t_n{}^1\rangle$	Zeitpunkte, die in T^1 liegen,
$\langle t_1{}^2, \ldots, t_n{}^2\rangle$	Zeitpunkte, die in T^2 liegen,
E	Existenzquantor
(x) f (x)	die Parenthesen links von f, (), bezeichnen den Allquantor
$\in$	Elementbeziehung
$\dot{\subset}$	formale Implikation (Folgerungsbeziehung)
$\subset$	Klasseninklusion
$<$	kleiner als
.	logische Konjunktion

(,), [,] Parenthesen
P Proposition (Gegenstandsfunktion)
P* Ereignisfunktion

Zunächst wurden folgende Hilfspropositionen festgelegt:

P1 = (E T°) (T¹) (T²) (E t_n^1) (E t_1^2)
[*adressat* (x) . *straße* (u) . *straße* (z) . (u≠z). *fahrzeug* (y). *fahren* (x, y, t_n^1, u) . *einbiegen* (x, y, t_1^2, z) . *rechts* (z, x) . ($t_n^1 < t_1^2$) . ($t_n^1 \in T^1$) . ($t_1^2 \in T^2$) . ($T^2 \subset T^0$) . ($T^1 \subset T^0$)]

P2 = (E T°) (T²)
[*adressat* (x) . *fahrzeug* (y) . *bogen* (v) . *eng* (v) . *ausführen* (x, y, v, T²) . ($T^2 \subset T^0$)]

Dann wurde der entsprechende Ausdruck als Ereignisfunktion notiert:

(k) P1* (k) $\dot{\subset}$ [(k) P2* (k)]

Dieser Ausdruck wurde durch

P1* $\dot{\subset}$ P2*

abgekürzt, was so zu lesen ist: P2* ist eine *notwendige* Voraussetzung für P1*. Zwei weitere Hilfspropositionen wurden angegeben:

P3 = (E T°) (T¹) (T²) (E t_n^1) (E t_1^2)
[*adressat* (x) . *straße* (u) . *straße* (z) . (u≠z). *fahrzeug* (y). *fahren* (x, y, t_n^1, u) . *einbiegen* (x, y, t_1^2, z) . *links* (z, x) . ($t_n^1 < t_1^2$) . ($t_n^1 \in T^1$) . ($t_1^2 \in T^2$) . ($T^2 \subset T^0$) . ($T^1 \subset T^0$)]

P4 = (E T°) (T²)
[*adressat* (x) . *fahrzeug* (y) . *bogen* (v) . *weit* (v) . *ausführen* (x, y, v, T²) . ($T^2 \subset T^0$)]

Der entsprechende Ausdruck wurde wiederum als Ereignisfunktion dargestellt:

(k) P3* (k) $\dot{\subset}$ [(k) P4* (k)]

und abgekürzt als

P3* $\dot{\subset}$ P4*

Die vollständige Formalisierung von ${}_jS_1{}^0$ lautet demnach:

[P1* $\dot{\subset}$ P2*] . [P3* $\dot{\subset}$ P4*]

Eine ${}_jG_k$, die eine theoriesprachliche Abbildung der logisch-semantischen Formalisierung leistet, ermöglicht es prinzipiell, die semantischen Relationen zwischen ${}_jS_1{}^0$ und ${}_jS_r{}^0$ theoretisch zu rekonstruieren. Da ${}_jG_l$ auf einer syntaktischen Beschreibungssprache aufbaut, die korrespondierende Theoriesprache semantisch interpretiert und ${}_jS_1{}^1$ und ${}_jS_r{}^1$ nicht transformationell aufeinander beziehen kann, wird eine theoretische Rekonstruktion der vollständigen Satzmengen ${}_j\mathcal{L}_d{}^{1'}$ und ${}_j\mathcal{L}_d{}^{1''}$ von ${}_jG_l$ im gegenwärtigen Stand der Entwicklung nicht geleistet.

Wie die Leistungsfähigkeit von ${}_jG_l$ an jene von ${}_jG_k$ angenähert werden kann (und, was das Problem der Entscheidbarkeit betrifft, auch umgekehrt) ist noch nicht abzusehen.

Damit ${}_jG_k$ als empirisch relevante, allgemeine und konsistent aufgebaute Grammatik der Teilsprache ${}_j\mathcal{L}_d{}^0$ funktionieren kann, ist zu leisten:

1. Die Entwicklung eines Übersetzungsverfahrens, das objektsprachlichen Sätzen automatisch Ausdrücke der logisch-semantischen Beschreibungssprache zuordnet, d. h. die Entwicklung einer semantisch fundierten Taxonomie und geeigneter Übersetzungsfunktionen,

2. die Entwicklung eines Übersetzungsverfahrens, das beschreibungssprachlichen Ausdrücken theoriesprachliche Ausdrücke zuordnet,

3. der Nachweis, daß eine so konzipierte ${}_jG_k$ eine entscheidbare Sprache ${}_j\mathcal{L}_d{}^1$ erzeugt.

Die Diskussion von ${}_jG_l$ und ${}_jG_k$ läßt die Hypothese zu, daß es möglicherweise keine inklusive Theorie gibt, die alle Interessen und Postulate (z. B. der algebraischen Linguistik, der Sprachanalytik, der Wissenschaftstheorie in bezug auf empirische Wissenschaften, der syntaktisch-semantischen Analyse interessanter Teilsprachen) abdeckt/erfüllt und daß der spezifische Geltungsbereich einer Theorie ihren formalen Aufbau und die dazugehörige Heuristik wesentlich mitbestimmt, so daß über einem prä-theoretisch festgelegten Objektbereich für verschiedene Interessen verschiedene, nicht-konkurrierende, komplementäre Theorien entwickelt werden können/müssen.

Für die theoretische Rekonstruktion der Paraphrasenrelation in Subsumtions- und Argumentationsprozessen scheint eine Grammatik vom Typ $_{j}G_{k}$, wenn sie die Bedingungen 1. bis 3. zu erfüllen in der Lage ist, adäquater zu sein. Wie die Komponenten einer solchen Grammatik aufgebaut werden, zeigte *Petöfi* in seiner Vorlage.

2.2 Die Textgrammatik von *Petöfi* („Textgrammatik mit linear nicht festgelegter Text-Basis" genannt) besteht aus folgenden Teilen: einer Grammatik (G) im engeren Sinne, einem textanalysierenden Algorithmus (A_A), einem textsynthetisierenden Algorithmus (A_S), und einem textvergleichenden Algorithmus (A_C).

G ist aus den folgenden drei Komponenten aufgebaut:

L : Lexikon,
FR: Formations-Komponente,
TR: Transformations-Komponente.

Das Lexikon ordnet jeder einzelnen — ins Lexikon aufzunehmenden — sprachlichen Einheit (Wort, Idiom, bzw. allen ihren möglichen Lesungen) einen Definitions-Teil und einen Informations-Teil zu.

Hinsichtlich des Definitions-Teils basiert der Aufbau des Lexikons auf der Hypothese, daß im lexikalischen Inventar einer Sprache eine Grundmenge abgegrenzt werden kann, deren Elemente als elementare, semantische Repräsentationen deklariert werden können, d. h. als Grundelemente, aus denen alle komplexen Definitionen aufgebaut werden können.

Die elementaren semantischen Repräsentationen und sämtliche Definienda sind Prädikatfunktionen. Die komplexen Definitionen sind dagegen geordnete Mengen von Prädikatfunktionen. Der Terminus ‚Prädikatfunktion' wird hier als Komplex eines ‚Funktors' plus ‚mit Bezeichnungen versehene Argumente, die gleichzeitig mit dem Funktor auftreten können', interpretiert.

Die Form einer Definition soll anhand des folgenden Beispiels veranschaulicht werden.

einbiegen a : x1 i : $_{1}$x2 ls : $_{1}$x4 lg : $_{2}$x4

$=_{Def}$ ⟨	$_{1}$p	bewegen-sich	a : x1 i : $_{1}$x2 l : $_{1}$x4 lg : $_{2}$x2
	$_{1}$p'	*gerade	$_{1}$f
	$_{2}$p	bewegen-sich	a : x1 i : $_{1}$x2 ls : $_{2}$x2 lg : $_{3}$x2
	$_{2}$p'	*nicht gerade	$_{2}$f
	$_{3}$p	bewegen-sich	a : x1 i : $_{1}$x2 l : $_{2}$x4 ls : $_{3}$x2
	$_{3}$p'	*gerade	$_{3}$f
	$_{1}$p^{o}	mensch	o : x1
	$_{2}$p	*fahzeug	o : $_{1}$x2
	$_{3}$p^{o}	*straße	o : $_{1}$x4
	$_{4}$p^{o}	*straße	o : $_{2}$x4
	$_{5}$p^{o}	punkt-von	o : $_{2}$x2 e1 : $_{1}$x4
	$_{6}$p^{o}	punkt-von	o : $_{3}$x2 e1 : $_{2}$x4 ⟩

Erläuterungen zu dieser Definition: „*einbiegen*", „bewegen-sich" ... sind Funktoren; „a" (= Agent), „i" (= Instrument), „o" (= Objekt), „e1" (= Erleider), „l" (= lokale Ergänzung — Antwort auf die Frage *wo*), „ls" (= lokale Ergänzung — Antwort auf die Frage *wohin*) sind sogenannte Argumentbezeichnungen; „x1", „$_{1}$x2", ... sind Argumentvariable; „$_{1}$p" ist eine Prädikatfunktion ersten Grades, „$_{1}$p' " ist eine Prädikatfunktion zweiten Grades (= Art und Weise) und „$_{1}$p^{o}" ist eine sogenannte nominale Prädikatfunktion; „$_{1}$f" bezeichnet den Funktor der Prädikatfunktion „$_{1}$p". Auf der linken Seite des Zeichens „$=_{Def}$" steht das Definiendum, auf der rechten Seite das Definiens. Die mit einem Stern gekennzeichneten Elemente des Definiens sind wahrscheinlich keine ‚elementaren semantischen Repräsentationen', sie müssen daher in einer richtigen Definition durch ihre Definitionen ersetzt werden. — Eine richtige Definition besteht aus elementaren Prädikatfunktionen und aus Charakterisierungen der Argumentstellen dieser Prädikatfunktionen mit Hilfe ebenfalls elementarer Prädikatfunktionen.

In bezug auf das Definiens unterscheidet *Petöfi* zwischen nicht-spezifischen und fachspezifischen Definitionen. Letztere sind Lexikon-Elemente der einzelnen Fachsprachen.

Der Informations-Teil, der neben dem Definitions-Teil den Lexikonelementen zugeordnet ist, charakterisiert das syntaktische Verhalten der in Frage stehenden Elemente.

Außer der Liste der Definitionen enthält das Lexikon verschiedene Listen sowohl der zu definierenden Elemente als auch der definierten Elemente. Diese Listen können aufgrund beliebiger Kriterien erstellt werden. Solche Kriterien in bezug auf den Definitions-Teil können zum Beispiel Synonymie-, Hyponymie-, Hyperonymie-, Antonymie- usw. Relationen sein. Als Ordnungs-Kriterium in bezug auf den Informations-Teil kann zum Beispiel das identische syntaktische Verhalten dienen.

Die zweite Komponente von G, die Formations-Komponente, enthält Formations-Regeln, die die folgenden Operationen in Regeln fassen: Besetzung der Argumentstellen der Prädikatfunktionen (d. h. Umwandlung der Prädikatfunktionen in Prädikate), Verknüpfung der Prädikate zu Prädikatkomplexen, Ergänzung der Prädikate und/oder Prädikatkomplexe zu sogenannten Propositionen (durch das nähere Bestimmen der Prädikate und/oder Prädikatkomplexe mit temporalen und modalen Ergänzungen), Ergänzung der Propositionen zu sogenannten S-Konstituenten (durch das nähere Bestimmen der Propositionen mit Ergänzungen, die die Satz-Modalität, d. h. den assertiven, interrogativen usw. Charakter, anzeigen) und den Aufbau verschiedenartiger Propositions- bzw. S-Konstituenten-Komplexe. Die Menge der Formations-Regeln ist nicht geordnet; bei der Generierung von S-Konstituenten-Komplexen kann mit der Auswahl eines beliebigen Elementes begonnen werden. Die Aufgabe des A_S (d. h. des textsynthetisierenden Algorithmus) ist die Modellierung der Generierungsmöglichkeiten.

Die Formations-Komponente generiert semantische Repräsentationen (SeRs), die in bezug auf die endgültige Form (die sogenannte lineare Manifestation) des Textes indifferent sind. Die hier dargestellte SeR zeigt die Struktur einer semantischen Repräsentation.

SeR ≡	⟨S_5 ≡	ASS	a : Pers. 1	e2 : Pers. 2	o : P_5
	S_6 ≡	ASS	a : Pers. 1	e2 : Pers. 2	o : P_6
	P_5 ≡	IND PRAES		p_5	
	P_6 ≡	IND PRAES		p_6	
	p_5 ≡	notwendig		o : P_{1+3}	
	p_6 ≡	notwendig		o : P_{2+4}	
	P_{1+3} ≡	wenn P_1 P_3			
	P_{2+4} ≡	wenn P_2 P_4			
	P_1 ≡	IND PRAES		p_1	
	P_2 ≡	IND PRAES		p_2	
	P_3 ≡	IND PRAES		p_3	
	P_4 ≡	IND PRAES		p_4	
	p_1 ≡	⟨einbiegen a : G_1x1 i : G*yo2* l : [ls : G_1*yo1* lg : G_j^1*yo1*]⟩			
	p_1' ≡	⟨nach-rechts		f_1⟩	
	p_2 ≡	⟨einbiegen a : G_1x1 i : G*yo2* l : [ls : G_1*yo1* lg : G_j^1*yo1*]⟩			
	p_2' ≡	⟨nach-links		f_2⟩	
	p_3 ≡	⟨ausführen a : G_1x1 o : R1⟩			
	p_4 ≡	⟨ausführen a : G_1x1 o : R2⟩			
	G_1*yo1*		R1 (≡ RQ1*yo3*)		
	G_j^1*yo1*		R2 (≡ RQ1*yo4*)		
	G*yo2*				
	G_1x1				
	$_1$*yo1* ≡	⟨Straße⟩			
	$_j^1$*yo1* ≡	⟨Straße, die die durch $_1$*yo1* gekennzeichnete Straße kreuzt⟩			
	yo2 ≡	⟨Fahrzeug⟩			
	yo3 ≡	⟨enger Bogen⟩			
	yo4 ≡	⟨weiter Bogen⟩			
	x1 ≡	jemand			

(Den Ausdruck ‚kreuzende Straße' verwende ich hier in dem allgemeinsten

Sinne, d. h. als Bezeichnung sämtlicher ‚sich an eine gegebene Straße nicht als ihre gerade Fortsetzung anschließenden Straßen'.)

Der die S_5-Konstituente bildende Teil dieser SeR kann wie folgt gelesen werden. (Die ‚Lesung' ist durch die Symbole eindeutig vorgeschrieben. In bezug auf S_5 ist die Reihenfolge: S_5 — P_5 — p_5 — (P_{1+3}): wenn P_1 [p_1, ersetzt durch die entsprechenden Argumente] dann P_3 [p_3, ersetzt durch die entsprechenden Argumente].)

Pers1 behauptet gegenüber Pers2: [*notwendig*: [*wenn jemand mit einem beliebigen Fahrzeug von einer beliebigen Straße in eine beliebige, diese Straße kreuzende Straße nach rechts einbiegt, führe diese Person mit diesem Fahrzeug einen engen Bogen aus*]]

In dieser SeR: G (= Generalisator) steht für ‚beliebige', Q1 (= Quantifikator) steht für ‚eins', R zeigt an, daß es sich um einen bestimmten ‚engen Bogen' bzw. ‚weiten Bogen' handelt; die Elemente in Klammern ⟨⟩ ersetzen die Definitionen.

Die Aufgabe der Transformations-Komponente von G ist es zu bestimmen

a) welche Komplexe der SeR als Text-Sätze manifestiert werden (für die Text-Satz-Manifestation steht das Zeichen „K" [= Kompositionseinheit ersten Ranges]),

b) in welcher Reihenfolge diese Manifestationen aufeinanderfolgen werden, und schließlich

c) welche der möglichen Manifestations-Formen dieser Komplexe realisiert werden.

b) und c) liefern die transformationellen Informationen. Diese transformationellen Informationen werden in Blöcke geordnet, teilweise in einen TextΩ-Block (cf. b)), teilweise in die $K_1Ω$-Blöcke (cf. c)).

In bezug auf die als Beispiel dargestellte SeR (die in dieser Form als eine TextSeR zu betrachten ist) bestimmt das TextΩ, in welcher Reihenfolge S_5 und S_6 aufeinander folgen werden. Die einzelnen KΩ-s bestimmen hingegen, welche der möglichen Paraphrasen der S_5SeR bzw. S_6SeR abzuleiten ist.

Wenn wir an die hier dargestellte SeR ein Prädikat „und S_5 S_6" anknüpfen, wird diese zur SeR eines einzigen K; eine mögliche Realisation dieser SeR ist die zur Analyse ausgewählte Rechtsnorm $_jS_1{}^o$.

Eine SeR und ein ihr zuordbarer Ω-Block werden Basis (Text-Basis oder KB) genannt. Die Basis enthält also einen der linearen Manifestation gegenüber indifferenten Teil (die SeR) und diejenigen Informationen, die eine mögliche lineare Manifestation dieser SeR bestimmen. Bei einer aus synonymen Sätzen/Texten (Paraphrasen) bestehenden Menge ist die Basis jedes einzelnen Elementes dieselbe, nur der Ω-Teil wird verschieden sein.

Zusammenfassend können wir über dieses Modell folgendes sagen:

Es soll ermöglichen

a) einem gegebenen Text (= lineare Manifestation) alle möglichen Text-Basen zuzuordnen,

b) alle Typen von Text-Basen zu erzeugen,

c) in eindeutiger Weise die syntaktisch-semantische Relation zwischen zwei gegebenen Texten zu bestimmen.

Sämtliche Aufgaben werden mit Hilfe ein- und derselben Grammatik (die, mit G bezeichnet, oben kurz umrissen wurde) durchgeführt. Die Verschiedenheit der einzelnen Aufgaben zeigt sich in der Verschiedenheit der einzelnen Algorithmen. Mit den Problemen dieser Algorithmen wollen wir uns hier nicht beschäftigen, es soll lediglich eine Bemerkung zu A_C gemacht werden. Aufgabe des A_C ist es, die Text-Basen der zu vergleichenden Texte hervorzubringen und ihre vollkommene oder teilweise Identität festzustellen. Bei der Feststellung des Identitätsgrads sind die normalisierte Struktur der Basen und die maximalen Argument-*n*-Tupel, die bei den einzelnen Prädikaten berücksichtigt werden, von grundlegender Wichtigkeit. (Dieser Algorithmus hat zum Beispiel bei der Subsumtion große Bedeutung. Er erlaubt nämlich die theoretisch bestimmte Zuordnung von Sachverhaltsbeschreibungen zu Rechtsnormen.)

2.3 *Rödig* hat sich in seiner Vorlage mit den Problemen der prädikatenlogischen Normalform befaßt.

Zuerst ordnet er $_jS_1{}^o$ — und seinen vorhandenen Paraphrasen — folgende Normalform zu:

a) *Für alle x* gilt: Will x nach rechts in eine andere Straße einbiegen, *so* hat x nach rechts einen engen Bogen auszuführen, *und* will x nach links in eine andere Straße einbiegen, *so* hat x nach links einen weiten Bogen auszuführen.

Zur Symbolisierung dieser Normalform führt er folgende Definitionen ein:
IN („Er^1(.)") = . will nach rechts in eine andere Straße einbiegen
IN („El^1(.)") = . will nach links in eine andere Straße einbiegen
IN („Br^1(.)") = . hat nach rechts einen engen Bogen auszuführen
IN („Bl^1(.)") = . hat nach links einen weiten Bogen auszuführen

Mit Hilfe dieser Definitionen geht a) über in
b) $\bigwedge x\ ((Er^1(x) \rightarrow Br^1(x)) \wedge (El^1(x) \rightarrow Bl^1(x)))$
und b) „scheint geradezu *die* prädikatenlogische Normalform aller nur denkbaren Variationen des Ausgangssatzes zu sein."

Diese jedoch — so stellt er später fest — „stellt nicht die einzige prädikatenlogische Abbildung dar. Nichts steht beispielsweise dem entgegen, auch solche Variablen einzubeziehen, denen die Namen der jeweils benutzten Fahrzeuge oder auch der jeweils befahrenen Straße entsprechen:
c) $\bigwedge x\ \bigwedge f\ \bigwedge s\ ((Er^3(x,f,s) \rightarrow Br^3(x,f,s)) \wedge (El^3(x,f,s) \rightarrow Bl^3(x,f,s)))$"

Andererseits hält *Rödig* auch die Anwendung nullstelliger Prädikate für zulässig: „Ein großer — und leider von ontologistischer Seite her immer wieder anzutreffender — Irrtum liegt darin, es bringe eine Formel wie ‚Er^0' das Gebotsgebilde nicht genügend zum Ausdruck. Man vergißt, daß auch das objektsprachliche ‚Er^0' metasprachlich definiert werden muß und nach Voraussetzung nicht anders als etwa b) oder c) definiert werden wird!"

Aus seinen Erörterungen zieht er die Folgerung: „Es gibt nicht *die* prädikatenlogische Normalform in dem bei der Fragestellung offenbar vorausgesetzten Sinn. Die Art der prädikatenlogischen Zerlegung ist *ausschließlich durch die mit einer Axiomatisierung des einschlägigen Gebiets verfolgten Zwecke bedingt.* Anzusetzen ist insoweit bei dem Gebiet *in seiner Gesamtheit.*"

Wenn wir uns ausschließlich logische Gesichtspunkte vor Augen führen, hat *Rödig* recht. Es darf jedoch nicht unbeachtet bleiben, daß in der juristischen Praxis die sprachlichen Gebilde eine äußerst wichtige Rolle spielen, und es soll darauf hingewiesen werden, daß für die linguistische Handhabung dieser sprachlichen Gebilde sowohl *Rieser* als auch *Petőfi* eine Grammatik vorgeschlagen haben — noch bevor sie die Erörterungen von *Rödig* kannten —, die auch die unter den alternativen Repräsentationen von *Rödig* vorkommende Form c) für optimal hält. (Der Unterschied, der sich im Hinblick auf diese Form in den einzelnen Vorschlägen zeigt, ist nicht von prinzipieller theoretischer Bedeutung.)

Wenn diese Grammatik dem juristischen Anwendungsinteresse genügt, so folgt daraus, daß die Auswahl der prädikatenlogischen ‚Normalform' nicht von einer gewählten Axiomatisierungs-Methode abhängig gemacht werden darf. Vielmehr muß bei der Axiomatisierung der juristischen Praxis möglicherweise eine solche Axiomatisierungs-Methode gewählt werden, die eben diese prädikatenlogische Normalform verlangt.

2.4 Das Arbeitspapier von *Heinz* beschäftigte sich mit den kommunikationswissenschaftlichen Bedingungen für eine Theorie der Informationsverarbeitung in bezug auf die natürliche Sprache. Da dieser Beitrag eher zur linguistisch-kommunikationstheoretischen Grundlagenforschung gehört und nur in indirektem Zusammenhang mit der hier erörterten Problematik steht, gehen wir nicht ausführlicher darauf ein.

3. Zum Stellenwert der von den juristischen Teilnehmern geleisteten sprachanalytisch-logischen Untersuchungen für eine Grammatik von ${}_{j}\mathcal{L}_{d}{}^{0}$

3.0 Die juristischen Teilnehmer des 3. Rundgesprächs sollten, als kompetente Sprecher von ${}_{j}\mathcal{L}_{d}{}^{0}$, die lexikalische Vorarbeit dafür leisten, daß die Ableitung synonymer und hyperonymer Sätze durch ${}_{j}G_{k}$ ermöglicht wird. Eine heuristisch motivierte, vortheoretische prädikatenlogische Notation der Terme aus ${}_{j}S_1{}^{0}$ sollte die Etablierung einer logisch-semantischen Beschreibungs- und/oder Theoriesprache ermöglichen. Zusätzlich sollten Angaben über den vernünftigen axiomatischen Aufbau eines Lexikons für $_{j}S_{1}{}^{0}$ und Angaben über die Referentialisierbarkeit der Terme von $_{j}S_{1}{}^{0}$ gemacht werden.

Die ersten beiden Aufgaben wurden generell erfüllt; die Arbeit an der Axiomatik und an den Referentialisierungsbedingungen bedarf dagegen weiterer interdisziplinärer Untersuchungen.

3.1 *Podlech* stellte eine Analyse des Ausdrucks *beim Einbiegen in* vor. Er bediente sich dabei einer logischen Beschreibungssprache des Carnapschen Typs. Seine Wortlisten, d. h. die angeführten synonymen und hyponymen Ausdrücke führten zu Resultaten, die unmittelbar in Lexikoneinträge übersetzt werden können. Dagegen reicht die erarbeitete logische Charakterisierung des Ausdrucks und die Darstellung der Referenzbeziehungen noch nicht aus, den Ausdruck *beim Einbiegen in*, linguistischen Anforderungen entsprechend, axiomatisch aufzubauen, da die angeführten Hilfsdefinitionen nicht voll formalisiert sind und es deshalb nicht klar ist, wie sie in ein Lexikon von $_{j}\mathcal{L}_{d}{}^{1}$ integriert werden können. Die *Podlechsche* Analyse ist als Ausgangsmaterial für eine präzise, logisch-semantische Beschreibungssprache zu betrachten. Die teils formal, teils umgangssprachlich gegebenen Resultate entsprechen in etwa jenen, die auch von *Petöfi, Rieser* und *Rödig* erarbeitet wurden. Es ist aber zu vermuten, daß sie eine weitere Präzisierung/Korrektur der von *Rieser* und *Rödig* vorgeschlagenen Beschreibungssprache und der von *Petöfi* entwickelten Theoriesprache erlauben; zumindest für rechtswissenschaftliche Interessen ist eine $_{j}G_{k}$ zu fordern, die die von *Podlech* angeführten Informationen enthält. Es ist klar, daß solche Informationen für Linguisten äußerts wichtig sind, die nicht nur eine empirisch überprüfbare, sondern auch eine praktisch verwendbare linguistische Theorie etablieren wollen. Die interdisziplinäre Zusammenarbeit zeigt, daß das Postulat der praktischen Verwendbarkeit an die Konsistenz, die Leistungsfähigkeit und die Allgemeinheit der linguistischen Theorien erhebliche Anforderungen stellt.

Podlechs Beitrag vermittelte einen Eindruck darüber, welche und wie präzise Vorarbeiten zu leisten sind, damit ein konsistent aufgebauter Thesaurus von $_{j}\mathcal{L}_{d}{}^{0}$ entwickelt werden kann.

3.2 Als Vorarbeiten zu einem juristischen Thesaurus für die Terme von $_{j}S_{1}{}^{0}$ sind auch die Arbeitspapiere von *Gropp* und *Brinckmann* aufzufassen. Beide analysierten den Ausdruck *andere Straße* und damit zusammenhängende Lexikonelemente. *Gropp* stellte eine Liste der zu *Straße* synonymen, hyponymen, inkompatiblen, komplementären und antonymen Terme zusammen, ebenso jene Terme, die keine Straße im Sinne des § 8 Abs. 3 Satz 1 StVO a.F. sind; daran schloß sich eine Beschreibung der Terme *andere Straße* und *dieselbe Straße* an.

Der für die Entwicklung eines Lexikons bzw. eines Thesaurus von $_{j}\mathcal{L}_{d}{}^{0}$ wichtigste Teil des Arbeitspapiers war jener, in dem versucht wurde, eine allgemeine Taxonomie der Begriffe des Referenzbereichs *Straße* zu geben. Dabei wurden die verschiedenen Typen von Straßen nach den Merkmalen [*Verkehrsbedeutung*], [*Widmung*], [*Bestimmung für einzelne Verkehrsarten*], [*Bauart*], [*Gelände*] und [*staatsrechtliche Kriterien*] in Gruppen unterteilt. Diese Unterteilung kann aber nur als Vorarbeit für eine allgemeine Taxonomie des Referenzbereichs *Straße* angesehen werden, da aufgrund dieser Merkmale allein noch keine eindeutige Bestimmung von Termen wie *Autobahn, Betonstraße*, etc. möglich ist. Die Ergebnisse des *Brinckmannschen* Arbeitspapiers kamen einer taxonomischen Klassifikation, wie sie für thesauristische Zwecke notwendig ist, am nächsten.

Brinckmann versuchte zunächst, das System der Sinnrelationen zwischen *Straße* und den auf *Straße* bezüglichen Termen wie *Sackgasse, Kreuzung, Waldweg* etc. mithilfe semantischer Merkmale wie [*unbelebtes physisches Objekt*], [*flächig*], [*Teil der Erdoberfläche*], [*für den Verkehr hergerichtet*], [*durch Richtung ausgezeichnet*], [*ohne Zielerreichung*] etc. darzustellen. Dieses Verfahren führte zur Etablierung eines Kategorienbaumes. Dieser Kategorienbaum kann als heuristisches Instrument zur Thesauruskonstruktion prinzipiell akzeptiert werden, seine einzelnen Etikette sind aber noch zu überprüfen und weiter zu spezifizieren, da er weder den Anspruch der Vollständigkeit erheben kann noch eindeutig ist, weil intuitiv unterscheidbare Terme wie *Nebenstraße, Kreuzung* und *Einmündung* an identischen Endstellen des Kategorienbaumes stehen, d. h. die semantische Ableitung solcher Terme mithilfe des Kategorienbaumes würde dazu führen, daß distinkte Terme durch identische Merkmalmengen repräsentiert werden müssen; da aber zwischen *Nebenstraße, Kreuzung* und *Einmündung* kein Synonymieverhältnis (= keine Identität der definierenden Merkmale bzw. Merkmalmengen und keine referentielle Identität) besteht, muß der Kategorienbaum re-konstruiert werden.

Eine teilweise Korrektur erfuhr dieser Versuch einer taxonomischen Klassifikation durch ein zusätzliches Arbeitspapier, das *Brinckmann* im Anschluß an das von *Gropp* erarbeitete umfangreiche Material erstellte. Darin versuchte *Brinckmann*, eine Reihe von Ausdrücken, die semantische und pragmatische Relationen zu *Straße* aufweisen, wie z. B. *Grundstück, Platz, Weg, Kraftfahrstraße, Parkplatz, Sommerweg, Mittelstreifen* etc. mithilfe von fünfzehn Dimensionen (interessenbezogenen Klassifikationskriterien) und semantischen Merkmalen, die diesen Dimensionen zugeordnet werden können, zu subklassifizieren.

Als Dimensionen wurden verwendet: (1) Wahrnehmbarkeit, (2) Dimension, (3) Natur, (4) Bereich, (5) Form, (6) Oberfläche, (7) Zweckbestimmung, (8) rechtliche Zuordnung, (9) Oberflächenbearbeitung, (10) Beziehung zur Umgebung, (11) Beziehung zum Straßennetz, (12) Beziehung zum Verkehrsnetz, (13) Beziehung zu anderen Straßen, (14) Beziehung zum Verkehr auf anderen Straßen, (15) Beziehung zur Fahrbahn. Als semantische Merkmale wurden z. B. (5) [erkennbar abgegrenzt], [gestreckt], (6) [ohne Hindernis], [fester Untergrund], (8) [Bund], [Land], [Privatperson], (9) [Schotter], [Beton], [Teer], [Pflaster], [Stahl], (15) [Rand], [Mitte] zugeordnet.

Jeder Ausdruck erhielt in bezug auf diese semantischen Merkmale entweder eine positive (+) oder eine negative (—) Markierung. Als dritte Markierung war Zero (0) zugelassen. Ein zugeordnetes Zero sollte anzeigen, daß der entsprechende Ausdruck in bezug auf ein spezifisches semantisches Merkmal unmarkiert ist.

In der Diskussion wurde eingewandt, daß aus Gründen der Entscheidbarkeit und der Vollständigkeit jeder Ausdruck nur durch eine Menge positiver und negativer Markierungen charakterisiert sein soll. Da mithilfe solcher Markierungen semantische Relationen (wie Identität, Grad von Ähnlichkeit etc.) zwischen Ausdrücken repräsentiert werden müssen, würde eine identische Menge von Zeros für zwei oder mehrere Ausdrücke Grade von Ähnlichkeit anzeigen, die objektsprachlich nicht bestätigt werden können. Es wurde vorgeschlagen, die 0-Markierungen zu eliminieren, falls notwendig, rein theoretische semantische Merkmale einzuführen (nämlich solche, denen kein Ausdruck der Umgangssprache entspricht) und die semantischen Merkmale selbst auf nicht-teilbare elementare semantische Merkmale zurückzuführen. Gelingt eine weitere Bearbeitung in diesem Sinn, dann können die von *Brinckmann* vorgeschlagenen semantischen Merkmale als definierende Prädikate der Definienda *Grundstück, Straße* etc. verwendet werden, d. h. sie sind in ein Lexikon von ${}_{j}L_{d}^{1}$ integrierbar.

3.3 *Grimmer* stellte eine Liste von Ausdrücken zusammen, die aufgrund von § 8 Abs. 3 Satz 1 StVO a.F., von Kommentaren und der Rechtsprechung als Paraphrasen (Synonyma) von *ist ... auszuführen* zu gelten haben, wie z. B. *hat ... zu benutzen, ist ... zu machen, ist ... einzuhalten,* etc. Wichtig für eine adäquate Theorie der Texte aus ${}_{j}L_{d}^{0}$ waren seine Angaben darüber, daß „unter der Einführung eines Subjekts ‚der Fahrer eines Fahrzeuges' " auch *muß ... durchführen, muß ... machen, muß ... fahren,* etc. *hat ... zu machen, hat ... zu fahren,* etc. als Synonyma von *ist ... auszuführen* zu gelten haben. Eine Paraphrasenrelation kann ferner auch dann bestehen, wenn eine (eher auf die Oberfläche bezogene) Veränderung der Grammatik von ${}_{j}S_{1}^{0}$ vorliegt, wie z. B. bei ... *wird erwartet, daß ... gefahren wird* etc. Diese Angaben zeigen, daß zur Beschreibung der semantischen Relationen zwischen Sätzen aus ${}_{j}L_{d}^{0}$, die solche Ausdrücke enthalten, der von *Rieser* vorgeschlagene Grammatiktyp nicht ausreicht, dagegen können sie mithilfe der von *Petöfi* vorgeschlagenen Grammatik prinzipiell erklärt werden.

Kilians Aussagen über die semantischen Relationen von *ist ... auszuführen* deckten sich in etwa mit jenen von *Grimmer*. *Kilian* versuchte weiter festzustellen, wann die Verknüpfung des Ausdrucks *ist ... auszuführen* einen ${}_{j}L_{d}^{0}$ entsprechenden, d. h. einen für die Sprecher/Verwender der juristischen Teilsprache akzeptablen Satz ergibt. Danach muß *Bogen* mit *ist ... auszuführen, beim Einbiegen in* mit *eine andere Straße* (und umgekehrt), *eng* mit *rechts* (und umgekehrt) und *weit* mit *links* (und umgekehrt) verknüpft werden, damit die Akzeptabilität (Korrektheit) garantiert werden kann.

Diese Hypothese wurde auch in den Vorlagen von *Petöfi, Rieser* und *Rödig* vertreten. *Kilians*

Ausführungen bestätigten die Annahmen der Linguisten in bezug auf die formale Darstellung und die Akzeptabilität von Sätzen mit *ist ... auszuführen*, die Elemente von ${}_jL_d^1$ sein sollen. Die heuristischen Arbeiten von *Grimmer* und *Kilian* müssen aber noch weitergeführt werden; es ist vor allem zu untersuchen, ob die Semantik von *ist ... auszuführen* axiomatisch aufgebaut werden kann und ob diese elementar(st)en semantischen Bausteine zur vollständigen Charakterisierung aller angeführten synonymen Ausdrücke ausreichen.

3.4 *Schlink* gab zunächst allgemeine pragmatische Bedingungen dafür an, wann die Verwendung der Ausdrücke *rechts* und *links* in Sätzen von ${}_jL_d^0$ akzeptiert werden kann (dazu analoge Überlegungen fanden sich auch im Arbeitspapier von *Rieser*). *Schlinks* Ausführungen zu den Hyponymierelationen von *Einbiegen nach rechts* und *Einbiegen nach links* (= Cohyponyme von *Einbiegen*) deckten sich ebenfalls mit *Riesers* Überlegungen zur Ableitung einer Menge von hyperonymen Sätzen in bezug auf ${}_jS_1^0$.

Ob *rechts* und *links* als elementare Semanteme analysiert oder selbst als Definienda aufgefaßt werden sollen, muß erst die weitere Lexikonarbeit (vor allem die Axiomatisierung einer größeren Menge von Lexikoneinheiten) zeigen. Wie *Kilian* in bezug auf *ist ... auszuführen*, versuchte *Künzel* in bezug auf *rechts* und *links* generelle Angaben über die Kombinierbarkeit dieser Ausdrücke zu machen: *rechts* und *links* „müssen ... verknüpft sein mit einem Verb, das eine gerichtete Bewegung zum Ausdruck bringt. Erforderlich ist außerdem die Angabe des Subjekts der Bewegung. Sinnvoll ist weiter die Angabe der Art und Weise der Bewegung sowie der Orte, von denen sie kommt und zu denen sie führt."

Künzels Vorschläge zur prädikatenlogischen Charakterisierung von *rechts* und *links* deckten sich mit jenen der Linguisten; seine Vorschläge zur Komponentenanalyse entsprachen jenen von *Schlink*, nämlich, daß *rechts* und *links* als elementarste Semanteme aufzufassen seien. Diese Hypothese konnte während des Rundgesprächs nicht überprüft werden. Ihre Überprüfung ist der weiteren Lexikonarbeit vorbehalten.

3.5 *Bühnemanns* Ausführungen zu *eng* und *weit* brachten weitere Bedingungen, die paraphrastische ${}_jS_1^1, \ldots, {}_jS_n^1$ in bezug auf ${}_jS_1^1$ erfüllen müssen: als Synonyme im Kontext von ${}_jL_d^0$ müssen *eng, klein, kurz* und *weit, groß* gelten. Zusätzlich versuchte *Bühnemann* (analog zu *Kilian* und *Künzel*) Angaben über die im Bereich von ${}_jL_d^0$ sinnvollen Verknüpfungen von *eng* und *weit* zu geben. Die Resultate in bezug auf *links, weit* und *rechts, eng* entsprachen jenen von *Kilian* und *Rieser*. *Bühnemann* diskutierte auch einige weitere Parameter pragmatischer Art, die zu einer Bestimmung von *eng* und *weit* notwendig sind. Diese Parameter wurden in zwei Klassen von „variablen Bezugspunkten" unterteilt, solche Bezugspunkte sind einerseits die rechte bzw. linke Fahrbahnmarkierung von Ausgangsstraße und Zielstraße, die Richtungsmarkierungen auf den Fahrbahnen und der gedachte Schnittpunkt der sich kreuzenden Fahrbahnen, andererseits Fahrzeuglänge, Fahrzeugbreite, Fahrzeughöhe, Abstand der Achsen und Einschlagwinkel der Räder.

Jede Bestimmung von *eng* und *weit* hat diese Klassen von variablen Bezugspunkten zu berücksichtigen.

Ottes Analyse von *eng* und *weit* bestätigte die von *Bühnemann* erstellten semantischen Relationen und pragmatischen Parameter.

3.6 *Hasselkuss* und *Kaminski* untersuchten jene semantischen Relationen von *Bogen*, die für eine empirisch adäquate Grammatik von ${}_jL_d^0$ notwendig sind. Als Resultat ergab sich eine Synonymierelation zwischen *Bogen, Wendung, Kurve, Kreisbogen* und eine Hyperonymierelation zwischen *Bogen, Linkskurve, Linksbogen, Rechtsbogen, enger/weiter Bogen, enge/weite Kurve*.

Die beiden Autoren versuchten ferner, eine Komponentenanalyse von *Bogen* nach dem Modell der Katz-Fodor-Semantik zu geben. Die Brauchbarkeit dieser Analyse muß erst in der weiteren Lexikonarbeit überprüft werden.

Die Detailanalyse der Semantik der konstitutiven Terme des Rechtssatzes brachte eine Fülle von Material, das noch aufgearbeitet und weiter spezifiziert werden muß, wenn man eine empirisch adäquate semantische Repräsentation von ${}_{j}S_{1}^{o}$ erreichen und mithilfe einer Grammatik die für einen Juristen akzeptablen und brauchbaren synonymen Sätze von ${}_{j}S_{1}^{o}$ und die zulässigen Folgerungen aus ${}_{j}S_{1}^{o}$ ableiten will. Für Juristen, die eine adäquate Theorie juristischer Texte als notwendige Teiltheorie der Rechtstheorie auffassen, und für Linguisten, die sich um die praktische Anwendbarkeit ihrer Theorien kümmern, ist diese Arbeit äußerst aufschlußreich. Es zeigte sich, daß das Postulat der praktischen Anwendbarkeit hohe Ansprüche an die Inklusivität einer linguistischen Theorie stellt. Die Lösung von praktischen Aufgaben erweist sich als guter Test für die Leistungsfähigkeit einer linguistischen Theorie. Dies ist nicht als absolutes Kriterium zu nehmen, da keine linguistische Theorie so weit entwickelt ist, daß sie ohne Einschränkungen die Ansprüche der konsistenten Anwendbarkeit erfüllen könnte. Der Grad der Lösung von praktischen Aufgaben ist aber ein Indiz für den erreichten Entwicklungsstand. Er läßt Schlüsse darüber zu, in welcher Richtung die Theorie weiterentwickelt werden muß und ob sie so offen konzipiert ist, daß sie spezifische Interessen abdecken kann. Es wäre zu wünschen, daß die theoretischen Linguisten sich Bezugspunkte solcher Art suchen, um die praktische Relevanz ihres Tuns überprüfen und richtig einschätzen zu können. Das Rundgespräch hat bestätigt, daß die heuristischen Vorarbeiten zur linguistischen Theoriebildung intensiver und breiter angelegt sein müssen als dies bis jetzt der Fall war, und daß eine gezielte Heuristik mit der Überprüfung der Leistungsfähigkeit von formalen Systemen (cf. dazu die Beiträge von *Petöfi* und *Rieser*) korreliert werden muß.

Soll eine linguistische Theorie für einen Anwendungsbereich entwickelt werden, dann muß sie als empirische Theorie aufgebaut werden und ähnlich strengen Bedingungen genügen wie naturwissenschaftliche Theorien.

Solange linguistische Theorien sich nur im akademischen Bereich bewegen und als „Bildungsgut" tradiert werden, stellen sich solche Fundierungs- und Grundlagenprobleme kaum, und wenn, dann nur als theoretische Probleme, die mithilfe von verbalen Erklärbarkeitsbehauptungen und -hypothesen erledigt werden können. Versucht man aber Theorien so aufzubauen, daß sie unmittelbar praktisch anwendbar sind, z. B. für die automatische Überprüfung einfacher Subsumtionsprozesse oder für den konsistenten Aufbau eines rechtswissenschaftlichen Thesaurus, dann sind präzise, in allen Details ausgearbeitete und formalisierte Theorien notwendig, da jede Vagheit unübersehbare Folgen für den Anwendungsbereich haben kann.

4. Zur Leistungsfähigkeit der Arbeitsergebnisse in Rechtswissenschaft und Jurisprudenz

Die an das Grammatikmodell gestellte Forderung, zu jeder gegebenen Rechtsnorm alle und nur die akzeptablen synonymen und hyperonymen Rechtsnormen zu erzeugen, bedeutet die Forderung nach Erzeugung aller der und nur der Sätze, die eine Rechtsnorm in akzeptabler Weise paraphrasieren und aller der und nur der Sätze, die Untersatz oder conclusio eines im Hinblick auf die gegebene Rechtsnorm akzeptablen Subsumtionsschlusses sein können. Die ontologische und axiomatische Charakterisierung der Lexikonelemente dieser Grammatik soll zudem die eindeutige Zuordnung von Gegenständen und Relationen im Objektbereich zu den durch die jeweiligen Lexikonelemente benannten Klassen ermöglichen, also eine eindeutige Zuordnung von realen Sachverhalten zu Sachverhaltsbeschreibungen im Untersatz des Subsumtionsschlusses. Aufgabe einer solchen Grammatik wäre es, die Gewinnung von individuellen aus generellen Rechtsnormen und ihre Anwendung auf reale Sachverhalte theoretisch abzusichern und damit die Subsumtion rational zu kontrollieren.

Während für Linguisten die praktische Brauchbarkeit ihrer Arbeitsergebnisse als Test für die Leistungsfähigkeit ihrer Theorie angesehen werden kann, ist die Frage nach der Brauchbarkeit der referierten Arbeit für den rechtlichen Bereich nicht ohne weiteres zu beantworten: diese Frage wurde während des Rundgespräches immer wieder gestellt, konnte jedoch nicht abschließend beantwortet werden. Die Schwierigkeit, hier eine Antwort zu finden, die mehrere Juristen gleichzeitig befriedigt, liegt einmal in dem absolut unzureichenden Stand der Justizforschung begründet, also in der mangelhaften Kenntnis des faktischen Rechtsanwendungsprozesses, zum anderen in der tatsächlichen Uneinigkeit über die richtige Methode, also in der mangelnden Einigung über das gesollte Verhalten bei der Rechtsanwendung.

Gerade der rechtspositivistische Akzent, den eine Textanalyse notwendigerweise hat, verlangt eine Diskussion des Ziels der Arbeitsgruppe. Man muß rechtfertigen, daß es für die Rechtsordnung und für die Gesellschaft, die sich der Rechtsordnung bedient, nützlich ist, wenn der Rechtsanwender die Bedeutung der positiven Rechtsnorm möglichst exakt angeben kann, und zwar sowohl in ihrer Beziehung zu anderen Rechtsnormen (rechtswissenschaftliche Dogmatik, interne Semantik), wie auch in ihrer Beziehung zur Realität (Rechtsanwendungsakt, Referenzsemantik). Die rechtlich überzeugendste Begründung für die Reduzierung von Vagheit in Rechtsnormen besteht in der Forderung des Grundgesetzes nach Bindung der Rechtsanwendung an das Gesetz. Diese grundgesetzliche Fundierung einer rechtspositivistischen Methode, ihre Rechtfertigung aus dem Demokratiegebot, kann die Bemühungen der Arbeitsgruppe aus dem Grundgesetz heraus legitimieren; denn man handelt sich nur eine Scheinlegitimation ein, wenn man aus dem Demokratiegebot des Grundgesetzes eine absolute Gesetzesbindung der Rechtsanwendung folgert, an dem positiven Gesetz, seiner Sprache, jedoch nichts ändert. Mit der bloßen Forderung nach Gesetzesbindung wird genau das entscheidende Defizit des überkommenen Rechtspositivismus reproduziert: die Behauptung der Bindung des Rechtsanwenders an Rechtsnormen, die schon auf Grund ihrer Vagheit keine Bindungswirkung entfalten können, verdeckt die rechtliche Bindungslosigkeit, und damit die faktische Bindung an politische und soziale Voreingenommenheiten, an subjektive und schichtenspezifische Präferenzordnungen, und verdrängt die eigenständige politische Bedeutung der Rechtsanwendung.

Das meint, daß ein demokratischer Rechtspositivismus erst dann legitimierbar ist, wenn Rechtsnormen entworfen werden können, die eine effektive Bindung ermöglichen. Die Legitimation des linguistischen Ansatzes kann also genau genommen aus der Verfassung erst dann geliefert werden, wenn das Arbeitsziel der Gruppe im wesentlichen erreicht, also der Entwurf von effektiv bindenden Rechtsnormen gelungen ist. Was effektive Bindung heißen kann, an welche sprachlichen Bedingungen sie geknüpft ist und wie daher bindende Rechtsnormen zu formulieren wären, muß daher zunächst in der linguistisch-juristischen Zusammenarbeit geklärt werden.

Die Forderung nach Eindeutigkeit läßt sich auch aus der besonderen Kommunikationsform zwischen Gesetzgeber und Rechtsanwender rechtfertigen. Die kommunikative Interaktion ist dadurch gekennzeichnet, daß die Rechtsnorm einer unbestimmten und unbekannten Zahl von Adressaten gegenüber ausgesprochen wird. In einer dialogischen Befehlssituation kann sowohl vom Befehlenden die Adäquatheit der auf den Befehl folgenden Handlung unmittelbar überprüft, wie vom Befehlsempfänger um die Klarstellung eines unklaren Befehls nachgesucht werden. In beiden Fällen wird der Befehl erläuternd wiederholt, das heißt paraphrastisch umschrieben. Der als Person nicht greifbare Gesetzgeber steht jedoch in keinem unmittelbaren kommunikativen Kontakt mit dem Rechtsanwender; die Verständigung ist auf den einmal positiv formulierten Text verwiesen. Diese Redesituation macht die Kommunikation zwischen Gesetzgeber und Rechtsanwender zu einem besonders geeigneten Experimentierfeld; denn hier kann mit Recht von den Randbedingungen der konkreten Redesituation, von der jeweiligen Persönlichkeit der Sprecher und Hörer abgesehen werden. Es handelt sich um eine Kommunikation, die nur wenige pragmatische Variable enthält, um kontextunabhängige Texte. Im wesentlichen genügt es, den pragmatischen Sinn von Rechtsnormen in Formulierungen, wie sie etwa *Petöfi* in seinem Grammatikmodell verwendet (Pers 1 behauptet gegenüber Pers 2: [notwendig: [...]]), darzustellen. Die konkrete Äußerung oder Wahrnehmung einer Rechtsnorm und deren variable Bedingungen sind juristisch irrelevant, müssen daher vom Modell, das die Kommunikation zwischen Gesetzgeber und Rechtsanwender abbildet, auch nicht erfaßt werden.

Ob dieses Kommunikationsmodell, das die Verständigung zwischen Gesetzgeber und Rechtsanwender auf eine gemeinsame Textgrammatik im oben beschriebenen Sinne (vgl. 2.2) zurückführt, ausreichend ist, um den Kommunikationsprozeß vom Standpunkt der Rechtstheorie aus adäquat zu erfassen, muß gegenwärtig noch dahinstehen. Die Diskussion über Rechtsprinzipien, standards, etc., also über normative Sätze, die möglicherweise die positiven Rechtsnormen in ihrer faktischen Verwendung überhaupt erst verständlich machen, hat erst begonnen.

Insofern, als sich die Arbeitsgruppe auf die Behandlung der kommunikativen Beziehung zwischen Rechtssetzer und Rechtsanwender, und hier auch wieder auf das positive Recht, konzentriert, werden andere rechtlich relevante Redesituationen, also etwa Gerichtsverfahren, vernachlässigt. Da die Arbeit also keine empirisch fundierte Beschreibung und Erklärung der gesamten bestehenden Rechtsanwendung sein will, können Ansatz und Ergebnisse auch nicht durch die bestehende Rechtsanwendung widerlegt werden. Der häufig gebrachte Hinweis auf die wertende Tätigkeit des Richters — *was man auch immer darunter verstehen mag* — läßt sich daher nur insoweit verarbeiten, als gefragt werden kann, welche Rechtsnormtexte den Richter zu eigenem Werten veranlassen. Ein Beitrag zur Deutung des Wertungsprozesses und seines Ergebnisses wird nicht angestrebt.

Ebensowenig kann eine vollständige Lösung des Problems der Sachverhaltsermittlung erwartet werden. Die Theoretisierung der Subsumtion als einer Beziehung zwischen Texten setzt den Text, der den Sachverhalt beschreibt, voraus. Wie aber eine historische Situation intersubjektiv überzeugend beschrieben werden kann, muß hier offen bleiben. Denn selbst wenn eine Referenzsemantik vom Grammatikmodell angegeben ist, läßt sich das tatsächliche Erfassen von Sachverhalten nicht erklären: steht doch dem Rechtsanwender zumeist der Referent nicht unmittelbar gegenüber. Die Überlegungen, die für die adäquate Beschreibung von naturwissenschaftlichen Experimenten angestellt worden sind, können daher nicht ohne weiteres auf den Bereich der Rechtsanwendung übertragen werden. Die als Prototyp für Rechtsanwendungsakte dienende Richtersituation ist vielmehr dadurch gekennzeichnet, daß der Sachverhalt nur mittelbar durch Beschreibungen Dritter vorgeführt wird; diese aber werden, selbst wenn es eine Rechtssprache mit angebbarer Referenzsemantik gibt, eher die Umgangssprache verwenden. Was also zunächst als Referenzproblem aufgefaßt wurde, stellt sich dann als Übersetzungsproblem dar, während das eigentliche Referenzproblem gar nicht erfaßt wird; was referenzsemantisch als Beobachtungsproblem formuliert wird, ist in der faktischen Rechtsanwendung eher ein Problem der Befragung. Immerhin weist der linguistische Ansatz gegenüber den bisherigen Axiomatisierungsversuchen einen prinzipiellen Unterschied auf: während der logische Formalismus die Beziehung zwischen sprachlichen Ausdrücken und realen Objekten als geklärt voraussetzt, bezieht der linguistische Formalismus diese Beziehung gerade mit ein und stellt somit jedenfalls auch für das Problem der Sachverhaltsbeschreibung ein Instrumentarium bereit.

Die Beschränkungen des Ansatzes der linguistisch-juristischen Arbeit müssen deutlich herausgestellt werden, um enttäuschte Erwartungen zu vermeiden: ganz abgesehen von der immensen Arbeit, die allein für einen relativ marginalen normativen Satz aufzuwenden war und die dennoch nicht zu einem allgemein überzeugenden Ergebnis führte, sind selbst bei optimaler Beantwortung der gestellten Fragen nur wenige Probleme der Rechtsanwendung gelöst.

Man muß sogar noch kritischer fragen, ob nicht auf diesem Wege mehr Rechtsanwendungsprobleme geschaffen als gelöst werden. Es ist eine empirisch (noch) nicht verifizierte Hypothese, daß ein Rechtsanwender desto eher geneigt ist, eine Rechtsnorm anzuwenden, je exakter ihre Bedeutung angegeben werden kann. Daß diese Hypothese für die Juristen plausibel ist, kann nicht überraschen, denn sie gibt die Erwartungen wider, die der Jurist an sich gestellt sieht. Er wird diese Erwartungen auch solange erfüllen, als die Frage der Eindeutigkeit von Rechtsnormen nur von Juristen entschieden wird. Ob sich ein Rechtsanwender auch dann diesen Erwartungen entsprechend verhält, wenn er nicht mehr die Verfügung über die Feststellung der Eindeutigkeit hat, sondern diese von sozusagen fachfremder, nämlich sprachwissenschaftlicher Seite geliefert wird, müßte untersucht werden, kann aber empirisch erst dann untersucht werden, wenn eindeutige Rechtsnormen zur Verfügung stehen.

Bevor aber eindeutige Rechtsnormen zur Verfügung gestellt werden, müßte Klarheit bestehen über die Veränderungen der gesellschaftlichen Funktion von Rechtsanwendungsakten, wenn sie eindeutige Rechtsnormen verwenden. Hier bedarf es empirisch gesicherter Antworten auf die Frage nach der Funktion von uneindeutigen Rechtsnormen im bestehenden Rechtssystem, bevor man die (positiven und/oder negativen) Veränderungen durch Einführung von Eindeutigkeit abschätzen kann. Solange diese Antworten nicht vorliegen, muß man mit der Einschätzung der praktischen Relevanz der Arbeitsergebnisse zurückhaltend sein und bleiben. Rechtstheoretisch relevant ist die juristisch-linguistische Arbeit jedenfalls insoweit, als hier ein Instrumentarium erprobt wird, das bestimmte methodische Ansprüche der Rechtswissenschaft beim Wort nehmen und auf ihre Rationalität hin intensiv befragen könnte. Eine Auslegungslehre, die Methoden zur Ermittlung der Bedeutung von positiven Rechtsnormen zur Verfügung stellen will, kann sich einer empirisch gehaltvollen Behandlung der sprachlichen Aspekte des positiven Rechts nicht widersetzen. Man mag über die jeweils verwendeten sprachwissenschaftlichen Methoden natürlich streiten; man kann aber nicht den wissenschaftstheoretischen Ausgangspunkt schlechthin in Frage stellen, ohne sich in Widerspruch zur Aufgabe der juristischen Methodenlehre selbst zu setzen. Mit der Ablehnung empirisch gesicherter Aussagen über die juristische Sprache wird die Möglichkeit der Anwendung genereller Rechtsnormen schlechthin abgelehnt, jeder ationale Auslegungslehre als irrelevant bezeichnet.

5. Zur geplanten Weiterarbeit der interdisziplinären Arbeitsgruppe „Analyse der juristischen Sprache"

Aufgrund der Diskussionen des Rundgesprächs haben sich hinsichtlich der Fortsetzung der Arbeit zwei unmittelbare Aufgaben gezeigt.

5.1 Die erste Aufgabe ist die Entwicklung eines Lexikon (= fachsprachlichen Thesaurus)-Fragments, das in eine Grammatik vom Typ $_jG_K$ integriert werden kann. Diese Aufgabe ist ihrem Charakter nach eine linguistische, ihrer Bestimmung nach jedoch eine juristische Aufgabe.

Bei der zusammenfassenden Darstellung der Grammatik von *Petöfi* haben wir in bezug auf das Lexikon erwähnt, daß der Definitionsteil der Lexikon-Elemente entweder aus ‚nicht spezifischen' oder aus ‚fach-spezifischen' Definitionen besteht. Damit die Grammatik mit beiden funktionieren kann, ist es notwendig, daß beide den gleichen formalen Aufbau haben. Der formale Aufbau wird von der Grammatik selbst vorgeschrieben, jedoch die Entscheidung dessen, welche Definitionselemente eine fach-spezifische Definition in juristischer Hinsicht enthalten muß, ist Aufgabe der Juristen.

Als Vorarbeiten dazu können die in Punkt 3. der Zusammenfassung dargestellten Merkmalbestimmungen für Lexikon-Elemente betrachtet werden. Die nächste Aufgabe ist die Überprüfung dieser Teilarbeiten mit Rücksicht auf die Gesichtspunkte der juristischen Praxis und deren Überarbeitung entsprechend den Forderungen der Grammatik. Nur wenn wir ein solches Lexikon zur Verfügung haben, ist die Grundlage für die Entwicklung einer Grammatik geschaffen, deren Funktionieren am ausgewählten Satz demonstriert werden kann.

5.2 Mit dem Versuch, linguistische Verfahren für einen Teilbereich der Rechtstheorie/Rechtsanwendung zu erschließen, verbinden sich eine Reihe von grundsätzlichen Problemen, die nicht linguistisch behandelt oder gelöst werden können. Um den Stellenwert der Arbeit der interdisziplinären Arbeitsgruppe „Analyse der juristischen Sprache" genauer bestimmen und einschätzen zu können, soll eine zweite Arbeitsgruppe einen Katalog jener Gebiete/Problembereiche erstellen, die in einer rational begründeten Rechtstheorie thematisiert werden müssen: die Reflexion genereller rechtstheoretischer Fragestellungen könnte zu einer Korrektur der Einschätzung der Wichtigkeit der Analyse der juristischen Sprache beitragen und aufzeigen, welche Isolierungen und Idealisierungen vorliegen, wenn man sich mit der Semantik der juristischen Sprache beschäftigt und annimmt, dabei einen relativ autonomen und wohldefinierten Teilbereich des rechtswissenschaftlichen Objektbereichs vor sich zu haben.

Wilhelm Steinmüller

Das Zweite Datenverarbeitungsprogramm der Bundesregierung – eine Wende in der Förderungspolitik des Bundes

Das „Zweite Datenverarbeitungsprogramm der Bundesregierung" ist aller Aufmerksamkeit wert; kündigt es doch nicht nur eine Vervielfachung der EDV-Förderung aus Bundesmitteln an, sondern auch und vor allem eine Wende in der Förderungspolitik. Bisher gelangte im wesentlichen nur die (von ihren Vertretern gern so genannte) „Kern-Informatik" in ihren Genuß; nunmehr werden die „angewandten Informatiken" mit einbezogen.

Der Gehalt der sorgfältig und von langer Hand vorbereiteten Studie rechtfertigt eine eingehende Lektüre; hier zunächst einige einführende Hinweise, ehe auf die besondere Situation der Rechts- und Verwaltungsinformatik nach dem 2. DV-Programm eingegangen werden kann.

1. Die *Gliederung* der 77-seitigen Broschüre (Herausgeber: Bundesministerium für Bildung und Wissenschaft) umfaßt neun Punkte:

Aus der Bewertung der Ausgangslage im Bereich der Datenverarbeitung (1.) ergibt sich das Ziel des 2. DV-Programms (2.): Rationalisierung und Leistungssteigerung der DV in Wirtschaft, Wissenschaft und öffentlicher Verwaltung. Sie soll im Förderungszeitraum 1971–1975 vor allem erreicht werden durch

Maßnahmen im Hochschulbereich (3.)
verstärkte sonstige EDV-Ausbildung (4.)
Förderung bestimmter DV-Anwendungen (5.)
Herstellung einer „ausgewogenen Wettbewerbslage" (6.).

Den Abschluß bilden Aufstellungen über Förderungssonderprogramme und internationale Zusammenarbeit sowie Tabellen über Mittelbedarf und Zuständigkeiten (7.–9.).

1.1 *Ausgangslage:* Bis 1978 wird sich der Wert aller DVA etwa verdreifachen (von 11.6 auf 27–38 Mrd. DM). Jedoch können schon heute diese technischen Möglichkeiten quantitativ wie qualitativ nicht ausgenützt werden, da weder die zugehörigen Anwendungsgebiete durch die *Forschung* hinreichend erschlossen noch die notwendigen DV-Fachkräfte in *Lehre* und Ausbildung bereitgestellt werden:

1978 werden (ohne Datenerfassung) 250–400 000 DV-Fachkräfte[1] aller Qualifikationsebenen benötigt, davon 30% mit Hochschulabschluß (bei den Herstellerfirmen sogar 50%). Der Mangel an Fachkräften ist bereits das Haupthindernis für die Weiterentwicklung der Datenverarbeitung.

Zu ihrer Ausbildung sind 1000–1500 zusätzliche Dozenten erforderlich, dazu 500–800 Hochschullehrer (S. 34, 39).

Zudem ist die Marktlage auch nach den Auswirkungen des 1. DV-Programms und der Förderungsmaßnahmen der DFG keineswegs als ausgewogen zu bezeichnen: DV-Hersteller mit europäischer[2] bzw. BRD-Basis haben einen Marktanteil von 20% (bzw. 18%), mit US-Basis 80% (davon IBM 60%). Ähnliches gilt für Softwarehäuser.

Das *Ergebnis*: Selbst nach den heute schon eindrucksvollen Ergebnissen (vgl. die Zusammenstellungen S. 21–24) reichen die bisherigen Maßnahmen zur Förderung der DV nicht aus (S. 26).

---

[1] Die geschätzten Werte liegen eher zu tief: *H. Schmidt*, Priorität der Bildung im 2. DV-Programm, in: adl-Nachrichten, 16 (1971/71) 23–33 (25).

[2] Die jüngsten Kooperations- und Fusionsbestrebungen konnten im 2. DV-Programm (Nov. 1971) noch nicht berücksichtigt werden.

1.2 *Ziele*: „Um den potentiellen Nutzen der Datenverarbeitung für die Gesellschaft auszuschöpfen", sind Rationalisierung und Leistungssteigerung durch DV die übergreifenden Ziele des 2. DV-Programms. Angesichts der geschilderten Ausgangslage sollen sie erreicht werden durch verstärkte Förderung der

DV-Anwendung in Wirtschaft, Wissenschaft und Verwaltung
DV-Ausbildung
DV-Industrie in der BRD zur Beherrschung der DV als Schlüsseltechnologie und zur Schaffung ausgewogener Wettbewerbsverhältnisse (vgl. S. 6 f., 26 f.).

Hierfür werden an *Bundesmitteln* (in Mio DM) bereitgestellt für

Maßnahmen im Hochschulbereich	757.9
DV-Berufsbildungszentren	162
Förderung von DV-Anwendungen	558
Industrielle Forschung und Entwicklung	705.4
Sonderprogramme (GMD, DRZ, Nuklear-DV)	2423.5

Dazu kommen einschlägige Förderugsmaßnahmen außerhalb des 2. DV-Programms von Seiten der

Bundesministerien: BMBW gem. Hochschulbauförderungsgesetz	200–250
Sonstiges	128
Bundespost (Telex- und Gentexnetz)	400
DFG	177

1.3 Im *Hochschulbereich* werden diese Ziele durch folgende Förderungsmaßnahmen realisiert:

Einrichtung bzw. Aufbau von Informatik-Studiengängen
Überregionales Forschungsprogramm Informatik
Ausbau der Hochschulrechenkapazität und Aufbau regionaler Großrechenzentren
internationaler Erfahrungsaustausch.

Mittelbar bezwecken sie die Verbesserung der DV-Ausbildung, deren unmittelbare Förderung durch den Bund mangels Finanzierungskompetenz nicht möglich ist.

a) Folgende *Studiengänge* sind zunächst vorgesehen:

Diplominformatik mit Nebenfach (z. B. Wirtschaftswissenschaften, Elektrotechnik, Physik, Mathematik, Linguistik)
Diplombetriebswirt, Diplomingenieur, je mit Fachrichtung Informatik
Informatiklehrer an Schulen mit Hauptfach Informatik.

Sie sollen neben der allgemeinen Informatik auch die technischen, betriebswirtschaftlichen *und administrativen* DV-Anwendungen abdecken. Bei Bedarf sollen weitere Studiengänge hinzukommen.

Im übrigen soll ein Fach-Vollstudium mit einer Zusatzausbildung in Informatik kombiniert werden können (z. B. "Justiz"). In jedem Falle aber will der Bund darauf hinwirken, daß in alle Studienpläne obligatorische DV-Lehrveranstaltungen aufgenommen und zunächst als Wahl-, später als Pflichtfach geprüft werden.

b) *Überregionales Forschungsprogramm Informatik:*

Während im bisherigen Förderungsprogramm überwiegend die allgemeine Informatik zum Zuge kam, wirkt sich nunmehr die Anerkennung der angewandten Informatik aus. Zunächst kommt sie in der erweiterten *Definition der Informatik* zum Ausdruck: „Informatik ist die Wissenschaft von der Struktur, den Computer-Sprachen und der Programmierung von DV-Anlagen sowie der Methodik ihrer Anwendung einschließlich der Mensch-Maschine-Wechselwirkung". Sodann findet sie in der Aufzählung der dreizehn zu fördernden *Fachgebiete* ihren Niederschlag:

Automatentheorie und formale Sprachen
Programm- und Dialogsprachen sowie ihre Übersetzer
Rechnerorganisation und Schaltwerke
Betriebssysteme

Systeme zur Informationsverwaltung
Verfahren zur digitalen Verarbeitung kontinuierlicher Signale
Technologie der Datenverarbeitung
Automatisierung technischer Prozesse mit Digitalrechnern
Rechnerunterstütztes Planen, Entwerfen und Konstruieren
Methoden zur Anwendung der DV in der Medizin
Methoden zur Anwendung der DV im pädagogischen Bereich
Betriebswirtschaftliche Anwendung der DV
Methoden zur Anwendung der DV in Recht und öffentlicher Verwaltung.

Nicht in die Förderung einbezogen sind, was ggf. für Förderungsanträge zu beachten ist:

Linguistische DV (S. 30, 43)
Informationswissenschaftliche Zusammenhänge der DV (S. 30 – einschließlich Dokumentation)
Organisationswissenschaftliche Einbettung der DV (S. 43)
vor allem aber ressortbezogene DV-Forschungen; d. h. Projekte, die in unmittelbarem Zusammenhang mit dem Aufgabenbereich eines Bundesressorts stehen (hier ist vor allem der Rechts- und Verwaltungsbereich betroffen; S. 24: Juristisches Informationssystem; S. 21: Informationssysteme des Bundespresseamts, des Deutschen Patentamts, des Hauhalts-, Kassen- und Rechnungswesens beim BMWF; für kommunale Planung bei der Stadt Köln; überhaupt Förderung, Ausbau und Koordinierung der DV in der öffentlichen Verwaltung, im Rahmen von S. 48–55).

c) *Ausbau der Hochschulrechenkapazität*

Auch der Ausbau der Rechenkapazität ist im Zusammenhang mit der Ausbildungsförderung zu sehen; denn „die Bereitstellung von Rechenkapazität für die praktische Nutzung (ist) jeder theoretischen Unterrichtung über die Möglichkeiten der DV überlegen" (S. 28 – fürwahr ein hochschuldidaktisches Konzept!). Vorgesehen ist die Mindestausstattung einer jeden Gesamthochschule mit einer größeren timesharing-Anlage (Richtkaufpreis: 7 Mio DM zuzüglich DM 1000.– pro Studierenden!) im Verbund mit bestehenden oder erst aufzubauenden regionalen Großrechenzentren.

d) Da es in absehbarer Zeit nicht möglich sein wird, den Bedarf an Informatik-Hochschullehrern zu decken, sollen DV-Fachkräfte aus dem Ausland als Dozenten (zurück) gewonnen werden; daneben soll das GMD-Informatikkolleg ausgebaut, Lehraufträge an Fachkräfte aus der Wirtschaft vergeben, Studienaufenthalte im Ausland gefördert und Gastdozenturen eingerichtet werden.

1.4 *Sonstige Ausbildungsförderung*

Im Bereich der Berufsausbildung in der Sekundarstufe II[3] sowie der Weiterbildung einschließlich Fachschulebene sollen im Verein mit anderen Förderungsmaßnahmen etwa 30 „Berufsbildungszentren für DV" geschaffen bzw. ausgebaut werden, um den oben erwähnten Bedarf an 250–400 000 DV-Fachkräften abzudecken.

Für die DV-Fachkräfte der öffentlichen Verwaltung sollen 3–5 spezielle Ausbildungsstätten (DV-Fachschulen der öffentlichen Verwaltung) geschaffen werden. (Die Verhandlungen zwischen Bund, Ländern und Kommunen sind noch im Gang.) Möglicherweise erstreckt sich diese Ausbildung inhaltlich auch auf die Hochschulebene; denn die öffentliche Verwaltung benötigt (S. 40):

DV-Zusatzausbildung zur Verwaltungsausbildung
Informatik-Nebenfachstudium von Akademikern
Informatik-Vollstudium

„Die Anteilsverhältnisse sind noch näher zu untersuchen."

1.5 *Förderung von DV-Anwendungen*

Die Förderung einer Reihe neuartiger DV-Anwendungen verfolgt einen doppelten Zweck:

---

[3] Zur Terminologie vgl. den Bildungsbericht '70 der Bundesregierung.

Rationalisierung und Leistungssteigerung für die beteiligten Wirtschaftszweige und Behörden sowie die Erschließung neuer Märkte für die Datenverarbeitung. Im einzelnen handelt es sich um folgende Gebiete (DV in Recht und öffentlicher Verwaltung ist nicht enthalten):

Rechnerunterstützte Informations-, Dispositions- und Entscheidungssysteme (gedacht ist dabei anscheinend vor allem an die MIS-Problematik)
DV im Bildungswesen
DV in der Medizin
Rechnerunterstütztes Entwickeln und Konstruieren
Prozeßlenkung mit DV-Anlagen.

Ferner soll durch die Erstellung von kompatiblen Standard-Programmpaketen sowohl deren Hersteller wie deren Anwender in der deutschen Wirtschaft gezielt gefördert werden.

Breiten Raum (S. 48—55) nimmt die Aufzählung von DV-Anwendungen ein, die vom 2. DV-Programm *nicht* gefördert werden:

DV-Anwendung in kleineren und mittleren Unternehmen
Datenübertragung und Datenfernverarbeitung
DV im Verteidigungsbereich
DV in der öffentlichen Verwaltung: ihre Koordinierungsprobleme, PKZ-Einführung, DV im Rechtswesen, automationsgerechte Vorschriftengebung, Behördenabteilung bei der GMD, Bundesdaten- und Informationsbankensystem, Parlaments-, Juristische und Sozialdatenbank, und so fort.

Diese Schilderung soll anscheinend nicht nur auf Förderungsmöglichkeiten außerhalb des 2. DV-Programms hinweisen, damit Kriterien für die Vergabe der Mittel geben und das 2. DV-Programm von anderen DV-Projekten abgrenzen; sie soll auch das ganze Spektrum der DV-Aktivitäten des Bundes aufzeigen, und verfolgt insoweit allgemeinere wissenschaftspolitische Zwecke.

1.6 *Die marktgerechte Herstellung einer ausgewogenen Wettbewerbslage*, d. h. die staatliche Förderung von DV-Firmen mit europäischer bzw. deutscher Basis zur Erreichung internationaler Wettbewerbsfähigkeit, soll durch folgende Maßnahmen erreicht werden:

Unterstützung der Mietfinanzierung
staatliche Kompatibilitätsrichtlinien für DV-Anlagen und Programme
bevorzugte Beschaffung von Anlagen inländischer Hersteller
Subventionierung industrieller DV-Forschung und -Entwicklung.

1.7/8 *Sonderprogramme und internationale Zusammenarbeit*

In diesem Abschnitt wird zunächst das Verhältnis des 2. DV-Programms zu den DV-Förderungsmaßnahmen der DFG näher bestimmt (Schwerpunktprogramm Informationsverarbeitung; Sonderforschungsbereich Computersprachen; Normalverfahren).

Sodann wird der weitere Ausbau der mit ca. 230 Mio DM zu fördernden Gesellschaft für Mathematik und Datenverarbeitung mbH. „insbesondere für Aufgaben der Bundesressorts" geschildert. Hierher gehört auch die Auflösung der (privatrechtlichen) Stiftung Deutsches Rechenzentrum und die organisatorische Eingliederung des DRZ als Außenstelle der GMD für Datenfernverarbeitung. Lediglich die Abteilung Nichtnumerik soll ihre bisherigen Aufgaben weiter wahrnehmen.

Schließlich werden die Sonderprogramme des Instituts für DV in der Technik bei der Gesellschaft für Kernforschung mbH in Karlsruhe und die sonstigen Großprojekte der sog. Nuklear-DV angeführt.

Den Abschluß des 2. DV-Programms bilden die verschiedenen Formen der internationalen Zusammenarbeit auf dem Gebiet der DV (Europäische Gemeinschaften, Europarat, OECD, Internationales Institut für Software-Engineering, ICA [Intergovernmental Council for Automatic Data Processing], sonstige nichtstaatliche Organisationen) sowie die Tabellen zur Zuständigkeits- und Mittelverteilung im Rahmen des 2. DV-Programms.

2. *Die Situation der Rechts- und Verwaltungsinformatik nach dem 2. DV-Programm*

2.1 Zunächst fällt auf, welch großen Raum (ca. ein Drittel) *Fragen der Rechts- und Verwaltungsautomation im 2. DV-Programm* einnehmen:

S. 10 f.:	der derzeitige Stand der DV in der öffentlichen Verwaltung allgemein
S. 12 (Tabelle):	es existiere ein Studium der Rechtswissenschaft mit Informatik als „Nebenfach" (trifft bisher auch für die Universität Regensburg nicht zu)
S. 21–24:	die einzelnen Projekte der öffentlichen Verwaltung nach dem 1. DV-Programm einschließlich Juristische Informationssysteme
S. 48–51, 53–55:	die Weiter- und Neuentwicklung der Projekte der öffentlichen Verwaltung nach dem 2. DV-Programm
S. 25 f., 46 f., 56–58, 72:	hard-, software- und Datenkompatibilität
S. 28, 40:	es existiere bzw. werde aufgebaut ein Informatikstudiengang mit Schwerpunkt administrativer Anwendung (was bisher jedenfalls für den Bereich der öffentlichen Verwaltung nicht zutrifft)
S. 47:	Tariflohnberechnung
S. 49 f.:	DV im Rechtswesen (Gerichtskosten, Mahnverfahren, Grundbuchwesen)
S. 65:	Simulationsmodelle für Sozialgesetzgebung
S. 72:	Europa- und Völkerrechtsdokumentation des Europarats
ebd.:	OECD-Bemühungen über Probleme der Datenbanken in der öffentlichen Verwaltung, Privatsphäre, Kommunale DV, Software-Rechtsschutz, Standardisierung.

Am Rande sei vermerkt, daß als einzige „angewandte" die Rechtsinformatik ausdrücklich erwähnt wird (S. 72).

2.2 Hingegen ist eine *Förderung* von Forschergruppen nach dem 2. DV-Programm nur unter gewissen Einschränkungen möglich. Rechts- und Verwaltungsinformatikprojekte müssen sich auf Grundlagenforschung aus einem der folgenden Teilgebiete beziehen (z. B. scheiden Rechtsprobleme der Verwaltungsautomation aus!):

rechnerunterstützte Dokumentations- und Informationssysteme in Recht und öffentlicher Verwaltung

rechnerunterstützte Rechtssetzung, Rechtsanwendung und Rechtskontrolle mit den zugehörigen Fragen der automationsgerechten Gestaltung

Verwaltungsautomation in der öffentlichen Verwaltung, insbesondere Fragen der institutionellen und funktionellen Organisation und Integration.

Ferner bestehen folgende Voraussetzungen:

Keine Anwendungsforschung gem. oben 1.5

Kein ressortbezogenes oder sonst (oben 1.3 b) ausgeschlossenes Projekt

Nachgewiesene enge fachliche Zusammenarbeit mit einem für die (scil. Kern-)Informatik zuständigen Lehrstuhl bzw. Institut bzw. Forschergruppe (S. 30)

nach näherer Maßgabe des Entwurfs der Bund- und Ländervereinbarung zur Förderung der Informatik nach GG Art. 91 b (Stand 27. Juli 1971).

2.3 Die Förderung der Rechts- und Verwaltungsinformatik*ausbildung* verrät eine gewisse Unsicherheit. Die Schätzungen gehen für 1978 von einem Bedarf von 25 000–40 000 DV-Fachkräften für (Justiz und?) öffentliche Verwaltung aus (S. 13 f.), davon 30% mit Hochschulabschluß (S. 13 f.), was einer (geschätzten) Ausbildungskapazität von 100–150 zusätzlichen DV-Fachschuldozenten der öffentlichen Verwaltung und von 50–80 Rechts- und Verwaltungsinformatik-Hochschullehrern entspräche (arg. S. 13 f., 34, 39 f.) – immer vorausgesetzt, daß es sich um die spezielle DV-Ausbildung handelt; die allgemeine DV-Ausbildung, die jeden Fachbereich angeht (S. 29) – somit auch den juristischen und verwaltungswissenschaftlichen –, ist damit noch nicht abgedeckt. Derzeit existieren in der Bundesrepublik jedoch lediglich drei juristische Lehrstühle, die sich mit der DV-Ausbildung beschäftigen.

Gleichwohl soll nach dem 2. DV-Programm die DV-Ausbildung in Recht und öffentlicher Verwaltung nur unterhalb der Hochschulebene geschehen. Ein Diplominformatiker mit Nebenfach Rechts- bzw. Verwaltungswissenschaft ist ebensowenig vorgesehen wie ein juristischer Ausbildungsgang mit Nebenfach Informatik (S. 28 gegen S. 10). Oder sollen die DV-Fachschulen auch die Hochschulausbildung übernehmen? Der Text (S. 40) ist nicht ganz eindeutig. Dies würde, nach der geforderten Zulassung juristischer Privatschulen, einen weiteren Einbruch in die juristische Hochschulausbildung darstellen.

Die andere Möglichkeit, die das 2. DV-Programm andeutet (S. 28), ist die Übernahme der Verwaltungsinformatik-Ausbildung durch andere Fachbereiche (Betriebswirtschaftslehre?!). Soll also die juristische und Verwaltungs-DV aus der Rechtswissenschaft auswandern? Wann wird der Dornröschenschlaf der juristischen Fakultäten enden?

Die richtige Alternative ist im 2. DV-Programm klar erkannt: Erforderlich ist neben einer Grundausbildung für alle Juristen (S. 29) die beschleunigte Schaffung eines juristischen Ausbildungsganges mit Nebenfach Informatik (etwa durch Einfügung eines Wahlpflichtfachs Rechtsinformatik gem. Bay.JAPO unter Berücksichtigung ausgewählter Lehrinhalte der Informatik), und, als notwendige komplementäre Ergänzung, der Studiengang des Diplominformatikers mit Nebenfach Rechts- und Verwaltungswissenschaft (S. 28 f., 40).

3. Abschließend kann zum 2. DV-Programm insgesamt gesagt werden, daß es einen wesentlichen Fortschritt im Förderungskonzept des Bundes darstellt.

Die Steigerung der DV-Förderung von ca. 90 Mio DM/Jahr auf 458 Mio DM/Jahr – um das Fünffache also – bedeutet wegen des Multiplikatoreffekts eine wissenschafts- und wirtschaftspolitische Grundentscheidung ersten Ranges. (Davon kommt freilich nur ein kleiner Teil der engeren Wissenschaft zugute[4].) Diese Grundentscheidung wird in ihrer Bedeutung noch erhöht durch die verstärkte Förderung der DV-Anwendung[5] und vor allem der Ausbildung.

Man gestatte zum Abschluß eine Sorge auszusprechen. Das Programm als solches beweist eine beachtliche und begrüßenswerte Bereitschaft zur Offenlegung zunächst verwaltungsinterner Entscheidungsprämissen. Gleichwohl läßt es nur in Ansätzen erkennen, ob man sich der gesellschaftspolitischen Tragweite dieses Förderungsprogramms und der Datenverarbeitung insgesamt hinreichend bewußt geworden ist. Es fehlt, von ausfüllungsbedürftigen Gemeinplätzen abgesehen („Rationalisierung", „Leistungssteigerung", „Schlüsseltechnologie"), die für die rationale Diskussion in der politischen und wissenschaftlichen Öffentlichkeit unabdingbar notwendige Unterrichtung über die Reflexion über Ziele der Forschung, über Auswirkungen der verschiedenen Anwendungen

---

[4] Zwar sind die Ausgaben für Maßnahmen im Hochschulbereich der größte Posten (757,9 Mio DM = 31 %), es begünstigen auch andere Förderungsmittel indirekt die Hochschulen; das „Überregionale Forschungsprogramm Informatik" (das auch die Gelder für Rechnerbeschaffung im Rahmen dieses Programms enthält!) als der Kern der universitären Informatikförderung umfaßt jedoch nur 190 Mio DM (zum Vergleich: GMD: 230 Mio DM; Ankauf von Rechnern und Einrichtung von Großrechenzentren: 540 Mio; Anwendungsforschung 558 Mio; direkte Industriesubventionen: 705 Mio). Auch sinkt die Wirtschaftsförderung nur prozentual ab; in absoluten Zahlen vervielfältigt sie sich.

[5] Diese Wende von der alleinigen Förderung der allgemeinen Informatik (sie bleibt in vollem Umfang) zur Mitberücksichtigung der angewandten Informatiken wurde vorbereitet durch Bedarfsuntersuchungen der Herstellerfirmen und der öffentlichen Hand. Sie haben zum Teil in S. 13 ff. (zukünftiger DV-Fachkräftebedarf) ihren Niederschlag gefunden. Gleichwohl läuft die Anwendungsförderung erst an: Obwohl nur ca. 10 – 30 % aller DV-Fachkräfte als hardware-orientierte „Kerninformatiker" benötigt werden (vgl. die Zahlen S. 14 zum Personalbedarf auf Sekundarstufe II bzw. Fachschulebene; auf Hochschulebene sind die Zahlen leider nicht entsprechend untergliedert, sondern den jetzt schon bestehenden Studiengängen ohne Berücksichtigung kommender subsumiert), entspricht die Förderung der Forschung wie der Ausbildung in den angewandten Informatiken nicht diesen Prozentsätzen, wie aus einer genaueren Analyse der Zahlen des 2. DV-Programms zu zeigen ist – z. T. auch deswegen, weil eine zu fördernde Forschungs- und Ausbildungskapazität erst geschaffen werden muß.

(namentlich in der öffentlichen Verwaltung[6]), über didaktische Implikationen und curriculare Konsequenzen. Es bleibt nur die Hoffnung, daß die vom 2. DV-Programm vorausgesetzten und bei der Mittelvergabe implizierten Prioritäten auch die gesellschaftlich erwünschten sind.

[6] Dazu zuletzt *Thomas, Uwe:* Computerized Data Banks in Public Administration. OECD Publications 2, Paris 1971.

Literatur

Meyer-Uhlenried/Krischker, Die Entwicklung eines Datenerfassungsschemas für komplexe Informationssysteme

dargestellt am Projekt: „Entwurf eines Dokumentationssystems in der Abteilung wissenschaftliche Dokumentation des Deutschen Bundestages". Berichte der Studiengruppe für Systemforschung e. V., Heidelberg, Bericht Nr. 99. München-Pullach/Berlin 1971. Broschiert DM 20,–

Diese Veröffentlichung wendet sich an einen Personenkreis, der mit einer in ihrer gegenwärtigen Form noch nicht sehr lange praktizierten Tätigkeit befaßt ist: Mit der Konzeption von Informationssystemen, insbesondere von solchen, die automatisierbar sind. Mit der größte Engpaß bei der Implementierung solcher Systeme ist die sehr aufwendige Datenerfassung. Man sollte daher bestrebt sein, hier Doppelarbeit zu vermeiden, indem man z. B. für sich überlappende Sachbereiche zweier Systeme einen Austausch der Eingabedaten vorsieht. Darüber hinaus wird früher oder später ein netzartiger Verbund von Informationssystemen oder auch die Integration mehrerer Einzelsysteme zu „komplexen Informationssystemen" von Interesse sein. Die Realisierung dieser Möglichkeiten setzt jedoch ein gewisses Maß an Kompatibilität der Einzelsysteme voraus und es erhebt sich die Frage: wie weit (bzw. für welche Teile eines Systems) soll Kompatibilität gefordert werden, wie weit besteht Aussicht, daß solche Forderungen bei künftigen Systemkonzeptionen berücksichtigt werden, inwieweit kann bei bereits in Betrieb befindlichen Systemen Kompatibilität erreicht werden.

Die Verfasser des vorliegenden Buches greifen diese Problematik auf, um die Bedeutung des hier vorgestellten Datenerfassungsschemas zu interpretieren. Der kritische Leser stößt in diesem Zusammenhang auf einige Argumentationen bzw. Feststellungen, bei denen man nicht ganz umhin kann, sich in Gedanken ein Fragezeichen zu notieren. Z. T. mag dies daran liegen, daß hin und wieder mit Begriffen operiert wird, die in diesem recht jungen Fachbereich noch nicht definitiv etabliert sind. Ausdrücke wie „informationswissenschaftliche Erkenntnisse", „logische Struktur" „funktionsgerechte Strukturierung" hören sich sehr wissenschaftlich an, hängen aber manchmal im Rahmen dieses Buches doch etwas in der Luft, zumal auch das im Anhang zusammengestellte und für die fachliche Begriffsbildung sicher sehr brauchbare Glossar in solchen Fällen nicht hilft.

Hervorzuheben ist indessen der Versuch, die Komponenten eines (automatisierten) Dokumentationssystems gegeneinander abzugrenzen, um z. B. die Funktionen

– des Datenerfassungsschemas,

– der Instruktionen für die formale Erfassung von Dokumenten,

– der Anweisungen zur Übertragung der Daten auf maschinenlesbare Datenträger

getrennt zu betrachten. Diese Gliederung verdeutlicht einmal die graduell unterschiedlichen Möglichkeiten für die Kompatibilität von Informationssystemen. Sie zeigt z. a. die besondere Bedeutung des Datenerfassungsschemas, das z. B. bei einem Verbund von Informationssystemen geradezu die gemeinsame Basis für die Einzelsysteme darstellt. Diese Interpretation eines Datenerfassungsschemas läßt sich weiter verallgemeinern, indem man von einem speziellen Informatiossystem abstrahiert. So verstehen die Verfasser unter einem allgemeinen Datenerhebungskatalog (ADEK) die Zusammenstellung aller aus den Benutzerwünschen abgeleiteten Auswertungselemente. Diese Auswertungselemente werden in ein hierarchisches System gegliedert, wobei als Gliederungskriterium die Funktion fungiert, die jedes Einzelement im Dokumentationsprozeß hat. Aus einem solchen Datenerhebungskatalog für ein komplexes Informationssystem lassen sich nun spezielle Datenerfassungsschemata für einzelne Informationssysteme herleiten, die in ihrer technischen Konzeption voneinander unabhängig sein können. Um eine „praktikable Kompatibilität" für diese Einzelsysteme zu erreichen wird gefordert, daß die Auswertungselemente des Datenerhebungskatalogs eine mindestens dreistufige Hierarchie bilden sollen (Hauptkategorien, Unterkategorien, Subkategorien). Etwas problematisch erscheint in diesem Zusammenhang, daß einerseits gefordert wird, daß die Inhalte dieser Kategorien für die Einzelsysteme verbindlich sind, andererseits aber zugestanden wird, daß die Auswertungselemente ggf. nach fachspezifischen Gesichtspunkten umgeordnet werden dürfen. Diese Zugeständnis zeigt, daß auch die auf den Daterhebungskatalog begrenzte Kompatibilität noch graduelle Unterschiede aufweisen kann.

So einleuchtend diese Überlegungen sind, sie sind auch sehr theoretisch. Es fragt sich, ob man hinsichtlich des Datenerhebungskataloges nicht dabei ist, das Ende einer Entwicklunig vorwegzunehmen. Man gibt vor, die Benutzerwünsche für ein übergeordnetes, komplexes System zu kennen und dies zu einem Zeitpunkt, zu dem die künftigen Benutzer der Einzelsysteme gerade dabei sind zu lernen, ihre Benutzerwünsche für automatisierte Informationssysteme zu formulieren. Dies könnte dazu führen, daß entweder die freie Entwicklung der Einzelsysteme beeinträchtigt wird oder daß der Datenerhebungskatalog zu einem späteren Zeitpunkt neu formuliert werden muß. — Aber, der Prüfstein für jegliche Argumentation ist und bleibt die Praxis und hier hat der Leser bei der weiteren Lektüre ausgiebig Gelegenheit, die erste Anwendung zu studieren. Der im Anhang in Form einer Gesamtübersicht wiedergegebene allgemeine Datenerhebungskatalog berücksichtigt die Ergebnisse einer Arbeitsgruppe unter der Federführung des Bundesministeriums des Innern zur Entwicklung eines allgemeinen Datenerhebungskatalogs für die obersten Bundesbehörden. Dies bedingt, daß hier Erfahrungen verschiedener Bundesressorts eingeflossen sind, was für Interesse im behördlichen Bereich bürgen dürfte. Darüberhinaus werden jedoch fundamentale Belange im Bereich von Dokumentation und im bibliothekarischen Problemkreis berücksichtigt, was die Praktiker dieser Fachrichtungen ansprechen wird. Um einen globalen Eindruck zu vermitteln, seien die neun Hauptkategorien des Kataloges aufgeführt:

- Allgemeine strukturierte Angaben zur Identifikation der Dokumentationseinheit,
- Angabe der Notationen von Klassifikationen,
- Angaben über Urheber und Weiterbearbeiter,
- Angaben zum Sachtitel,
- Angaben zur Primärquelle,
- Angaben über dokumentarische Zusammenhänge (Sekundärquellen und Zitierungen, Verknüpfungen, Verweisungen),
- Angaben zum Inhalt,
- Zuordnung zu Entscheidungsgrundlagen,
- Verwaltungsangaben

Diese Hauptkategorien sind ihrerseits in bis zu vier weitere Gliederungsstufen unterteilt, sodaß sich insgesamt fünf Gliederungsstufen ergeben. Davon ist die letzte, die fünfte, nur indirekt ansteuerbar, d. h. die vierte Stufe wird direkt angesteuert und mit Hilfe von Steuerzeichen wird die fünfte Stufe zugängig gemacht. Das folgende Beispiel mag einen Eindruck von der Art dieser Gliederung geben: So finden wir als eine Hauptkategorie „Angaben über Urheber und Weiterbearbeiter". Auf der nächsten Ebene haben wir dann als Unterkategorien z. B. „Personen als Urheber und Weiterbearbeiter" sowie „Institutionen als Urheber und Weiterbearbeiter". Personen als Urheber und Weiterbearbeiter können z. B. sein „Personen als Schreiber" und „Personen als Redner", womit wir das nächste Gliederungsniveau, die Subkategorien 1. Art, erreicht haben. Dabei beschränkt sich der allgemeine Datenerhebungskatalog wie gesagt auf die Festlegung der Inhalte der Kategorien und ihrer Untergliederungen. Über Instruktionen für die formale Erfassung von Dokumenten sowie Codierungsanweisungen werden keine Festlegungen getroffen.

Ein besonderer Abschnitt erörtert die Möglichkeiten, sich beim Systementwurf tabellarischer Darstelllungen, sogenannter Datenteppiche, zu bedienen: So ergibt sich z. B. das spezielle Datenerfassungsschema für ein konkretes Dokumentationsvorhaben aus einer Auflistung der Elemente des allgemeinen Datenerhebungskataloges gegen die in betracht kommenden Dokumententypen, wobei jeweils Zutreffen bzw. Nichtzutreffen vermerkt wird. Der volumenmäßig umfangreichste Abschnitt betrifft jedoch die Erläuterungen zu den einzelnen Kategorien unter bezug auf das Datenerfassungsschema für den Deutschen Bundestag. Daß letzteres ein spezielles Dokumentationsvorhaben ist, dürfte hier kaum als Einschränkung anzusehen sein; denn die Erläuterungen haben in erheblichem Umfang allgemeingültigen Charakter und der hier vorgestellte Katalog dürfte wohl zu den bisher umfangreichsten Darstellungen dieser Art gehören. Wer selbst vor dem Problem steht, ein Datenerfassungsschema zu entwerfen, wird daher auf viele Erfassungselemente stoßen, die auf seinen Spezialfall nicht zutreffen. Möglicherweise wird er aber auch Hinweise finden, die er bisher nicht bedacht hatte und die seinem Konzept zu gute kommen können. Darüberhinaus enthalten die Erläuterungen zu den einzelnen Kategorien u. a. auch Instruktionen für die Erfassung von Dokumenten sowie Codierungsvorschläge. Vielleicht sollte man diese Tatsache als Hinweis nehmen, daß es sicher nützlich sein würde, die Forderung nach Kompatibilität von Informationssystemen über den allgemeinen Datenerhebungskatalog hinaus auch auf den organisatorischen Bereich auszudehnen.

Ursula Schulze

Eugen Ulmer, Elektronische Datenbanken und Urheberrecht

Heft 12 der urheberrechtlichen Abhandlungen des Max-Planck-Instituts für ausländisches und internationales Patent-, Urheber- und Wettbewerbsrecht, München. Verlag C. H. Beck, München. 1971. 61 S. DM 16,80

Alle Bereiche menschlichen Wirkens stehen derzeit im Zeichen einer raschen Zunahme des Angebots an Informationen. Allein in der juristischen Fachliteratur der Bundesrepublik hat sich die Zahl der veröffentlichten Abhandlungen (Zeitschriftenaufsätze, Monographien, Lehrbücher, Kommentare usw.) und Entscheidungen in den letzten zehn Jahren nahezu verdoppelt. *Ulmer* (S. 12) spricht mit Recht von einer „Informationsexplosion", die es zu bewältigen gilt. Schon ist abzusehen, daß der wissenschaftlich Tätige nicht einmal mehr die anfallende Literatur eines eng begrenzten Spezialgebiets, geschweige denn die einer ganzen Disziplin zu lesen imstande sein wird. Die Zeiten, in denen geniale Menschen wenigstens danach trachten konnten, das Universum des Wissens ihrer Zeit zu erreichen, sind längst vorbei. An die Stelle des menschlichen Gehirns tritt der sehr viel größere, sehr viel leistungsfähigere Computer. Nicht erst die Generation nach uns, sondern wir selbst werden in einigen Jahren die gedrängte Wochenübersicht der neuesten Informationen unseres Arbeitsgebiets per Telex bei der Datenbank abrufen und die vertraute Fachzeitschrift nur noch für die Detailinformation heranziehen.

Die Einspeicherung urheberrechtlich geschützten Materials in Datenbanken wirft eine Reihe neuer urheberrechtlicher Probleme auf. Muß der Nutzungsberechtigte ihr zustimmen? Ist jeder Abruf ein urheberrechtlich relevanter Vorgang, der Ansprüche des Berechtigten auslöst? Berührt die mit Ein- und Ausgabe meist verbundene Veränderung des Originals (Kürzung, Zusammenfassung usw.) das Urheberpersönlichkeitsrecht? Haben die Unterschiede der einzelnen Computersysteme Auswirkungen auf die Urheberrechtslage?

Die vorliegende Untersuchung *Ulmers* ist das Ergebnis eines gemeinsamen Gutachterauftrages von *UNESCO* und *WIPO* (*World Intellectual Property Organization*). Sie berücksichtigt daher – der Titel bringt das nicht deutlich genug zum Ausdruck – keineswegs allein die Rechtslage nach deutschem Urheberrecht, sondern stellt zunächst auf das Konventionsrecht ab, wie es sich für die Partnerstaaten der beiden großen Urheberrechtsabkommen RBÜ (Revidierte Berner Übereinkunft) und WUA (Welturheberrechtsabkommen) ergibt. Einer Darstellung der gebräuchlichen Systeme und ihrer Arbeitsweise, die in die Problematik einführt, folgt die Skizzierung der sich ergebenden Grundfragen. Im dritten Kapitel der Arbeit werden die Einzelheiten behandelt. *Ulmer* stellt zunächst klar, für welche Werke die Inanspruchnahme durch eine Datenbank urheberrechtliche Relevanz hat, und behandelt die Sonderprobleme von amtlichen Werken, gerichtlichen Entscheidungen, Werktiteln, Stichworten, Indexangaben und sog. abstracts (kurzen Zusammenfassungen, die vor allem im naturwissenschaftlichen Bereich und/oder in internationalen Zeitschriften dem Volltext beigegeben werden). Bei der Untersuchung der Eingabe kommt er mit Recht zu dem Ergebnis, daß im Bereich beider Konventionen – mit Einschränkung in den USA, wo diese Frage noch streitig ist – der Vervielfältigungsbegriff auch die Einspeicherung umfaßt, also von der Erlaubnis des Nutzungsberechtigten abhängt. Dagegen ist die Rechtslage bei der Ausgabe gespeicherter Werke zweifelhaft, soweit sie in unkörperlicher Form erfolgt (z. B. durch Wiedergabe auf dem Bildschirm), weil die Konventionen und die Mehrzahl der nationalen Gesetze dem Urheber nur die öffentliche Wiedergabe vorbehalten und der bisher gebräuchliche Öffentlichkeitsbegriff den Ausgabevorgang bei der Datenbank nur in Ausnahmefällen erfassen würde. Immerhin kann sich der Nutzungsberechtigte dadurch schützen, daß er bei der Erteilung der Erlaubnis für die Einspeicherung die Ausgabe mit regelt.

Eine Untersuchung der konventionsrechtlichen Möglichkeit, Zwangslizenzen einzuführen, und die Erörterung der Fragen aus dem Urheberpersönlichkeitsrecht – insbesondere des Rückrufrechts wegen gewandelter Überzeugung – runden das Werk ab.

Ulmer gebührt uneingeschränkte Anerkennung für das Verdienst, die erste umfassende, über die Grenzen des nationalen Rechts hinweggehende Untersuchung der urheberrechtlichen Problematik von Datenbanken vorgelegt zu haben. Seine durchaus knappen Ausführungen haben die Überzeugungskraft der souveränen Sachbeherrschung für sich: Das bisher so verworren scheinende, durch die Mehrzahl der vorliegenden Veröffentlichungen eher verdunkelte Gebiet wird in der meisterlichen Formung *Ulmers* klar, einfach und konturenscharf.

Wenn es in einer etwaigen zweiten Auflage überhaupt irgendetwas zu verbessern gibt, dann eine Kleinigkeit: Der leichteren Übersicht halber sollten die in Fußnoten verstreuten Literaturangaben in einem besonderen Verzeichnis zusammengefaßt werden.

Wilhelm Nordemann

Bernhard M. Prestel, Datenverarbeitung im Dienste juristischer Dokumentation

Ein Arbeits- und Funktionsvergleich zweier Systeme. EDV und Recht, Band 3. J. Schweitzer Verlag, Berlin. 1971. VII, 58 Seiten. Kart. DM 18,–

Das schmale broschierte Heft mit dem stolzen Preis von DM –,28 pro Seite erweckt Erwartungen. Endlich ein objektiver Arbeits- und Funktionsvergleich zweier arbeitender juristischer Dokumentationssysteme! Darauf warten Praxis und Wissenschaft schon lange. Welches sind nun wirklich die Vor- und Nachteile der verschiedenen Arten rechnerunterstützter Rechtsdokumentation? Gibt es eine klare Entscheidung zugunsten eines bestimmten Systemtyps? Diese Fragen haben erhebliche präjudizielle Bedeutung für die Planung künftiger juristischer Informationssysteme, namentlich für die Projekte des Bundesjustizministeriums („Juristische Bundesdatenbank") und des Bundessozialgerichts („Sozialrechtliche Datenbank"). Darüber hinaus könnte *Prestels* Untersuchung möglicherweise sogar im Hinblick auf die mittelbaren Auswirkungen auf das Informationsgleichgewicht (*Simitis*) zwischen zweiter und dritter Gewalt bedeutsam werden.

Verglichen werden die in der Literatur bereits vorgestellten CREDOC in Brüssel und UNIDATA in Zürich.

Bei CREDOC werden vom Rechner nicht die Rechtstexte selbst ein- bzw. ausgegeben, sondern lediglich manuell vergebene Kennworte (Deskriptoren) aus einem vorgegebenen Thesaurus, die zusammen mit ihren Fundstellen den jeweiligen Text kennzeichnen und erschließen (Indexmethode mit manueller Deskriptorenselektion).

Bei UNIDATA werden die Rechtstexte selbst (im „fulltext") über Belegleser maschinell eingegeben und durch Programme ihrer überflüssigen Wörter entledigt; der verbleibende Rest wird maschinell sortiert (Volltextmethode mit maschineller Deskriptorenselektion).

Die Ergebnisse *Prestels* sind weittragend:

1. Die Volltextspeicherung von UNIDATA bringt *quantitativ* mehr Informationen als die Index-Methode von CREDOC.
2. Dieses Mehr an Informationen verteilt sich *qualitativ* wie folgt: Das Volltext-System bringt *viel mehr* „entscheidende" Informationen; *erheblich mehr* „interessante", wenn

auch nicht entscheidende Informationen; freilich auch *relativ mehr* nicht-einschlägige (= nicht entscheidende und auch nicht interessante) „Ballast"-Informationen.

3. Trotz wesentlich größeren Maschinenaufwandes ist die Volltext-Methode etwa gleich teuer pro Anfrage, und pro einschlägiger Information sogar erheblich billiger, da pro Anfrage mehr „einschlägige" Angaben ausgeworfen werden.
4. Entgegen allen Erwartungen unterschlägt das rein maschinelle UNIDATA-System keine „relevanten" juristischen Probleme — trotz der überlegenen Problemkenntnis des menschlichen Bearbeiters, die in der manuellen Deskribierung bei CREDOC eingeht.

Kurz: eindeutige Überlegenheit des Volltext-Systems bei wesentlich geringeren Kosten; dazu wesentlich geringerer Zeit- und Personalaufwand.

Es wäre sehr bedeutsam, wenn diese Ergebnisse zuträfen. Leider werden sie von der vorgelegten Untersuchung nicht getragen.

Hierzu ein Blick auf *Prestels* Vorgehen. Auf ein Literaturverzeichnis von 14 Titeln (deren Auswahlprinzip durchaus unklar ist; im übrigen bleibt selbst die wichtigste einschlägige Literatur, sei sie juristischer, rechtsinformatischer, dokumentations- oder informationswissenschaftlicher Art, souverän unberücksichtigt; ihre Kenntnis läßt sich im folgenden Text auch nicht mittelbar durch Verwertung ihrer Ergebnisse feststellen; sogar das wenige Aufgeführte ist nicht fehlerfrei) folgt der einleitende zutreffende Hinweis auf die juristische Informationslawine, die nur mit Automationsmitteln zu bewältigen sei. Nach dem Verf. gebe es nur zwei „Grundtypen" automatisierter juristischer Dokumentation:

– „Systeme mit manueller Indexierung, die als Indexsysteme bezeichnet werden" und zu „ein(em) ‚Abstract', eine(r) Stichwortliste" führen;
– „Systeme mit maschineller Indexierung oder (!) Volltext-Systeme" (S. 3).

(Hier ist jedoch einiges verwechselt: Der Gegensatz zum Volltextsystem ist das Index- und das abstract-System; alle diese Systeme können sowohl mit maschineller wie mit manueller Deskribierung kombiniert sein. Ein abstract ist im übrigen (ebd.) keine Stichwortliste, maschinelle Füllwortaussonderung (ebd.) kein wesentliches Merkmal der Volltext-Systeme. Schließlich gibt es — auch in der deutschen Literatur — genügend Hinweise auf andere Systemtypen.)

Nun geht der Verfasser daran, die beiden Systeme zu vergleichen. Der Versuchsanordnung, die über Wohl und Wehe des Versuchs entscheidet, widmet er immerhin sieben Zeilen (Zeilen!). Das Versuchsmaterial besteht aus 59 Entscheidungen deutscher Gerichte zu einem einzigen Paragraphen des Familienrechts (§ 1747 BGB). Der Versuchsablauf wird durch einen „Netzplan" (S. 9) bildlich dargestellt, unter Verzicht auf verbale Präzisierung (bei der sich vielleicht herausgestellt hätte, daß die modische Vokabel ‚Netzplan' nicht auf das Bild S. 9 zutrifft). Darauf folgt eine kurze Beschreibung der beiden Systeme (auch die technische Seite ist unzutreffend geschildert: batch-processing [Stapelverarbeitung] ist nicht der Gegensatz zu on-line, sondern zu random access; Datenbank ist nicht Informationssystem usw.).

Den meisten Raum nimmt die Wiedergabe eines (einzigen!) praktischen Versuches ein. Um die „Objektivität der Datenbanksysteme" zu prüfen, genügt es dem Verf., *eine* Entscheidung doppelt, aber unter verschiedenen Stichworten einzugeben; im übrigen arbeitet er *selbst* bei dem einen System mit, führt *selbst* die Analyse der Entscheidungen durch, benützt *nicht* den vorhandenen Thesaurus (weil er in französischer Sprache abgefaßt ist); — beim anderen System arbeitet er naturgemäß nicht mit, da es ja maschinell indiziert. Soll das fürderhin unter wissenschaftlicher Objektivität verstanden werden? Der Verf. hat sich offensichtlich keine Gedanken darüber gemacht, was es bedeutet, wenn der Experimentator bei dem System mitwirkt, das er zugleich prüfen will — ebenso wie er mit Schweigen die Tatsache übergeht, daß er früher bei dem System mitarbeitete, das hier als das überlegene erscheint — noch dazu mit gleichem (59 Entscheidungen!) Testmaterial (vgl. „Datenverarbeitung im Recht. Verhandlungen des achtundvierzigsten Deutschen Juristentages Mainz 1970", hg. Ständige Deputation des Deutschen Juristentages, Bd. II Teil T, Müchen 1970, S. T 16 f.). Zudem stellt der Verf. in Kenntnis seiner eigenen Deskribierung dann auch die Frage an die beiden Systeme zusammen. (Oder formulierte er zuerst die Fragen, dann die Deskriptoren? Der Text behauptet anscheinend ersteres Verfahren (S. 23), aber die gleichen Fragen fanden sich zum Teil schon beim 48. DJT, vgl. ebd.). Die Antworten der Systeme werden immerhin klassifiziert nach „wichtig", „lesenswert" und „Ballast". Einer Definition dieser entscheidenden Begriffe enthält sich der Verf. hier wie grundsätzlich auch sonst. Sie kann auch nicht aus dem Versuchsbericht entnommen werden, da er so ungenau abgefaßt ist, daß er die Überprüfung der Ergebnisse unmöglich macht.

Einige Einzelbemerkungen vervollständigen das Bild: Der Verf. läßt jede theoretische Durchdringung seines – immerhin wichtigen – Gegenstandes vermissen. Eine naive Versuchsanordnung verrät profunde Unkentnis jeglicher Testtheorie. Aus dem Material zu einem einzigen Paragraphen werden weittragende Schlüsse auf generelle Brauchbarkeit und Unbrauchbarkeit von umfassenden juristischen Dokumentationssystemen gezogen. Die Kostenanalyse vermischt subjektive und objektive Faktoren in unzulässiger Kürze. Die einschlägigen Ergebnisse aller relevanten Wissenschaftszweige sind nicht verwertet. Dafür gibt es gelegentlich „denktheoretische Erwägungen" und (wie erwähnt) „Netzplantechnik".

In summa: Zu empfehlen für alle, die sich darüber informieren wollen, wie man es nicht machen soll (zumindest bei der Untersuchung von CREDOC und UNIDATA). Insofern äußerst lesenswert.

Wilhelm Steinmüller

JUDAC Recht – Datenverarbeitung – Kybernetik
Internationale Bibliographie

Herausgegeben von Wolfram Schubert und Wilhelm Steinmüller. C. H. Beck'sche Verlagsbuchhandlung, München. 1971. 300 Seiten. Leinen DM 78,–

Bisher fehlte eine Übersicht über die Veröffentlichungen zum gesamten Bereich der für die Anwendung der elektronischen Datenverarbeitung im Recht wesentlichen Beiträge. Es ist das Verdienst der Herausgeber und ihrer Mitarbeiter *Erwin Arldt, Hildegund Hauser, Klemens Martin, Ulrich Rothenbücher* und *Karl Straube*, hier eine Bibliographie von ca. 5700 Titeln aus dem Veröffentlichungszeitraum bis zum 1. Oktober 1970 vorgelegt zu haben. Die Internationalität des Arbeitsbereiches wird durch die Aufnahme des vorwiegend fremdsprachigen Schrifttums betont, wie andererseits die Bibliographie selbst durch ein viersprachiges Sachregister (deutsch, englisch, französisch, russisch) erschlossen wird. Der praktische Wert der Bibliographie wird allerdings etwas geschmälert durch die mangelnde Garantie der Vollständigkeit. In den Registern sind zahlreiche Verweisungen vorhanden, die ein mehrfaches Nachschlagen zur Auffindung des bibliographischen Nachweises erforderlich machen. Diese Mängel, die sich bei einer späteren Fortführung oder Neuauflage sicher vermeiden lassen, beeinträchtigen jedoch nicht den Wert dieser Arbeit für alle, die mit der Problematik sich beschäftigen müssen und dankbar für die Möglichkeit sind, sich eine Übersicht über das einschlägige Schrifttum zu verschaffen.

Sigmar Uhlig

Albrecht Berger, Entwurf eines Systems zur Dokumentation von expliziten Verweisungen in gesetzlichen Vorschriften dargestellt am Projekt „Entwicklung eines Dokumentationssystems in der Abteilung Wissenschaftliche Dokumentation des Deutschen Bundestages"

Studiengruppe für Systemforschung e. V., Heidelberg, Bericht Nr. 105. Verlag Dokumentation, München-Pullach/Berlin. 1971. 204 S. Kart. DM 19.80

Der Verfasser erarbeitete seinen Systementwurf im Rahmen des Projekts „Entwicklung eines Dokumentationssystems in der Abteilung Wissenschaftliche Dokumentation des Deutschen Bundestages", das der Deutsche Bundestag gemeinsam mit der Studiengruppe für Systemforschung e. V. Heidelberg entwarf. Das vom Verfasser vorgeschlagene Modell soll im Dokumentations- und Informationssystem des Deutschen Bundestages dessen Subsystem III bilden.

In dem ersten Teil seiner Arbeit stellt der Verfasser Informationsmängel des Gesetzgebers fest. Sie manifestieren sich – neben zahlreichenden aufeinanderfolgenden

Änderungs- und Ergänzungsgesetzen, die sich nicht selten ohne Rücksicht auf systematische Zusammenhänge mit Einzelregelungen begnügen – auch in Generalklauseln, mit denen alle der neuen Regelung entgegenstehende Vorschriften pauschal aufgehoben werden, oder in denen alle durch die neue Regelung unstimmig gewordenen Vorschriften pauschal an die neue Regelung angeglichen werden. An zahlreichen Beispielen wird aufgezeigt, daß der Gesetzgeber in derartigen Fällen selbst einräumt, das geltende Recht nicht mehr zu übersehen. Dasselbe gilt in noch stärkerem Maße für den von den Vorschriften betroffenen Bürger, dessen Entscheidungsfreiheit wegen der fehlenden Übersichtlichkeit des Rechts in Frage gestellt wird. Schließlich kann hierdurch die Rechtsstaatlichkeit berührt werden: Individuelle Freiheit und Rechtssicherheit sind u. a. nur gewährleistet, wenn der einzelne die rechtlichen Auswirkungen seiner Handlungen in vollem Umfange übersehen und sie in seine Entscheidung einbeziehen kann. Der Verfasser weist nach, daß diese Probleme allen hochindustrialisierten Staaten gemeinsam sind. Eine Reduzierung der Vorschriften ist angesichts der ständig wachsenden Kompliziertheit der Lebensverhältnisse und der zunehmenden Leistungserwartungen der Industriegesellschaften allenfalls in begrenztem Umfang möglich. Untersuchungen zur Abhilfe der aufgezeigten Mängel führen zu dem Schluß, daß eine Dokumentation aller ausdrücklichen und stillschweigenden Zusammenhänge zwischen den Einzelvorschriften und zwischen ganzen Vorschriftenkomplexen, wie z. B. Gesetzen und Rechtsverordnungen, notwendig ist, die angesichts der Fülle der Vorschriften nur mit Hilfe der elektronischen Datenverarbeitung zu bewältigen sein wird. Sie ist in ausländischen Dokumentationssystemen, die der Verfasser ebenfalls vorstellt, teilweise bereits realisiert worden.

In seiner folgenden Untersuchung bezeichnet der Verfasser jede Art von Beziehung zwischen zwei Vorschriften als Verweisung. Er faßt also den Verweisungsbegriff weiter als die Rechtswissenschaft, nach deren Definition eine echte Verweisung nur vorliegt, wenn die verweisende Vorschrift ohne Hinzunahme des Verweisungsobjekts – also der Vorschrift, auf die verwiesen wird – rechtlich unvollständig ist. Diese letztgenannte Art nennt der Verfasser „anwendende Verweisung". Den anwendenden stellt er die gültigkeitsregelnden und ändernden Verweisungen zur Seite, weil sie in ihrer Struktur mit den Verweisungen im juristischen Sinne übereinstimmen: Sie nehmen ebenso wie Verweisungen im juristischen Sinne auf andere Vorschriften oder Vorschriftenkomplexe Bezug.

Im zweiten Teil seiner Arbeit grenzt der Verfasser 4 verschiedene Verweisungsformen – die voll- und halbexplizite, die implizite und die sonstige stillschweigende Verweisung – voneinander ab und führt die unterschiedlichen Methoden ihrer Dokumentation vor.

Eine Grundkonzeption eines Systems zur Dokumentation von expliziten Verweisungen wird im Teil 3 vorgestellt. Die anwendenden, gültigkeitsregelnden und ändernden expliziten Verweisungen werden aufgrund einer Untersuchung von über 3000 expliziten Verweisungen nach ihrem Inhalt in ca. 50 verschiedene Verweisungstypen klassifiziert, die an Beispielen im Anhang 1 erläutert werden.

Die klar gegliederte und gründliche Arbeit berücksichtigt bei ihren auf die Praxis ausgerichteten Vorschlägen neben zahlreichen weiteren Beiträgen, die genau zitiert werden, auch die sehr eingehende wisssenschaftliche Untersuchung der Verweisungen von *Hans-Ulrich Karpen*: Die Verweisung als Mittel der Gesetzgebungstechnik (Berlin, 1970). Zu ihrem Verständnis tragen ca. 250 wörtlich zitierte Vorschriften und mehrere vom Verfasser entworfene Verweisungsregister bei. Sie bietet Juristen und Dokumentaren einen genauen Überblick über Formen und Arten der Verweisungen in gesetzlichen Vorschriften. Ihre Bedeutug erhellt, daß das vom Verfasser vorgeschlagene Modell nach dem Systemkonzept der Projektgruppe „Juristisches Informationssystem" auch im Juristischen Informationssystem realisiert werden soll. Maria Schlagböhmer

Bernhard von Linstow, Berechenbares Strafmaß. Eine neue Methode der Strafzumessung am Beispiel wichtiger Verkehrsdelikte

Jur. Diss. München 1972 (im Dissertationsdruck erschienen)

Mathematisierung der Strafzumessung –, für die traditionelle Strafrechtsdogmatik ist dies immer noch eine Schreckvorstellung. Man befürchtet den Einbruch eines inhumanen Computerwesens in einen Arkanbereich richterlichen Ermessens, in dem der Richter dem Angeklagten noch als „Mensch" gegenübersteht und bei der zu verhängenden Strafe gewisse atmosphärische, im Urteil unausdrückbare Dinge berücksichtigen kann. Das mag für den Angeklagten im einen Fall günstig sein, im anderen zerstört ihm der revisionssicher begründete Strafausspruch die Existenz. In jedem Falle bleibt die bisherige Strafzumessungspraxis „ein Griff ins Dunkle" (*Fr. v. Liszt*), der in einem Rechtsstaat um so beunruhigender sein müßte, als der historisch nicht mehr korrigierbare Verfall einer allgemeinverbindlichen Ethik in einen Phuralismus von Ethiken und unverbindlichen „Gefühlen" der richterlichen Entscheidung auch jenes ethische Fundament entzogen hat, auf dem sie in unproblematischeren Zeiten noch relativ sicher ruhen konnte.

Der Verfasser der angezeigten Arbeit, ein Münchner Rechtsanwalt, ist einer der wenigen, die über das leicht hingesprochene Wort von der „Krise der Strafzumessung" hinausgegangen sind und einen praktischen Versuch zur Bewältigung des Problems gemacht haben, das *Sarstedt* mit den Worten umrissen hat, man könne „mit genau denselben untadeligen Zumessungsgründen zu sechs Monaten oder auch zu einem Jahr und sechs Monaten kommen ... ohne daß jemand den geringsten ‚rational erfaßbaren' Fehler nachweisen könnte." Die Arbeit setzt da an, wo das Problem am dringendsten ist, nicht bei den spektakulären Individualverbrechen, sondern bei den typischen Delikten des Straßenverkehrs, deren potentieller Täter jedermann ist.

Wir übergehen im Folgenden die Kritik der Arbeit an der herkömmlichen Methode der Strafzumessung und heben eine Stelle hervor, in der der Verfasser seinen Weg zur Mathematisierung der Strafzumessung beschreibt. Zunächst seien alle von Gesetz und Rechtsprechung als relevant für die Strafzumessung bezeichneten Merkmale in einem Katalog zu erfassen. „Jedem dieser Gesichtspunkte wird ein gewisser Zahlen-Bereich zugeordnet, dessen Größe sich danach richtet, um wieviel schwerer die schwerste Verwirklichungsform dieses Aspektes für die Strafzumessung ins Gewicht fallen soll als die leichteste. Bei der ... Anwendung ... subsumiert der Richter den Fall unter diejenige Auswahl von Merkmalen aus dem Merkmalkatalog, die für den vorliegenden gesetzlichen Tatbestand in Betracht kommt. Welche Merkmale er bei den einzelnen Tatbeständen zu betrachten hat, ist ihm vorgeschrieben. Er stellt dabei zunächst fest, ob im konkreten Fall das Merkmal überhaupt vorliegt. Einige Merkmale sind nämlich zwingend mit einem Tatbestand verbunden ..., während andere nicht immer gegeben zu sein brauchen ... Liegt ein Merkmal vor, so stellt der Richter fest, in welcher Stärke es gegeben ist (Wie schwer war die Verletzung? Wie hoch die Blutalkohol-Konzentration?). Aus dem Merkmalkatalog entnimmt er nun die Zahl, welche dieser Stärke fest zugeordnet ist – sogenannte Merkmalzahl oder Merkmalswert." Die Merkmalswerte „der meisten der bei der konkreten Tat vorliegenden Merkmale werden danach gemäß einer bei jedem Tatbestand verschiedenen Vorschrift verknüpft (addiert oder multipliziert). Diese Rechenvorschrift soll Verknüpfungsregel heißen. Wendet man sie an, so erhält man als Ergebnis eine Zahl, die sogenannte Strafrohzahl. Schließlich werden in den ‚Allgemeinen Entscheidungsregeln' die noch nicht verwerteten Merkmalszahlen mit der Strafrohzahl verknüpft, woraus sich die Strafe ergibt" (6 f.).

Nach diesem Schema geht der Verfasser nun bei der Aufstellung seines Merkmalkatalogs vor. Als Merkmale seien beispielhaft genannt: Blutalkoholkonzentration, Schwere der Verletzung, Sachschaden, Grad der Gefährdung von Personen, – von Sachwerten, Anzahl der verletzten Personen, Fahrkenntnisse, Art, Weise und Umstände der (Fahrer-)flucht und der Folgehandlungen, Besonderheiten in der Persönlichkeit des Täters. Andere Merkmale betreffen die subjektive Seite der Tat, die Vorstrafen, den Eigenschaden, die wirtschaftlichen Verhältnisse, die Täterprognose, Resozialisierungsaussichten u. a. m. Da dieses Merkmalsschema zur Erfassung des für die Strafzumessung Relevanten noch viel zu grob ist, wird weiter differenziert. Jedes Merkmal wird in typische Einzelerscheinungsformen aufgespalten. Der Verfasser bildet z. B. beim Merkmal „Schwere der Verletzung" weitere 13 Gruppen von Verletzungen, beginnend bei „Hautabschürfungen, Prellungen, Blutergüssen, Verstauchungen, kleine Schnitt- und Rißwunden" (Gruppe 1) bis etwa zu Gruppe „Doppelamputationen, Phantomschmerzen, Verletzungen mit starken Schmerzen als Dauerzustand, Wirbelbruch mit Querschnittslähmung, völlige Erblindung oder Ertaubung, Erwerbsfähigkeit stärker als 60% gemindert" und zu Gruppe 13 „Tod".

Dadurch bietet er dem Richter ein leicht überschaubares und bei Bedarf weiter zu verfeinerndes Subsumtionsschema. Die Erläuterung des Schemas für die einzelnen Merkmale nimmt den größten Raum der Arbeit ein. Dies mit Recht; denn gerade in der Benennung der einzelnen Merkmale und ihrer Umsetzung in ein wertbestimmtes Zahlenwerk sind die Tücken verborgen.

Die restlichen 70 Seiten der Arbeit sind der Durchführung des oben in Kurzform dargestellten Rechenschemas gewidmet. Hierfür sei auf die Arbeit selbst verwiesen, um für eine weitere, den Leserkreis dieser Zeitschrift interessierende Frage Raum zu gewinnen, nämlich die Übertragbarkeit des Verfahrens auf EDV. Daß der Verfasser von der traditionellen juristischen Scheu vor Mathematik und Maschinen frei ist, dürfte sich aus dem Mitgeteilten bereits ergeben haben. Er sieht zwei Möglichkeiten der Anwendung der EDV. Einmal die Speicherung von abrufbaren Sachverhalten aus Gerichtsurteilen, geordnet nach Merkmalen und hierunter nach Merkmalszahlen, in der Weise, „daß bei jedem Merkmal nur der Sachverhaltsausschnitt steht, der für die Ermittlung dieser Merkmalsstärke wichtig war ... Ist sich nun ein Richter nicht schlüssig, welche Merkmalsstärke einem bestimmten Verhalten etc. zuzuordnen ist, so ruft er in der EDV die Punktzahl des zu beurteilenden Merkmals auf, die ihm als naheliegend erscheint, und erhält die Sachverhaltsausschnitte aus allen Urteilen, in denen das Merkmal mit dieser Stärke bewertet wurde. Er vergleicht den von ihm zu beurteilenden Fall mit dem ausgedruckten, sieht seine Meinung entweder bestätigt oder bemerkt, daß seine erste Einstufung des Sachverhalts falsch war, und kann ggf. noch weitere Merkmalszahlen aus der EDV aufrufen". (229).

Die zweite Möglichkeit ist eine Ergänzung der ersten. Sie besteht in der maschinellen Durchführung des Rechenvorgangs bis zur Strafe anhand der gespeicherten Verknüpfungs- und Allgemeinen Entscheidungsregeln. Prinzipielle technische Schwierigkeiten bestehen dabei nicht. Der Verfasser denkt an eine „Bildschirmkonsole ..., mit der der Arbeitsplatz des Richters ausgestattet ist" (244).

Die angezeigte Arbeit ist gleichzeitig und unabhängig von derjenigen von *Karl Haag*, Rationale Strafzumessung. Ein entscheidungstheoretisches Modell der strafrichterlichen Entscheidung (1970), entstanden. Was Haag theoretisch fundiert geleistet hat, wird hier – so kann man verkürzt sagen – praktisch versucht. Beide Autoren kämpfen gegen doppelte Schwierigkeiten: einmal gegen diejenigen, die im Gegenstand selbst liegen und nicht gering anzusetzen sind; zum anderen gegen die seelischen Widerstände, denen sich die Vertreter der traditionellen Strafrechtsdogmatik – halb wider die Stimme der eigenen Vernunft – ausgeliefert sehen. Diese Widerstände haben ein sehr ernsten Kern, nämlich die Sorge um die Mechanisierung und Entmenschlichung der Tätigkeit des Richters. Weder *Haag* noch *v. Linstow* unterschätzen diese Gefahr. Letzterer betont jedoch mit Recht, daß mathematische Verfahren wertneutral sind und die politische oder weltanschauliche Bewertung notwendig voraussetzen und nicht ersetzen. Soweit sich die genannten Widerstände jedoch aus der traditionellen Affinität der deutschen Rechtsphilosophie zu irrationalen Dunkelheiten, aus der immer fragwürdiger werdenden Behauptung einer eigenständigen Methodik der Geisteswissenschaften oder gar nur aus der bisherigen Gewohnheit erklären, ist ihre Haltbarkeit begrenzt.

Wenn die Arbeiten von *Haag* und *v. Linstow* lediglich dazu beitragen, die Dringlichkeit einer Überwindung des gegenwärtigen Zustandes in der Strafzumessungspraxis deutlich zu machen und die Diskussion auf die eigentlichen Sachfragen zu lenken, haben sie als Schrittmacher für eine mit relativer Sicherheit in diese Richtung verlaufende Entwicklung viel geleistet.

Michael Stolleis

Verantwortlich für den redaktionellen Teil: Dr. Sigmar Uhlig, Bonn.

Verlag: J. Schweitzer Verlag, 1 Berlin 30, Genthiner Straße 13, Telefon 0311/261 13 41, Postscheckkonto: Berlin-West, Konto-Nr. 566 67; Berliner Bank A.G., Depka 32, Konto-Nr. 32 71036 400. Der Verlag ist eine KG; persönlich haftende Gesellschafter sind Dr. Kurt Georg Cram, Berlin, und Dr. Arthur L. Sellier, München; Kommanditisten sind Alfred Sellier und Marie-Louise Sellier, beide München. *Anzeigenannahme:* J. Schweitzer Verlag. Gültig ist Anzeigenpreisliste Nr. 1. Verantwortlich für den Anzeigenteil: Dietrich Foth. Anzeigenschluß 4 Wochen vor Erscheinen des Heftes. *Satz:* Behr, München. *Druck:* Gerber, München. *Erscheinungsweise:* Die Zeitschrift erscheint bandweise, ein Band besteht aus 4 Heften zu je ca. 96 Seiten. Jährlich soll ein Band erscheinen. *Bezugspreise:* Abonnementspreis pro Band DM 128,–. Vorzugspreis für Studenten und Referendare DM 96,–, Einzelheft DM 36,–, Doppelheft DM 72,–. Alle Preise verstehen sich inklusive Mehrwertsteuer, jedoch zuzüglich Zustellgebühr. *Bestellungen* nehmen entgegen: jede Buchhandlung und der Verlag. Bestellungen zum Vorzugspreis nur gegen Vorlage einer Ausbildungsbestätigung. *Abbestellungen* müssen 4 Wochen vor Vierteljahresschluß erfolgen.

FSC
www.fsc.org
MIX
Papier | Fördert
gute Waldnutzung
FSC® C083411

Kolibri 360 GmbH
Ferdinand-Jühlke-Straße 7
99095 Erfurt, Deutschland
produktsicherheit@kolibri360.de